野球の90%はメンタル

Bob Tewksbury ボブ・テュークスベリー
Scott Miller スコット・ミラー
Tetsuo Jimbo 神保哲生［訳］

Ninety Percent Mental

An All-Star Player Turned Mental Skills Coach Reveals the Hidden Game of Baseball

春秋社

野球の90％はメンタル

目次

野球の90%はメンタル

プロローグ

二〇一七年三月一日
アリゾナ州スコッツデールにて

私は今、砂漠の山の上に立っている。これから新しい仕事に就こうとしているが、どういうわけか今、大量に出血している。現時点で私がある程度合理的な確信を持って言えることが一つだけあるが、そこには少々問題がある。

それは、私が死にそうだということだ。

これはよく言われることだが、私がつくづく野球をやっていてよかったと思うのは、毎日、自分が見たことのないような新しい景色を見る機会に恵まれるからだ。

たしかに毎年、アリゾナ州フェニックスにほど近いキャメルバック山で安全にハイキングを楽しんでいる何百人もの人々の大半は、皮膚にサボテンの棘が刺さったまま下山するようなこともなく順調に山頂まで登り、そのまま帰っていく。

しかし、今日の私はそういきそうにない。

私は身動きできなくなっていて、いよいよ先行きが不安な状況に陥っている。目を閉じると、ＭＬＢチャンネル（ケーブルテレビのメジャーリーグベースボール専門チャンネル）の今晩のトップニュースが頭に浮かぶ。

「サンフランシスコ・ジャイアンツの新しいメンタルスキル・コーチで元メジャーリーグ投手のボブ・テュークスベリー氏が、本日、亡くなりました。死因は……」

最初は何事もなく始まった。三か月前、サンフランシスコ・ジャイアンツのＧＭ、ボビー・エバンスから電話があり、それから数日間、私たちは徹底的に話し合い、互いに疑問をぶつけ合い、理念を語り合い、条件を整え、そして契約書にサインした。

その結果、二〇一七年春、私の置かれている状況は大きく変わった。

私は一九九九年以来初めて、ボストン・レッドソックス以外のメジャーリーグ球団に雇われる身となった。二月中旬にキャンプに向けて出発する時、例年のようにフロリダに向かう南向きの飛行機ではなく、アリゾナに向かう西向きの便に乗ったとき、私はあらためて今回の転職の重さを実感した。

私自身、キャリアの上でも、また精神的にも、変化を求めていた。特にサンフランシスコについては、過去二〇年、とても快適に過ごしてきた古巣のボストンとサンフランシスコとの間に多くの共通点があったので、特別な思いを持っていた。

レッドソックスでは二〇〇四年、二〇〇七年、そして二〇一三年にワールドシリーズを制覇したが、その時チームには、ダスティン・ペドロイア、ジャコビー・エルズベリー、ケビン・ユーキリス、ザンダー・ボガーツ、ジョン・レスター、ジョナサン・パペルボン、クレイ・バックホルツなど、生え抜きの素晴らしい選手たちがいた。

一方、二〇一〇年から二〇一四年までの五年間で三度のワールドシリーズを制したジャイアンツにも、バスター・ポージー、マディソン・バムガーナー、マット・ケイン、ブランドン・クロフォード、ブランドン・ベルト、ジョー・パニックなど、やはり生え抜きの逸材が揃っていた。

この集団を、殿堂入りが確実視されている名将ブルース・ボウチー監督が率いていた。彼は私が一九九六年にサンディエゴで投げていた時の監督だったので、私は彼とも旧知の仲だった。

とは言え、レッドソックスの赤と青のユニフォームではなくジャイアンツのオレンジと黒のユニフォームに袖を通すことへの違和感はあったし、新しいチームの慣習に馴染むまでにも数日を要したが、日を追うごとに私は新チームに溶け込み、毎日、西の方にくっきりと見えるキャメルバック山を眺めながら、スコッツデールの自宅へ運転して帰る生活にも慣れていった。

キャメルバック山はこの地方では最も有名なランドマークで、高さは標高二七〇七フィート（約八二五メートル）。ジャイアンツのマイナーリーグの複合施設から五マイル（八キロ）ほどのところにあり、山の形状がラクダの頭とこぶの形に似ていることから、この名が付けられていた。

毎日目にするその美しい景色に魅せられた私は、ジャイアンツのベテランヘッドトレーナーのデイブ・グロシュナーにこの山のことを聞いてみた。彼は、この山が人気のハイキングスポットであることや、メジャーリーグやマイナーリーグにはコンディショニングのために山道を走っている選手もいることなどを教えてくれた。

「登るのは大変なの？」と私が尋ねると、「大したことはないよ。ハイキングコースから外れなければ大丈夫だけど、毎年、脱水や怪我のために空輸で下山する羽目になる人もいるよ。テュークスも、もし行くのなら、コースから外れないように気をつけろよ」とグロシュナーは教えてくれた。

ところで、私は歩くのは好きだが、実はほとんどハイキングをしたことがなかった。私がハイキングの素人であることは、春のキャンプの練習の後で、新しいナイキのトレーニングシューズを履いて、ジャイアンツからトレーニング用に支給された短パンとTシャツという軽装で出かけていたことからも、明らかだった。しかも私は、ハイキングに行くことを誰にも知らせずに、たった一人で出てきていた。

だって、たかがハイキングだぜ。そんなに大変なはずがないだろう。しかも、キャメルバックのハイキングコースは、毎年大勢の老若男女が訪れているじゃないか。

私は駐車場に車を停め、万が一のために携帯電話まで持ち、ペットボトルの水を手に、乾燥した砂漠の空気を胸いっぱいに吸い込んで、ハイキングをスタートした。

キャメルバック山にはチョーヤとエコーの二つの登山口がある。ハイキングコースとしてはチョーヤ・トレイルの方が「楽」だと聞いていたので、私はそちらのコースを選んだ。

道中で私は登山道の起点にあった大きな看板の前で立ち止まり、そこに書かれていた注意事項を確認した。

「ペット禁止」は問題なし。

「水を持参」もＯＫ。

「暗くなる前に下山」は、今はまだ午後三時なので問題ないだろう。

「コースから外れないこと」は了解！

そうそう、それからもう一つ、実は私が高い所があまり得意でないことも、最初にお伝えしておいた方がいいかもしれない。

飛行機には慣れたが、車を運転して高いところに掛かっている橋を渡る時には、震えるような恐怖感を覚える。ガラス張りのエレベーターに乗る時も、息を止め、外が見えないように乗るようにしている。

そうは言っても、これはただのハイキングだ。登山道から外れなければ、何も問題はないはずだ。

ある程度の標高まで登るのに、それほど時間はかからなかった。新しく借りた私の住まいがある谷を上から見下ろした時の景色は、実に素晴らしかった。

そのまま登り続けると、高度があがってくるにつれて少し不安を覚えるところもあったが、所々で景色を見る時以外はできるだけ顔を上げず、もっぱら足下ばかりを見ながら私は歩き続けた。

　確かに景色は素晴らしかった。

　登山道は人もまばらだった。しばらくすると私の前を歩いていたカップルが歩みを止め、Uターンして下山して行った。

　これが頂上なのだろうか？

　いやいや、まさか。そんなわけないだろう。

　そのまま更に進んでいくと、分かれ道に差し掛かり、どちらに行けばいいのかがわからなくなった。辺りには、道を尋ねたり、後をついて行けるような人影がまったく見当たらなくなっていた。周辺を見渡した結果、そのまままっすぐ行く道が、正しいように思えた。

　今思い返すと、ここで私はハイキングの鉄則を破っていた。ハイキングでは、正しい道かどうかの確信が持てない方向へは決して進んではいけないのだ。

　しかし、私はそのまま進んでしまった。すると道は次第に狭くなり、更に進むと、道はさらに狭くなり、それでも進んで行くと……。

　道すがら見た、標高約一八〇〇フィート（約五四九メートル）から見渡すフェニックスとその周辺の景色は、全くもって壮観だった。谷全体が私の眼下に広がっていた。フェニックスを代表するゴルフコースやリゾートが、山の麓に広がっているのが見えた。遠くにはテンピ市とアリゾナ州立大学が見える。私の右手には、何度もスーパーボウルの会場になった巨大なドーム型のフットボール・スタジアムがあるグレンデールなどフェニックス西部の景色が広がっていた。

上を見上げる、そこから六〇～七〇フィート（一八～二一メートル）ほど登ったところに頂上があるように見えた。

「もうちょっとだ。もう少し登ってみるか」

私の頭の中で、人懐っこい聞きなれた声が聞こえた。

それは私の親しい友人で、皆に「アドベンチャー・ダン」として知られるようになったダン・ルーカーの声だった。

ルーカーはニューヨーク州クリントンにあるハミルトン・カレッジの元アイスホッケー選手で、ＮＨＬのボストン・ブルーインズの大ファンだった彼は、六〇代になってもまだ現役でホッケーを続けていた。

友人グループには必ずこんなやつが一人はいるもんだ。要するにやたらと、冒険をしたがるタイプで、こういう人はサメと一緒に泳いでみないかと聞かれれば、「いいね、楽しそうじゃん」となるし、視界ゼロの暴風雨の中、故郷メイン州ウェルズビーチの突堤をカヤックで回ってみようと誘われれば「楽しそうじゃん。やろうよ」となる。彼はまさにそんな男だった。

その男の声が頭の中で響き渡る中、私は下を向いたまま、もう少しだけ登ってみた。私が日頃選手たちに言っているように、目標を持ち、次の一歩に集中すれば、驚くほどの成果があがる……、はずだった。

アドベンチャー・ダンだったら、ここでやめたりはしない。急斜面で岩がごろごろしていて、サボテンもあり、何ならヘビの一匹や二匹がいてもだ。ならば俺だって止まってなるものか。頂上はもうすぐそこだ。

そして、もう十分登っただろうと感じたところで、ようやく、そろそろ引き返した方がいいとの判断に至った。

ヘッドトレーナーからヘリコプターで救助された登山客がいたことは聞かされていたが、自分はそんなみっともないことにはなりたくなかったので、今来た道を引き返そうとしたのだが、帰りの登山道が見えない。どこでそうなったのかは定かではないが、どうやら私は登山道から外れてしまっていたようだ。

ただ、いずれにしても東の方向へ行かなくてはならないことはわかっていた。このまま左方向に向かって歩いて行けば、どこかで登山道に戻れるはずだと私は考えた。

しかし、どれだけ歩いても、登山道は見えてこなかった。次第に心臓がドキドキしてきたので、一度立ち止まり、冷静に考えるよう自分に言い聞かせた。

その結果、「よし、今来た道を引き返して、もう一度登山道を探してみよう」ということになった。

ところが、そう考えて歩き始めた途端に、「グサッ!」と右腿にひどい痛みが走った。見ると、六インチ(一五センチ)もあるサボテンの棘が、太腿に深く突き刺さっていた。刺さった棘を手で抜こうとしたが、うまく抜けない。一度刺さったサボテンの棘が簡単には抜けないことを、私はその時まで知らなかった。

痛みの中で次の一手を考えた結果、私は新品のナイキのトレーニングシューズをバール代わりに使って、靴の履き口の部分を棘が刺さった箇所に擦りつけることによって、棘を引き抜いてみようと考えた。

Just do it（やるしかない＝ナイキのCMのキャッチコピー）だろ？

私は近くにあった岩の上に座り、靴を脱いで、太腿に刺さっている一〇〇本ほどのサボテンの棘を、裏返した靴の履き口に引っかけるようにして抜こうと試みた。ところが実際にやってみるとそれは、身体の毛の生えている部分に強力な接着剤で貼られた絆創膏を剥がす時のような激しい痛みを伴う行為だった。

これが痛いのなんのって。

太腿から流れ出る血を見ながら、私はふと考えた。この棘に毒はないのだろうか？　もし有毒だとしたら、下山するまでに私に与えられた猶予は、何時間くらいあるのだろうか？

そう考えると、身体が妙な感覚を覚え始めた。

やっぱり毒だったのだろうか？

とにかく水分を摂ろう。

ほどなく出血は止まったが、右端の太腿にはまだサボテンの棘がたくさん刺さっていた。

私が「リトルマン」と呼ぶ私の内なる声。誰もが自身の内に秘めているあの声。私自身やアンソニー・リゾやホセ・イグレシアスなどの経験を通じて、この本でその利点と不利益について詳しく説明することになるあの声が、今、猛然と私に襲いかかってきていた。

「何でこんなことになるんだ？　結局ヘリで救助される羽目になったじゃないか。新しい仕事を始めるっていうときに、一体お前は何をしてるんだ、この大バカヤローが！」

今や私の関心は登山道を見つけることよりも、約七五フィート（二三メートル）ほど先に見えてきた崖に向けられていた。私が山を下りようと進んできた方向と角度は、実際には私をこの崖へと向かわせていたのだった。

既にこの時点で私の頭の中は、何としてもヘリで救助されて下山する屈辱だけは避けたいという思いから、この山で死なずに済むためにどうしたらいいかという、生存者の心理へと切り替わり始めていた。

そのような心理になると、ちょっと足を滑らせただけで崖から滑り落ちてしまうことが心配になってくる。もし私が転落死したら、そのニュースを聞いた自分の妻や子供達はどう受けとめるだろうか。そんなことまで考え始めていた。

冗談抜きで、私自身はこれまでの人生で、これほど死を恐れたことはなかった。

「しっかりしろ、ボブ！」と自分に言い聞かせた。

落ち着いて考えるために、もう少し高いところまで登ってみると、更に多くのサボテンの棘が刺さってしまった。後になってわかったことだが（本当は事前に知っておくべきことだったが）、このサボテンはジャンピング・チョーヤ・カクタス[1]と呼ばれるもので、南西部の砂漠で最も恐れられ、憎まれているサボテンだった。

　このサボテンは茎節の一部が主茎から簡単に外れ、それが肌や衣服や靴など何にでも簡単にくっついてしまう。しかも全体が棘で覆われていて、一度刺さると、それを掴むことも取り除くことも、難しいという、実にえげつないものだった。

　おまけに、このサボテンの棘は、肌に刺さると自然に反り返る性格を持っていた。それが、釣り針の返しのように働くため、一旦刺さると、これを抜くのは更に困難を極めた。

　今度は棘が左足首に刺さった。私はいよいよ動揺し、恐怖感と自分の愚かさに打ちのめされた。

　グロシュの忠告通り、登山道から外れないよう注意していれば、こんなことにはならなかっただろう。私は別の岩を見つけて座り、左足の靴を脱ぎ、再びチョーヤの棘を抜こうと引っ張り始めた。

　最悪なことにこの日、私は足首まで覆われるハイカットのハイキングシューズではなく、普通のトレーニングシューズを履いていた。歩いているうちに左の足首に痛みが走り出したことも、心配の種になっていた。

　様々な考えが頭の中を駆け巡っていたが、落ち着かなければならないことだけはわかっていた。落ち着いて考え直すと、少し状況が見えてきた。

この窮地を脱するために私がしなくてはならないことは、プロ野球に一八シーズン所属し、そのうちメジャーリーグで一三年間投げてきた私がマウンド上で実践し、コーチとして一〇年以上教えてきたメンタルスキル術を活用することだった。

まずは落ち着いて、深く呼吸をする。次に、ポジティブなセルフトーク（あのリトルマンとの会話のことだ）をしてみる。そして、目の前の課題に集中する。

人は疲れていたり、急いだりしているときに、失敗を犯しやすい。

岩の上に座りながら考えた結果、わかったことが一つあった。それは、もし人生に普遍的なことが一つでもあるとしたら、それは私たちが皆、生きていく過程で何らかの難問に差し掛かった時、自分が疲れていたり焦っていたりすると、その難問をクリアすることがより困難になるということだった。

難問は仕事においても家庭においても生じ得る。それは得てして最もストレスを感じていたり、もっとも不都合なタイミングで生じることが多い。だからこそ、われわれはそうした難問を克服するためのスキルを磨き、それを維持することが重要になる。

落ち着いて、ゆっくりと深い呼吸をする。そして集中する。

＊＊＊

転職は野球の選手が新しいチームに移籍する場合でも、サラリーマンが新しい会社に転職する場合でも、その人にとって人生で最もストレスのかかる出来事の一つだ。

二〇一六年の冬、私には今回の移籍について考えるための時間が十分にあった。アメリカン・リーグのディビジョン・シリーズで、大方の予想に反して、絶好調だったクリーブランド・インディアンズが、全勝でわがボストン・レッドソックスを下したため、われわれのシーズンオフが当初の予定より早く始まったからだ。

このシーズンで私にとって良かったことは、私がこれまで指導してきた選手の中でも、特に目にかけていた一人の選手が、その年の一〇月に大活躍をしてヒーローとなったことだった。長年優勝から遠ざかっていたシカゴ・カブス優勝の陰に隠れてそれほど話題にはならなかったが、実はクリーブランド・インディアンズもカブスと同様に、長らく栄冠を手にすることができないチームの一つだった。そして、その年はインディアンズにとっても、一九四八年以来初となるワールドシリーズ・タイトルを獲得するチャンスだった。

その年、クリーブランドのリリーフ陣の圧倒的な大黒柱だったアンドリュー・ミラーは、誠実で親切で謙虚な人物で、自分を向上させるための努力を日々、重ねていた。

彼が私と一緒にレッドソックスで戦っていた二〇一一年から二〇一四年のシーズン、当初彼は好成績をあげられていなかったが、それでも彼はいつかその試練を乗り越えられると固く信じていた。

ニューヨーク・ヤンキース時代とテリー・フランコーナ監督の下でのインディアンズ時代に、投手としてどのような役割でも厭わずに果たそうとする彼の姿勢は、まさに彼の人格を反映していた。それは大成功を果たした今でも変わっていない。

今、私の目に映る彼は、まず何よりもいい父親で、愛情深い夫であって、そんな男がたまたますごいリリーフ投手だった。私は彼の能力に畏敬の念を抱くと同時に、彼のことをとても誇りに思っていたので、彼の成功を心の底から歓んだ。

私がジャイアンツやキャメルバック山に関心を持つよりずっと前の話だが、レッドソックス対インディアンズのアメリカン・リーグ・ディビジョン・シリーズが始まったとき、私はアンドリューがシーズン半ばにヤンキースからインディアンズにトレードされて以来、彼とは会っていなかったし、メッセージのやりとりもしていなかったので、クリーブランドでアンドリューに会うのをとても楽しみにしていた。

第二戦でインディアンズが六対〇で勝った後、プログレッシブ・フィールドのビジター用クラブハウスのすぐ外で一瞬彼とすれ違ったが、その時は彼がちょうど球場を出ようとしていたときだったので、ほとんど話ができなかった。その時は挨拶を交わした後、彼に「いい感じじゃないか」と伝えたほかは彼の息子のマックスは元気かと尋ねたくらいで、二人の会話は終わっていた。

その後ボストンで一試合が行われ、シリーズはクリーブランドの三戦全勝で終った。われわれボストン・レッドソックスにとってそれは、正に一瞬にして終わってしまったシリーズだった。

本当は彼ともっと色々なことを話したかったが、短期決戦のプレーオフともなると、なかなかそんな余裕はなかった。そこで私は次善の策として、彼にメッセージを送ってみることにした。その後、彼との間で、次のようなやりとりが続いた。

テュークス：すごく落ち着いているように見えるし、ボールも一球一球よくコントロールできているね。見ていていい感じだよ。きっと次のシリーズでもたくさん使ってもらえるだろう。

アンドリュー：ありがとう。嬉しいよ。外からはそう見えるように頑張っていたけど、実は内面はボロボロだったんだよ。次のシリーズではもう少し楽になることを願っているよ。

テュークス：内面のことを話したければ、いつでも聞くよ。久しぶりに会いたいしね。

アンドリュー：うん、主にプレーオフ特有のアドレナリンのせいだと思うけど、高ぶる気持ちをいい方向へ持っていくことと、落ち着いて投げることとのバランスを取るのが難しいんだ。これは経験を積めば改善されてくるのかなあ。

テュークス：そのためには深く呼吸をすることと、リセットするために自分からタイムをとることだよ。特に、二―〇や三―一のカウントになったら、一旦マウンドからおりて、深呼吸をするんだ。そして「次は低めのストライクだ！」、のように自分自身に次の課題を確認した上で、とにかく最高の球を投げることだけに集中するんだよ。

あと、もう一つのキューは、サインをもらったら、何をどこに投げるかを自分の中で繰り返し言うんだ。例えば、サインが「アウトサイドへのスライダー」なら、頭の中で「アウトサイドへのスライダー」という言葉を何度も復唱する。それが集中力を高める助けになるはずだよ。

アンドリュー：なるほど。相手の打線がムーキー（・ベッツ）、オルティーズ、ハンリー（・ラミレス）、ボギー（ザンダー・ボガーツ）と続くので、大変だったよ。彼らを相手にうまくセルフトークをしながら落ち着いて投げるためには、登板前の呼吸法が大事だね。自分を信じ、自分にはそれができると信じないとね。

テュークス：そう、うちとの試合でも、もう少し自分を立て直してから投げた方がいい場面が何度かあったと思うよ。相手打線なんてくそくらえだよ。君はアンドリュー・ミラーなんだ。打者は皆、君とは対戦したくないと思ってるんだ。相手は最初から嫌がっているんだから、それを利用しなくちゃ。その日、コントロールできている球に集中するんだよ。

アンドリュー：僕もそう思う。あの時は僕本来のシャープなピッチングができていなかった。なんとか切り抜けたけど、もっといいピッチングをしないとダメだと思うよ。先生、復習ありがとうございました（笑）。

テュークス：とにかく自分がやりたいことに焦点を合わせたセルフトークをするんだ。ネガティブな思考は、プレートの土を足で払ったり、足を叩いたりして、どんなやり方でもいいからとにかくそれを振り払うんだよ。そして自分が何をしたいかを確認して、その課題に集中すること。やりとりができてよかったよ。幸運を祈る。

アンドリュー：確かにそうだ。本当にありがとう。また連絡を取り合おう。自分にも何か手伝えることがあれば、遠慮なく言ってほしい。僕がレッドソックスにいたとき、テュークスが僕にとってどれだけ重要な存在だったかや、僕がどれだけテュークスに助けられたかを、こっちでも皆に言いふらしているよ。せめてそれくらいはさせてほしいと思っているんだ。

ただの挨拶のつもりで送ったメッセージが、メンタルスキルの「復習セミナー」になったのは、私たちの間に「信頼」と「強い絆」という、人と人とが良好な関係を長く続けていく上で不可欠な二つの要素が、あったからだ。

このやりとりは、あれほどのすごい選手でさえ、常に自信を持ってプレーできているわけではないことを示している。それをアンドリューの外見から窺い知ることはできない。

私は投手を指導する際に、演技を例えに使うことがある。

トム・ハンクスやデンゼル・ワシントンが映画の主演のオファーを受けたら、どうするだろうか？　彼らはその役柄になりきるだろう。見る人に対して、自分が演じている人物が実在するように思わせるために、ボディランゲージも含めて、言葉や行動で表現するはずだ。

私は投手たちにも試合では同じことをするように奨めている。誰が臆病で受け身で怖がりの投手役を演じたいだろうか？　誰もが積極的で自信に満ちた攻撃的な投手の役を演じたいに違いない。

あの年の一〇月は、野球ファンの間で、監督がブルペンの切り札をどのように起用すべきかをめぐる大論争が巻き起こったため、自ずとリリーフ投手には注目が集まっていた。そのような状況の下で、その先駆者となったミラーは多くの人の目を釘付けにする活躍ぶりを見せた。

インディアンズが私たちに快勝した後、ミラーはトロントの強力打線に対し、七・二イニングを投げて被安打三、奪三振一四、与四球ゼロの成績を残し、アメリカン・リーグ・チャンピオンシップ・シリーズのＭＶＰに輝いた。

ワールドシリーズ・チャンピオンになるためには、ポストシーズンに一一勝しなければならない。その内訳はディビジョン・シリーズで三勝、リーグ・チャンピオンシップ・シリーズで四勝、そしてワールドシリーズで四勝だ。

あのやりとりの後、ポストシーズン中に私がミラーに送ったメッセージは、優勝まであと何勝すればいいかを意味する数字のメッセージだけだった。七、六、五、四とカウントダウンしていき、インディアンズはカブスとの最終戦を前にそれを一まで減らしたが、結局ミラーが率いるインディアンズは最後の一勝を掴むことができなかった。

＊＊＊

さて、キャメルバックの山頂で私は、サボテンの棘の痛みと傷ついたプライドと戦っていたが、その間、自分自身の命のカウントダウンも本格的に始まっていた。

私は、棘のあるサボテンに注意しながら、必要に応じて水を補給するために立ち止まり、キャメルバック山の側面を蛇行しながらゆっくりと斜面を下り続けた。

どれくらい時間が経ったのかは定かではないが、あの高い崖からやっと逃れることができた時、フェニックスのゴルフ場のフェアウェイまで無事に下りられそうな道筋が見えてきた。この時点ではもう、どこが「本来のハイキングコース」だったかなど、どうでもいいことだった。

私は美しくお手入れされたゴルフ場の平らな地面へ向かって、まっすぐ下って行った。

そして到着。あぁ、平らな地面って、なんていいものだろう。

私はふかふかの緑の芝を踏みしめながら大きく開けたフェアウェイを横切り、カート道に出て、数百ヤード離れたチョーヤ・トレイルの入口へ向かって行った。

途中、「カート道では徒歩や自転車での通行は禁止」などと書かれた看板が目に入ったが、既にサバイバルモードに入っていた私は、当然これをガン無視した。その時の私は「止められるものなら止めてみろってんだ」という気分だった。

おろしたてできれいだった新品のナイキのトレーニングシューズは、砂漠の砂をふんだんに被り、踏みにじられた私の自尊心よりももっと傷んでいた。右の太腿と左の足首の皮膚には、何百本もの棘が刺さった痕があり、腫れていた。

私が辿ったコースはキャメルバック山から下山するための正規のルートではなかったかもしれ

ない。しかし、私が選手たちに常々言っているように、私たちにはそれぞれが進むべき自分の道がある。そのルートは人によって違うが、それでいいのだ。

私はここ数か月間、一年前には思いもよらなかった方向へ導かれてきた。指導してきたミラーやリゾ、ジョン・レスターやリッチ・ヒルが、ポストシーズンで魔法のような投球をするのを見ることもできたし、他にも過去に親しく指導してきた大勢の選手たちの活躍ぶりを確認することができた。そう、人間はいつ風向きが変わり、自分の個人的なＧＰＳがリセットされるかわからない。しかし、何が起きても、メンタル面の準備ができていれば、成功をより確実なものにすることは可能だ。

車に戻り、運転席に座ると、私は深く長い呼吸をした。そして、近くのアパートに車で戻る途中、ドラッグストアに立ち寄り、アイスパックとバンドエイドと抗生物質軟膏のネオスポリンとバドワイザーのライトビールの六缶パックを買った。

そして、山から落ちそうになった大人の男性なら誰でもそうするように、まず私はビールを二缶飲み干した上で、傷の手当てをした。

その後、ソファに座り、もう一缶ビールを手にしたまま、足をアイスパックで冷やしていると、多くの考えや感情が、まるでチョーヤ・カクタスの棘のように私に向かって押し寄せてきて、頭の中を駆け巡った。

私の中には自分を激しく責める自分がいた。

「今日お前がやったことが、どんなにばかげたことだったか、お前はわかっているのか？　死んでもおかしくなかったんだぞ！」

その一方で、私の中には不思議な高揚感を覚える自分もいた。

少なくとも自分の認識では、今回の経験はこれまで自分が生きてきた中で、最も死に近づいた瞬間だった。そのような局面から自らを下山まで導くことができたことについては、気分が良かった。

傷口に当てた氷が溶けるのを横目にビールを飲み干すと、今回のことが、現役投手時代に自分がマウンド上で活用し、その後はメンタルスキル・コーチとして教えているメンタルスキルのテクニックを駆使できたからこそ可能だったことが、身に沁みてわかってきた。それは「落ち着いて深く呼吸をして、ポジティブなセルフトークを行い、目の前の課題に集中する」ことだった。そう考えると私は、さらに気分が良くなった。

人は誰でもそれぞれ、人生で辿り着きたい場所がある。そこに至る道筋を見つける過程で、その時々の自分の現在地を確認できる基準点があれば、その旅路の苦難を大きく軽減することができる。それは自分が道に迷うのを防ぐだけでなく、その道程で私たちが前に進めるように背中を押してくれる踏み石にもなるだろう。

ただ一つ、私の経験から言わせてもらうと、多分それはサボテンではない。他方、今回のことがあったおかげで、この地域の野球のリーグが「カクタス・リーグ」と呼ばれている理由は身に沁みてよくわかった。

第1章……呼吸

呼吸。

この本は最初から最後まで、呼吸について論じている。

呼吸というこのいたって単純な動作は、赤ちゃんがこの世に出てきて最初に覚えることだ。そして、人間はこれができなくなると、死を迎える。

人間の生と死の間、呼吸がその命を支える。あなたが呼吸をコントロールする術をマスターすれば、それは血圧を下げ、睡眠を改善し、健康を維持し、集中力を高め、仕事の効率を向上させてくれるだろう。三月のペナントレースの開幕と同時に全米で冬が終わりを告げ雪が溶け出すのと同じように、呼吸はあなたのストレスを丸ごと溶かしてくれるはずだ。

ジョン・レスターは二〇一三年の夏、初めて呼吸をマスターした。

古ぼけたオークランド・コロシアムは、彼にとって相性のいい球場ではなかった。しかも、そのシーズンの前半、彼は好不調の波が激しかった。だからシーズン後半戦の最初の登板がこの球場になったことは、彼にとってはあまり喜ばしいことではなかった。

コンクリートの壁にひびが入り始めているこの球場は、下水が逆流することで有名だった。こともあろうに、メジャーリーグの球場で下水が逆流するなんて話は、にわかには信じ難いかもしれないが、これが本当なのだ。ここではゴールドラッシュ時代に建設されたとしか思えないような古ぼけた下水管が定期的に詰まり、逆流した下水をクラブハウスやダグアウト内にぶちまけることがよくある。その時の悪臭といったら、それはもう言葉で言い表せないほどひどいものだ。

えっ、呼吸の話はどうなったかって？　ちょっと待ってくれ。

確かに、悪臭で有名なオークランド・コロシアムは、呼吸の話をするにはあまりいい場所ではなかったかもしれない。しかし、ボストン・レッドソックスのメンタルスキル・コーチを務める私は、どこにいてもその役割を全うしなければならない。たとえそれが、下水と悪臭に塗れたオークランド・コロシアムであったとしてもだ。

それに、レスターがオークランド・コロシアムを嫌がったのは、逆流する下水や悪臭に代表される、このクラブハウスの劣悪な設備のせいではなかった。

実際にメジャーリーグでプレーしたことのない人には想像し難いかもしれないが、選手にとって遠征先というのは、半分外国みたいなところがある。どこにも異なる景色があり、異なる土地柄や異なる文化がある。チームにとって、そんな遠征先で選手達が快適に過ごせるようにすることは、とても重要だ。快適さは自信を生む。そして、プロスポーツ選手の精神面の健康にとって、自信ほど大切なものはない。

レスターにとってオークランド・コロシアムのマウンドは、とても居心地の悪いところだった。また、彼がそこで先発する時は、どういうわけかマウンドから見える景色がいつも違って見えた。

「なぜそうなのか、自分でもわからないのだけど、スタジアムに着くと、なぜか嫌な感じがするんだよ。いつも自分が孤立しているように感じるんだ。デトロイトもそうだったけど、ここもどうしてもしっくりこないんだ。逆に、トロントはいいよ。トロントのマウンドはメジャーの球場の中でも最高だよ。バックフェンスの雰囲気がよくて、マウンドからホームベースが近く感じられるんだ」

「オークランドでは、いい気分で投げられたことが一度もなかったね。あそこはファウルゾーンがやたらと広いし、バックフェンスも変なんで、何だか打撃練習用のバッティングケージに向かって投げかけているような気分になるんだ。だから、僕はあそこでいいピッチングができたことが一度もないんだよ。どのピッチャーも球場によって、相性の善し悪しやフィーリングの合う合わないがあるもんだよ」

そう言うレスターだが、実は彼は昨シーズン、あの球場でオークランド・アスレチックスに対して、六・二イニングを投げて四安打一失点奪三振九四球一と、まあまあ好投していた。確かにその試合でレッドソックスは三対二で敗れてはいたが、彼がオークランドで好投したことがないなんてことは決してなかった。ミネソタ・ツインズのトム・ケリー元監督が「すべては心の持ちようだ」とよく言っていたが、まさにその通りだ。

その日、レスターの心には多くの思いが去来していたが、中でも彼にとって大きな負担になっていたのは、一向に振るわない彼自身の成績だった。そのシーズン、彼はそこまで八勝五敗で防御率は四・六〇だった。レスターにとってこの成績は、キャリアで最悪だった前年の九勝一四敗、防御率四・八二から、あまり改善していなかった。

レスターといえば、二〇〇七年ワールドシリーズの第四戦の衝撃的なデビューがあまりに有名だ。気圧が低いため打者に有利と言われる高地のコロラド州クアーズ・フィールドで行われたその試合で、レスターはルーキーながら五回と三分の二を無失点に抑える好投で鮮烈なデビューを飾った。それ以来、メジャーリーグでコンスタントに好成績を残してきたレスターにとって、その時自分が置かれた状況はまさに異国であり、これまで想像したことのない未知の領域だった。彼としては、何をやってもうまくいかない状態だったのだろう。頭の中をあれこれマイナス思考が駆け巡るのも、無理のないことだった。

オールスターブレークを翌週に控えたその週末、二九歳のレスターは前半戦最後の登板が予定されていた。この時、彼は一つのことを固く心に決めていた。それは、何があってもオールスター前に、スランプから脱出する糸口を掴むことだった。

金曜日の午後、デビッド・オルティーズやダスティン・ペドロイアやジャコビー・エルスベリーらがバッティング練習するのを横目に、レスターはダグアウトにいた私に助けを求めてきた。

私はレスターとは二〇〇二年、彼が一八歳の時に初めて出会った。この年、レッドソックスは彼をドラフトの二巡目で指名していた。一方の私はレッドソックスの職員として、系列の球団に加入するマイナーリーガーには、できるだけ多く会うことが私の仕事だった。野球のボールが赤い糸によってきつく縫い込まれているのと同じように、球団も選手間の強固な絆があって初めて強くなる。そして、その絆は強ければ強いほど良い。

その後、レスターはシカゴ・カブスに移籍し、私もサンフランシスコ・ジャイアンツのメンタルスキル・コーチに就任したが、彼とは今でもよくレッドソックス時代の話に興じる。

レスターが当時のことをこう語る。

「マイナーリーグの選手にとって、メジャー経験のある人の話はとても貴重なんだ。テュークス（テュークスベリー＝著者のニックネーム）からは、ゲームのメンタルな側面をいろいろと教わったよ。彼はどんな疑問にもストレートに答えてくれた。決して気休めやいい加減なことを言わないし、正直に答えてくれるんだ。ピッチングに関してもメンタルな面についても、僕は彼のアドバイスには全幅の信頼を寄せていたよ」

私は一三年間メジャーリーグでプレーした後、ボストン大学でスポーツ心理学とカウンセリングの修士号を取得した上で、現在の「心の修理屋」の職に就いた。

選手としての私のキャリアは、オールスター出場が一回とナショナル・リーグのサイ・ヤング賞の投票で三位入賞が一回、生涯勝利数は一一〇、それにＭＬＢ史上最低の与四球率という記録を持っている。私は現役時代にスピードガンの球速で球場を湧かせることはなかったが、度重なる怪我と大きな肩関節の手術を乗り越えることができたのは他でもない、なんといってもメンタルを強化したおかげだった。

かつてセントルイス・カージナルスのチームメイトだったジョン・チューダーが、こんなことを言っていた。

「九三マイル（一五〇キロ）の速球が投げられれば誰も苦労なんかしない。しかし、八四マイル（一三四キロ）の速球を投げるには勇気が必要なんだ」と。

まさにその通りだ。

私は今、第二のキャリアとなったメンタルスキル・コーチ業を、とても楽しんでいる。と同時に、今でもコントロールに磨きをかけている。かつてのように、低め、高め、アウトコース、インコースといった、ホームベース上のコントロールの代わりに、他の選手たちを成功に導くために、正しい指摘をするためのコントロールの向上に努めているのだ。

選手たちがいいプレーをするための手助けの分野では、選手時代のように、ホームプレート上の狙ったところに寸分狂わずに球を投げ込めるようになるまでには、まだまだ修行が必要だが、メンタルスキルという、今、野球で最も劇的に成長している分野の先駆者となれていることに、とても誇りを感じている。

二〇一四年のシーズンオフに私は、レッドソックスがレスターを再び獲得するための交渉を始めていることを知った。その時私は、レッドソックスを離れ、ＭＬＢの選手会で働いていたが、レッドソックスはレスターと契約するにあたり、あらためて私を招聘することを決め、レスターの契約交渉のために球団幹部が彼のジョージア州の自宅を訪問した際、わざわざそのことをレスターに伝えている。レッドソックスはレスターがこれまで私から受けたメンタルやピッチングに関するアドバイスを高く評価していることをよく知っていたので、あえて私の名前を引き合いに出して、レスターを説得するための材料にしようとしたようだ。

　レスターは登板に備えて万全な準備ができるし、練習にも熱心な選手だ。ただ、彼のパフォーマンスを向上させるために私が助けられる分野が一つあった。それは、自分が現役時代に実践してきたメンタルイメージ・トレーニングだった。

　皆さんはこれまで「メンタルイメージ」という言葉を聞いたことがあるだろうか。肉体は現実のできごとと想像上のできごとを区別することができない。そのため、現実がどうかとは無関係に、肉体はその時々の心の状態に支配される。私が開発したメンタルイメージ・トレーニングは逆境に直面した時、アスリートにとって最大の敵となる、失敗に対する不安や恐れに立ち向かう手助けをしてくれる。またそれは、調子のいい時は、好調さを持続させる助けにもなる。

　それまでレスターは、登板前にイメージトレーニングというものをしたことがなかった。実は昔、彼は一度だけそのアイデアに関心を持ったことがあったが、ちょっと面白い理由で、それを試すのをやめていた。

　レスターは集中力が長続きしないタイプだったので、必ずしも読書好きではなかったが、ハーヴィ・ドーフマンの名著『ピッチングのメンタルスキルのＡＢＣ――パフォーマンス向上ハンドブック』（*The Mental ABC's of Pitching: A Handbook for Performance Enhancement*）だけは高校時代に熟読していた。実際、彼はそれを三日で読破すると、当時、野球と並行してやっていたバスケットボールを躊躇無くやめ、野球に集中することに決めたそうだ。それは彼が高校三年のシーズン中のことで、その年の初先発が予定されていた試合の一週間前のことだった。

ちょうどその頃、彼のもとにはプロのスカウトや大学のリクルーターたちが大挙して集まってきていて、レスターが野球に集中することが難しい環境になっていた。しかし、彼はその本に書かれていたことを忠実に実行し、一週間後の初先発試合でノーヒットノーランを達成した。なんとその試合で彼は一九の三振を奪い、あと一アウトで完全試合（アメリカの高校は七イニング制）を成し遂げるところだった。

そして、それこそが、一〇年以上経った今も、彼がいま一つイメージトレーニングに前向きになれない理由だった。なぜならば、あの日の一九奪三振ノーノー（ノーヒットノーラン）以上のピッチングをイメージすることなどできっこないことを、彼自身が一番よく知っていたからだ。

レスターは言う。

「あの時はすべてがうまく回ったんだ。あんなことは滅多にないからね。どんなイメージトレーニングでも、あれ以上の結果を再現することなんてできないよ。だから、僕はイメージトレーニングをするたびに、あの試合のことを考えてしまうんだよ」

しかし、ある時、私が、自分の現役時代に何度もイメージトレーニングに助けられたことを話すと、レスターは興味を示し始めた。そこで私は、私自身が経験した感覚を体験するために、私のガイド付イメージトレーニングを試してみないかと話を持ちかけてみた。すると、彼は乗ってきた。その時のレスターは、現状を打ち破るためには何でも試してみようという気持ちになっていたようだ。

私とレスターはダグアウトからビジター用のクラブハウスへと続く長いトンネルを並んで歩き、クラブハウス内の小さな事務室に入った。そこで彼はユニフォーム姿のまま革のソファーに足を伸ばして横になると、頭をソファの肘掛けに乗せた。天井の蛍光灯が眩しかったとみえて、彼はレッドソックスの野球帽を顔に被せた。

「気分が落ち着いたら、目を閉じて呼吸に集中してみようか」

私はジョンに静かにゆっくりと語り始めた。

「鼻を通る空気を感じてみよう。空気が喉の奥を通って肺に入ってくるのが分かるだろう。空気がいっぱい入ると胸が大きく広がる。そこで止めて。はい、そうしたらゆっくりと口から吐き出してみよう」

私たちはそのシーケンスを三回繰り返した。そうしているうちに、ジョンの身体は少しずつソファに沈んでいった。顎の緊張が緩み、口が少し開いてきた。その間、足はぴくぴく痙攣していた。私は彼がこんなにも早くリラックスできるのが、少し意外だった。

「あなたは今、十分にリラックスして、イメージトレーニングを受ける用意ができています」

しばらくの沈黙の後、私は続けた。

「ではまず、明日の夜、マウンド上にいる自分の姿を想像してみましょう。あなたは今、スパイクでしっかりとプレートを踏みしめています。グローブの中のボールを握ると、あなたの手にはボールの一つひとつの縫い目をはっきりと感じています。あなたはそのまま大きくワインドアップします」

それから私は実際の試合中の状況を再現した。

「最初の二人の打者にはワインドアップから、三人目にはセットポジションから」

私は彼の心の中に、彼が実際に投げる球種をイメージさせようとしていた。

「初球は外角低めに速球が決まりワンストライク。速球のイメージを引きずるバッターは次のチェンジアップを空振りして二ストライク。次はゆっくりとした大きなカーブを打者は呆然と見送り三振。あなたの無敵のカットボールにバッターたちは手も足も出ません」

そんな感じで、私はジョンに、明日の試合でジョンが対戦することになるオークランド打線の全打者に対する投球を、一人ひとりイメージさせていった。

さらに私は、ジョンが明日直面しそうなあらゆる場面を再現し、ジョンがそれをどうやって切り抜けるかまで想像させてみた。例えば、誰かがエラーをしても、動揺することなくうまく対応する場面まで再現した。

イメージトレーニングは八分間ほど続いた。トレーニングが終わると私はジョンに、目を開けて意識を覚醒させるよう指示した。顔から帽子を外すと、ジョンはまるで眠っていたかのような顔をした。彼はイメージの世界に完全に没頭していたのだ。

「どうだい？」と聞くと、ジョンは「すごくよかったよ」と答えた。ただ、ところどころ私の話が速すぎて、十分にイメージする余裕がなかったとも言った。こういうフィードバックは次回に向けて、とてもありがたいものだった。より重要なことは、次回があるということだ。それは、今回のセッションをジョンが評価してくれていることを意味するからだ。

ジョンと私は、明日夜の試合前のルーティンにも、イメージトレーニングを含めることを決めた。イメージトレーニングを行うタイミングとしては、ピッチャーミーティングのすぐ後の午後五時頃に行うのが最適だった。

レッドソックスでは試合前に先発ピッチャーとキャッチャーとピッチングコーチが集まり、その日の対戦相手の打線を想定したゲームプランを練る。それがピッチャーミーティングだ。レスターはその直後にトレーナー室に行き、テーブルの上に横になり、目を覆い、この日私たちがやったことを、今度は自力で再現する。このトレーニングの甲斐あって、レスターは土曜の夜の試合を今シーズン最高の気分で迎えることができた。

まず先頭バッターのココ・クリスプを見逃しの三振に切って取ると、一回の裏を三者凡退に抑える好スタートを切った。二回裏にはネート・フライマンを内野ゴロのダブルプレーに打ち取り、無得点に抑えた。

結局、この試合でジョンは五回にデレク・ノリスにソロホームランを浴び、六回にもオークランドから二点を奪われたが、この試合でより重要なことは、前夜のイメージトレーニングがもたらした彼の内面の変化だった。

「一度投げた覚えがある試合のような気持ちで、とてもリラックスして投げられたんだ。試合は三対ゼロで負けたけど、投球内容もよかったし、試合中に何が起きても慌てずに対応できたよ」とレスターは語る。

翌日、ジョンと私はどのような形でイメージトレーニングを彼のゲーム前のルーティンに取り入れるかを話し合った。その結果、イメージトレーニング用に私の声を予め録音しておいて、彼が先発するたびにそれを使ってみようということになった。シナリオにどんな内容を盛り込むかや、どういうタイミングで何を話すかなどを話し合った上で、私はそのプログラムをオールスターブレーク中に録音した。

その甲斐もあって、レスターはそのシーズンの後半、一三回先発して七勝二敗、防御率二・五七の好成績を残すことができた。

結局、レスターはイメージトレーニングをシーズンが終わる一〇月後半まで続けた。フェンウェイ・パーク内の静かな部屋と私がiPodに吹き込んだイメージトレーニングは、赤やオレンジに色づくボストン郊外の街並とチャールズ川のほとりの紅葉のように、見事に融合していた。

深く息をしよう。

一九九〇年の六月、気温が三四度にも達するセントルイスでプレーしていた私にも、そんな風光明媚で落ち着いた時間が欲しかったと思う。そして何よりも当時の私には、今の私のようなメンタルスキル・コーチが必要だった。

当時二九歳だった私のメジャーリーガーとしてのキャリアは、今のレスターのように安定した待遇とはかけ離れていた。それはまるで、セントルイス名物のゲートウェイアーチのてっぺんから垂れ下がって捻れた糸のような、そんなキャリアだった。

ホワイティー・ハーゾグやスパーキー・アンダーソン、スタンプ・メリルといった名だたる往年の名選手が名を連ねていた当時のセントルイス・カージナルスでは、メンタルスキル・コーチを付けて欲しいなどと言った瞬間に、トレドやスプリングフィールド、オネオンタなどのファーム送りになることは目に見えていた。ちなみにオネオンタは私がプロ野球の選手として一九八一年にデビューを果たしたチームの本拠地だ。

当時のチームにはメンタルスキル・コーチはいなかったが、その代わりテッド・シモンズがいた。誤解しないで欲しいが、テッド・シモンズは最高にいいやつだ。私は彼を心から敬愛しているし、彼は私をゴミ溜めの中から救ってくれた。彼がチャンスをくれたからこそ、今日の私がある。誰にも人生の恩人はいるはずだ。そういう人の恩を決して忘れてはならない。

過去一年半、私は3Aのルイビル[1]で一六勝七敗、防御率二・四三の好成績を残し、九〇年のシーズン開幕時にはＭＬＢのカージナルスでベンチ入りを果たしていた。カージナルスでは八試合に登板したが、五月初旬には再びルイビルに戻されることになった。

それまでも、そしてそれからも、カージナルスが先発投手を求めてファームに選手を探しに来ることが何度もあったが、なぜか私に白羽の矢が立つことはなかった。彼らはできるかぎりスカウティング・レポートのチェック項目を満たす選手、つまり私と違って肩に故障がなく、私よりも球が速く、私より若いピッチャーを好んだ。

マイナー生活が長くなると、誰でも疲れてくる。特に九年前にドラフト一九巡目でヤンキースに拾われ、そこから肩の故障と戦いながら一歩ずつメジャーの階段を登ってきた身としては、選手としてのキャリアを諦めなければならない時がいつ来てもおかしくないことは覚悟していた。いつでも心の準備はできていた。

一九九〇年のその時点まで、私はニューヨーク・ヤンキースとシカゴ・カブスとセントルイス・カージナルスで合計四六試合に登板し、そのうち三四回が先発だった。

私が二九歳の時は、今のレスターとは比べものにならないくらい金銭的には不安定な立場にいた。レスターはその時点ではもう大型契約に守られていたし、そこに至るまでに既に約二〇〇〇万ドル（約二二億円）を稼いでいた。

一方、私は、二年前の一九八九年一月にローラと結婚したばかりだった。その時、彼女はコンコード病院の病長補佐として働いていた。私もまだまだ投げられると感じていたので、その頃、われわれはケープコッドに質素な家を一軒購入した。それくらいなら何とか払えるだろうと思っていた。

しかし、カージナルスが私をマイナーに置きざりにしておく期間が長引くにつれ、もしかすると家は借家にしておくべきだったかもしれないとの思いが頭をもたげ始めた。既にその時、私は、別の道も探り始めていた。カージナルスのホームスタジアムのブッシュ・スタジアムでプレイができないのなら、一層のこと遠く離れたところに行きたいとも考えた。どのくらい遠くかって？実はその時は、日本でプレーすることも真剣に考えていたのだ。

レスターがオークランドで自分のピッチングに迷いを感じていたのは、同じ二九歳の時の私とは異なり、彼が、本来自分はもっといいピッチングができるはずだと感じていたからだ。私がその年齢の時は、メジャーリーグに残れるかどうかさえわからない立場に置かれ、メジャーリーガーとしての地位と、ピッチャーとしての存在価値の両方を、確固たるものにすることに必死だった。

その時、突如カージナルスからお呼びがかかった。

翌日、私はセントルイスにいた。一九九〇年シーズンの最初の先発の機会を与えてくれたファーム担当の幹部だったテッド・シモンズは、カージナルスのクラブハウスのすぐ外にある通路のコンクリートの壁際に私を立たせて、こう言った。

「土曜の先発だ。そこで好投できればまた次があるが、失敗すればその先どうなるかはわからないぞ」

この話し方はメンタルスキル的にはどうかって？　もちろん最悪だ。おかげで私はとてつもないプレッシャーを感じる羽目になった。でも、「一度でいいからチャンスをください。それでダメなら諦めます」という台詞は、どんな選手も一度は口にしたことがあるだろう。

シモンズは野球界では「噛めば噛むほど味の出る男」として知られている。もちろんいい意味でだ。しかも彼は野球を裏の裏まで熟知しているので、意味のない行為などしない。

彼自身は選手としてセントルイス（・カージナルス）、ミルウォーキー（・ブルワーズ）、アトランタ（・ブレーブス）でキャッチャーとして二一年間の輝かしいキャリアを誇り、引退後もフロントやスカウトとして尊敬を集めてきた。

シモンズは第一印象では荒っぽく感じるかもしれないが、内に膨大な知識と鋭い頭脳を秘めていて、一度知り合うと、豊富な物語が止めどなく溢れ出てくるタイプだ。

ミシガン大学出身で、一九六七年のドラフト一巡目（全体の一〇番目）でセントルイスから指名されている。ベトナム戦争やヒッピーの時代だ。

ドラフトされた後、シーズンオフに大学に戻っていたシモンズは、ある冬の寒い週末に、当時つき合っていた彼女（現在の妻）のマリアンと一緒に、大学のあるアン・アーバーからヒッチハイクで家に帰ろうとしていた。すると一台のバンが止まってくれた。シモンズがマリアンを助手席に乗せた後、自分は後部座席に乗り込もうとすると、その車は後部座席が全部取り除かれ、そこに楽器のドラムセットが置かれていた。

「どこへ行くんだい？」と運転手が尋ねたので、シモンズは「デトロイトだよ」と答えた。

運転手はミュージシャンにちがいないと考えたシモンズは、自分とマリアンヌを紹介した上で、運転手に名前を尋ねた。

「ボブ・シーガーって言うんだ」と運転手は答えた。

ボブ・シーガーは当時、まだ全国区ではブレークしていなかったが、既に地元では伝説的な人物で、数年後「ライブ・ブレット」や「ナイト・ムーブズ」などのヒットで大スターになる人物だった。

「彼はまだそれほどビッグではなかったけど、その後、超ビッグになったね。そんな人の車を止めるなんて、何という偶然だろう。でも、逆にそれが連続殺人犯の車じゃなくてよかったよ」とシモンズは笑う。

シモンズとの偶然の出会いの一〇年後に、シーガーは「風に逆らって」（一九八〇年のヒット曲。邦題は『奔馬の如く』）を書いたが、正に私は今、風に逆らって走っていた。

シモンズが当時をこう振り返る。

「過去二年間、ボビーは３Ａで素晴らしい成績を収めていたんだ。当時のカージナルスの監督はホワイティ・ハーゾグだったが、テュークスベリーは控えめに見ても技巧派の好投手だったよ。３Ａのルイビルでは勝ちまくっていたが、当時ルイビルの監督だったマイク・ジョーゲンセンも私もまだ、ボビーがメジャーでも通用する投手であると自信を持って言えるほどではなかったな。メジャーでは軟投派の変化球投手は好まれない傾向があったからね。
だけど、ホワイティ（・ハーゾグ監督）とデール・マックスビル（当時のゼネラル・マネジャー）と話し合い、ボビーにチャンスを与えるよう説得したんだ。ただし、もし好投できなければ、すぐにまたマイナーに戻すというのが条件だった。私の熱心な説得に彼らも最後には折れて、『わかったよ。そいつをここに連れてこいよ』」という話になったんだよ。

私はホワイティとデールの事はよく知っていたから、もしボブが好投できなければ、すぐにマイナー送りになることはわかっていたよ。だからボブにはっきりと伝えたんだ。というのも、私は単刀直入で、遠回りをしない男だからね。『ボブ、話はこうだ。オレは君を幻滅させたり失望させたくない。君が土曜日に好投できなければ、すぐマイナーに戻されることになる。何とかいいピッチングをしてくれ。幸運を祈る』とね」

実は、その時の私の状況はもっと悲惨だった。五週間前にカージナルスが私を３Ａに戻した段階で、私はすでにオプション[2]を失なっていた。つまり、カージナルスは私をマイナーに落とす前にウェイバーにかけなければならず、その間、ＭＬＢのどこの球団が私を獲得してもおかしくない状況になっていたのだ。

もっとも、私自身はそれを望んでいた。どこかの球団が指名してくれれば、再びメジャーに戻ることができる。しかし、残念ながら（カージナルス以外の）二五球団（一九九〇年当時。現在は全三〇球団）のどこからも、お呼びはかからなかった。もはや私には、シモンズとブッシュ・スタジアムのコンクリート壁の間の狭い空間しか残されていなかった。今週の土曜以降の私の将来は、数ブロック先のミシシッピ川の水のように不透明だった。

　しかし、その後数日の間、私がニューヨークでヤンキース時代によくやっていたイメージトレーニングを再開すると、乱れていた私の精神は落ち着きを取り戻した。たとえ一日でも、自分の置かれた状況を冷静に分析できたのは大きかった。

　私の対戦相手となるモントリオール・エクスポズ（当時。現ワシントン・ナショナルズ）は、好調だった。その時、彼らは三連勝中で、過去六試合中五試合に、過去一〇試合中八試合に勝利していた。私はまた、彼らがあまり三振はしないかわりに、四球も選ばない傾向があることも知っていた。モントリオールはバットを振ってくるチームだった。

　私にはその日、好投できそうな予感があった。よくわからないが、すべてがうまく回っているように感じられた。球場との相性があるように、相手の打線との相性もある。エクスポズには私がマイナー時代に対戦したことのある選手が多くいて、私にとってもイメージがしやすいチームだった。

　彼らには悪いが、私にはスパイク・オーエンやトム・フォーリーやマイク・フィッツジェラルドはそれほど脅威には感じられなかった。（ただし、フィッツジェラルドには五回にモントリオールが先取点を叩き出す三塁打を打たれてしまったが。）私はむしろティム・ウォラックとアンドレ・ガララーガの方が心配だった。

ティム・レインズについては、彼が偉大な選手であることは重々承知していたが、私はむしろ彼との対戦を楽しみにしていた。彼は外角の速球には手を出さないし、ホームプレートの上に身体を被せてくるので、内角ギリギリに投げることでカウントを稼ぐことができる相手だった。

モントリオールのトップバッターのデイヴィー・マルティネスとは、一九八七年と一九八八年にカブスでチームメイトだった。彼はパワーとスピードを兼ね備えていて、滅多に三振もしない。しかし、私はコンタクトヒッター（バットに当ててくるタイプ）の方が苦手で、ブンブン振ってくるエクスポズは私にとっては手玉に取りやすいチームだった。

それもまた、自分で相手のイメージをそのように作り上げていくことで、自信につなげていった結果だった。打線全体に対する攻め方としては、ストライクゾーンに球を投げ込んでおきながら、いかにバットの芯を外すかがポイントだった。

そのため、次が約束されていないという不安定な立場に加え、ベンチからは必ずしも信用されていないという状況の中、四万三五五三人の観客を前に投げなければならないという、本来であればものすごいプレッシャーがかかってもおかしくない状況だったが、マウンド上で私はとても落ち着いて投げることができた。

私は先頭のマルティネスを三振に抑えると、二アウトからレインズに二塁打を許したものの、ガラーガをサードゴロに打ち取り、最初のイニングを乗り切った。

二回表は七球で三者凡退に抑え、三回表は一死からピッチャーのケビン・グロスの二塁打一本で無得点に。四回表も三者凡退に抑えた。四回を終えた時点でスコアはゼロ対ゼロだったが、マウンド上の私は自信を持って投げていた。

四回にオジー・スミスとウイリー・マギーが出塁し、味方に得点のチャンスが巡ってきた。ここでリードできれば楽になると感じていたが、結局二人は残塁に終わり得点できなかった。

五回表あたりから、私は多少プレッシャーを感じ始めていた。フィッツジェラルドにライト線の三塁打を打たれると、気温三四度を超える球場の空気が重く感じられるようになった。その後、フォーリーにヒットを打たれ一点を許し、一アウトの後、昔のチームメイトのマルティネスに二ランホームランを浴びた。これでスコアは三対ゼロでモントリオールがリードする形となった。

しかし、私に思い悩んでいる暇はなかった。チームは五回裏に二点を返し、スコアは三対二になった。今回の私の先発が成功だったと評価してもらうため、そして、チームに逆転の機会を与えるためには、もう二〜三イニングは相手を抑える必要があった。

モントリオール打線の中軸に打順が回る六回表、私はレインズを内野ゴロ、ガララーガとウォラックをフライに打ち取った。

六回裏にミルト・トンプソンのタイムリーでゲームを三対三の振り出しに戻した後の七回表も、私はエクスポズを無得点に抑えた。今日はずっと調子がよかった。

最終的に私は七回を投げ三失点に抑えることができた。投げた八一球のうち六一球がストライクで、スコアは五対三の逆転勝利。私には勝利投手の記録がついた。

私は気分よく投げることができていた。やっと、一つのハードルをクリアした気分だった。おそらくもう一回は投げるチャンスをもらえそうだ。今日のエクスポズ戦の出来映えだと、もう一回と言わず、二、三回はチャンスをもらえるかもしれない。

そのゲームの後のことはよく覚えていないが、一週間後にシカゴで、かつて在籍したカブス相手にもう一度投げ、再び勝利を収めた。

そのエクスポズ戦の後、ピッチングコーチのマイク・ロークがいつブルペンに入れるかを聞いてきた。先発した試合の三日後にブルペンに入るのが私のスタイルだった。

ロークはおしゃべりではなかったし、しゃべるときも口ごもるような感じの喋り方をした。当時の野球では、選手はあまり監督やコーチと言葉を交わすことがなかった。だから選手はいつも思い悩み、監督やコーチの心を読みながら、ひたすら待つことが多かった。

しかし、コーチから言われないでも、私にはわかっていることがあった。それは大抵のバッターは不利なカウントになることを嫌うということだった。それは相手が軟投派のピッチャーであっても同じだ。私はその後の九年間、バッターのこの心理を最大限に利用してピッチャーとして活躍した。心理的に優位な状態をイメージしながら、相手打線を視覚化した上で試合に臨むことは、ガラーガがバットを持って試合に臨むのと同じように私にとっては必須なことだった。

これが私にとっては大きな転機となった。

自分にとって、この時マスターしたメンタルトレーニングが、その後の選手としてのキャリアで大いに役立つと同時に、野球が知的に分析され、メンタルな面がより強調されるようになるにつれ、レスターのような次世代、次々世代の選手たちを助けることを可能にしてくれたのだ。シモンズと会うと今でも彼は「あの時のことはよく覚えているよ」と言って微笑む。コーチが「これはいい」と見込んだ選手にチャンスを与え、その選手が結果を残してくれることは、コーチ冥利に尽きる。シモンズと私の関係は、正にそんな関係だった。

その試合をきっかけにカージナルスの先発ローテーション入りを果たした私は、シーズンの最後までローテーションを守り通し、一〇勝九敗、防御率三・二三の記録を残した。その年、ハーゾグがクビになり、ジョー・トーリが新監督になったが、私はその後も四年間、一軍ローテーションを守り続けた。

その後、私はフリーエージェントとなって、テキサス（・レンジャーズ）、サンディエゴ（・パドレス）、ミネソタ（・ツインズ）などでプレイしたが、その間も常に、重大な局面もそうでない場面もイメージしながら、スピードガンの数値は低いが絶妙のコントロールで、恐ろしい相手打線を切り抜ける投球を組み立てるイメージトレーニングを続けた。

メンタルトレーニングでイメージしたシナリオ通りの試合になることもあったが、そうはならない試合もあった。しかし、メンタルトレーニングは私の野球に対する考え方に、船の錨のような安定した基盤を提供してくれた。それがどんな状況にも対応することを可能にしてくれたのだ。

どんな状況にもだ。

一九九五年のある日、私はテキサス・レンジャーズの一員として、自宅から七〇マイル（約一一二キロ）離れたところにあるボストンのフェンウェイ・パークで投げる機会があった。試合は乱打戦となり、レンジャーズはロジャー・クレメンスから四回までに八点を奪ったが、私の方も四回と三分の二を投げて六安打六失点と大乱調だった。試合は九対八でレンジャーズが勝った。

試合後、選手用の駐車場を自分の車に向かって歩いていたら、駐車場の入り口付近でファンに囲まれているＳＵＶが目に入った。駐車場係がクレメンスの車だと教えてくれた。

その時、クレメンスを気の毒に思った私は、人混みを縫ってその車に近づき、助手席側のドアを開け、勝手に車に乗り込んだ。折り悪く、その時、たまたま私は、ファンからもらった花束とビールの入った紙袋を持っていた。

ファンの一人が車に乱入してきたと勘違いしたクレメンスは、握りこぶしを振り上げて今にも殴りかかりそうな形相で叫んだ。

「誰だお前は！」

「落ち着けロジャー、おれだよ。テュークスだよ。ドアくらいロックしておけよ。これじゃあ誰でも入れるじゃないか」

クレメンスとは今でも、そこで〝ロケット〟・クレメンスが間違って私を本気で殴っていたら、それこそ明日の新聞の見出しは大変なことになっていただろうと言って笑う。

「クレメンスとテュークスベリーの両先発が、マウンドで大荒れの後、殴り合いの乱闘」

花束の方がいいときもあるし、ビールの方がいいときもある。それはジョン・レスターでもロジャー・クレメンスでも私でも、みなそうだ。

しかし、どんなときも、ゆっくりと深い呼吸をしなければならない。

第2章 マウンド上のセールスマン

「野球は九〇%メンタル（精神的）で決まる。残る五〇%がフィジカル（肉体的）だ」

これはヤンキースの往年の名捕手ヨギ・ベラの有名な格言だ。二つを合計すると一〇〇%を超えてしまうなんて、数学も分数も形なしだ。だが、ベラ風に言えば、私は自分がそれに気づく以前から、野球の精神的側面には常に関心を持っていた。

皆さんは、何かを追いかけても追いかけても追いつけない夢を見たことがあるだろうか。私の場合、その「何か」はバスだった。そう、試合に向かうラトガーズ大学野球部スカーレット・ナイツのチームバスだ。

ただ、私の場合、それは夢ではなく、現実だった。そして、とても現実的な問題でもあった。

当時の私は、いわば迷える魂だった。マンモス大学に圧倒され、都会の生活に頭はクラクラになりながら、精いっぱい背伸びしている田舎出身のガキだった。なにせ大学の寮に住む学生の数の方が、私の故郷であるニューハンプシャー州ソールズベリー市の全人口よりも多いというのだから、そうなるのも無理のないことだった。

事件は郵便局で起きた。私が郵便局から出てくると、ちょうどその時、一台のバスが目の前を通り過ぎようとしていた。私が乗るはずの、試合会場に向かう野球部のチームバスだった。なんだって一人だけ郵便局なんて変な場所にいたんだろうね。

たまたまチームメイトの何人かが私の存在に気づいてくれたようで、バスは止まった。かと思うと、バスの奥からベテラン・コーチのマット・ボルガーの怒声が響いた。

「何をやってるんだ。早く乗らんかい！」

選手たちは皆、シートン・ホール大学での長くて寒い一日に備えて、ユニフォームを着ていた。私？　私は寮から歩いて郵便局へ行って、また寮に帰るところだったから、もちろんユニフォームなんて着ていない。スケジュールを勘違いし、ちょっとした無断外出をしてしまった罰というわけではなかったが、結局、その日、私はユニフォームも着ずに、ひとりで冷たい金属製の観客席に座って、ダブルヘッダーの始めから終わりまで配球チャートをつけるという面倒仕事をさせられる羽目になった。

しかし、それから何十年も経った今、振り返ってみると、私のこの時の苦い経験が、自分がメンタルスキル・コーチとして第二のキャリアを踏み出す上で、大いに役に立っていると言えるかもしれない。自分自身の進むべき道を見きわめられたからこそ、ジョン・レスターやアンソニー・リゾやアンドリュー・ミラーのような素晴らしい選手たちと一緒に仕事をする機会にも恵まれた。特にミラーは救援投手として、クリーブランド・インディアンズがシカゴ・カブス相手の二〇一六年のワールド・シリーズに駒を進めるのに大いに貢献した。

人を助ける前に己を知れ、というところか。

私も若い頃は、様々な試行錯誤をしたものだ。

そもそも私がラトガーズ大に入ったのは、私の高校のボブ・ノートン校長が同大の出身だったからだった。校長はラトガーズ時代、サッカーと野球の選手だった。その校長がラトガーズ大野球部のボルガー・コーチと知り合いで、私の奨学金の世話までしてくれた。

田舎育ちで世間知らずの私は、特に根拠もなく、ニューヨークの近くにいることがプロ野球の選手になる上で有利に働くのではないかと勝手に考えていた。

ニューイングランドという地域に誇りを持って育った私は、一九七八年のアメリカンリーグ東地区のワンゲーム・プレーオフ（この年、シーズン終了時点で両チームが同率首位だったため一試合だけ特別に地区優勝決定戦のプレーオフが行われた）で、レッドソックスがヤンキースに敗れた試合を、今も昨日のことのように鮮明に覚えている。

その年、ボストンとのプレーオフを制したヤンキースは、ワールドシリーズでロサンゼルス・ドジャースを下し二年連続で世界一の座に輝いた。まったくバッキー・〝ピー〟[1]・デントのやつめ。とにかくボストンは〔滅多にホームランなんて打たないデントの特大ホームランのせいで〕負け、そのとき私はニュージャージー州のラトガーズ大にいたのだ。

他の多くの子供たちと同じく、小さい頃から野球が大好きだった私は、ニューハンプシャー州コンコードのホワイトパーク公園近くの小さなアパートで育った。その公園は野球場やソフトボール場、テニスコートのほか、池やプールなどもある牧歌的な場所だった。

私が七歳の春、ある日、私が公園を歩いていると偶然、地元の野球チームが新入部員を募集している場面に出くわした。運良くその時私はひとりだったので、親に相談せずに勝手に応募することができた。すると数日後、チームのコーチから電話があり、最初の練習に呼ばれた。そこで、年齢のわりには肩がとても強いことがコーチの目にとまり、私はコンコード保険グループ野球部の正三塁手として背番号七のユニフォームを与えられた。

その後、夏になって、私たちの家族はコンコードから三〇分ほど北にあるソールズベリーという小さな町に引っ越したが、変わったのは住所だけで、私の野球に対する熱い思いにはいささかの変化も生じなかった。私は野球さえできればそれだけで満足で、毎年春の野球シーズンが到来するのが待ち遠しかった。

当時は一つ年下の弟キースを連れ出して、キャッチボールをして遊んだ。キースのコントロールが悪くて私の手元にボールが返ってこないと、頭にきた私はわざと彼が捕れないようなきつい球を投げ返す意地悪をした。その球をキースが捕り損ねると、遠くまで転がっていったボールは、雪だまりに潜ったり泥の中にはまったりした。キースはそれを真剣に追いかけて取りに行くまではいいのだが、そういう時、決まって彼は仕返しに、わざと私が捕れないような暴投を投げ返してくるのだ。そんな風にお互いが捕れないボールを投げ合っていると、あっという間にボールはどこかに行ってしまい、われわれのキャッチボール遊びは早晩終了するのが常だった。兄弟なんてどこもそんなもんだ。

そんなキースとの意地の張り合いにくたびれた私は、中学になると、通りを隔てて家の向いにあった小学校で一人で練習をするようになった。チョークと表面が擦り切れたボールとグローブを持って、実際の試合を鮮明にイメージしながら、壁にチョークでストライクゾーンを描き、そこから自分の歩幅で正確に六〇フィート六インチを測って引いた線をピッチャーズプレートに見立てた。そこから私は、架空の相手打線を想定しながら、あれこれピッチングを組み立てたりした。キースと違って小学校の壁はいつも正確に私の手元にボールを投げ返してくれたし、約束をすっぽかしたりすることもなかった。

試行錯誤の末、いや、このときそれがはっきりわかっていたとまでは言えないが、私は自分の限界の多くが自分の勝手な思いこみによるものであることに気づき始めていた。その時、即座に答えは出せなくても、その気になれば困難を乗り越える方法はいろいろとあるものだ。大事なことは、とにかくそれを探そうとすることだ。

高校三年になる前の夏、私は木枠の中に金網を張ったピッチングバッグ（投球練習用のネット）を自作して、それをめがけてピッチング練習をするようになった。その後、それは正式に「ピッチバッグ」という名で商品化され、どこの運動具店でも売っている人気商品になった。私が作ったピッチバッグは完璧だったが、その時の私はこの途方もない発明で特許をとるところまでは頭が回っていなかった。

何にしても、この発明のおかげで、私はどこにいてもピッチング練習ができるようになった。もうキースも壁も必要なくなった。その時の私は、自作のピッチングネットを使って細かいコントロールを鍛え、高度な投球術をマスターすれば、高校卒業後もプロ野球の世界で食べていけるような気がし始めていた。

ティーンエイジャーというのは昔から、何にでもすぐ夢中になる一方で、短気で我慢強さに欠けるところがあるものだ。ある日、いつものように私がピッチングネットに向かって練習をしていると、当時五、六歳だった一番下の弟ショーンがやってきて、ネットの裏をうろうろし始めた。私は何度か、危ないからそこをどくように言ったが、ショーンは聞かなかった。

そして、よりによってショーンがピッチングネットに最も顔を近づけた瞬間、それまで完璧だった私のコントロールに、まさかの狂いが出てしまった。私の投げた球はネットを外れてショーンの眉間あたりに命中し、ショーンは大量の血を流しながらその場に倒れ込んだ。私は必死で彼を家に連れて帰り、母親に状況を説明した。両親が家から二〇分ほどのところにある病院にショーンを連れて行っている間、家に残った私はショーンの無事を祈るしかなかった。

ショーンに怪我をさせてしまったことにも心が痛んだが、ピッチングに夢中になるあまり、ショーンがその場からどくまで待ってあげるだけの辛抱強さがなかった自分に対しても、強い怒りを覚えた。と同時に、この怪我が両親の大きな経済的負担になることにも、強い罪悪感を覚えた。

私はその頃、両親が苦労しながら何とかギリギリのところで家族の日々の生活を支えていることを知っていたからだ。もちろん一家が医療保険には入ってないことも、容易に想像がついた。

今となっては大昔のことのようだが、若い頃の辛い経験は何年経っても色褪せることはない。そしてそれが将来の自分の人格や思考の形勢に大きく影響する。そして運がよければ、自分が大人になった時、人生の危機的な状況に直面しても、それを乗り切るために必要な精神力を与えてくれるものだ。

後に私が一三年間メジャーリーグに在籍し、一イニングあたりの与四球一・四五というメジャーリーグ記録を残すまでの投手になることをショーンが知っていれば、彼も私を許してくれたかもしれないが、その時の私はまだ下手くそで、自分の実力にも自信がなかった。

当時の私は決してコントロールのいいピッチャーではなかった。私はただ好きだから野球をやっていたが、同時に私の内面の奥底では、野球が現実からの逃げ道になっていたような気がする。

私の父は自動車整備工で、母は自宅で託児所のようなことをやっていた。家族は他に、一つ年下の弟キースと三つ年下の妹のロクサンと一二歳年下の弟のショーンの三人の兄弟がいた。私の家庭は経済的な不安と両親の不安定な夫婦関係のせいで、いつも緊張感に包まれていた。長男だった私は、一家が財政的にどれだけ逼迫した状態にあるかを理解していた。しかも両親は二人ともお互いに忠実ではなかった。彼らなりに頑張ってはいたと思うが、若くして結婚したこともあり、(結婚した時、父のケンは一九歳、母のシャーリーは一八歳だった)、二人とも相手に隠れて不倫をすることに、多大なエネルギーと時間を費やしていた。私は両親のそんなところは見たくなかった。

私が若い頃、父は私の野球の練習や試合を一度も見に来たことがなかった。実は、私の父は私がメジャーの試合で投げるのも一度も見に来たことがない。自分が見に行くと私が打たれるからというのがその理由だったが、それはあたかも自分が、私に不運をもたらす存在であるとでも言いたいかのようだった。

私はヤンキースでの最初のシーズンに、ヤンキー・スタジアムで自分が登板する予定だったタイガース戦のチケットを、父のために手配したことがあった。私はその試合で見事完投勝利をおさめ、父が見に来ると打たれるというジンクスが間違っていたことを証明できたことを素直に喜んだのも束の間、試合後、父は待ち合わせ場所に指定していたチケットオフィスには姿を見せず、私が手配したチケットも受け取っていなかった。

その時は父との間に距離を感じ、寂しくも思ったが、父は父なりに優先しなければならないことがあったのだろうと思うことにした。その頃の父は、生きるだけで精一杯な状態だったのだと思う。

冬になると父は、コンコード中の車の修理をした後で、帰宅すると、今度は凍った自宅の水道管と格闘しなければならなかった。当時、われわれはダブルワイドタイプのトレーラーハウスに住んでいて、それを丘の一番高いところに停めていた。そこはすぐ北側にキアサージ山の美しい景観を臨むことができたが、その頃の生活で良い思い出といえば、その景色くらいしかなかった。

　水道管が凍るのは日常茶飯事で、そのたびに父はトレーラーハウスの下に潜り込んだり、ボイラーが格納されているコンクリートブロックの塹壕の中に入り、凍った水道管に松明の火を当てて氷を溶かすのが日課になっていた。そういう時の父は決まって、汚い罵り言葉を発しながら作業に当たっていた。その言葉の汚いことときたら、氷を溶かしたのが松明の火の熱だったのか、彼の口汚い罵り言葉だったのかがわからなくなるほどの激しさだった。

　結局、私たちは破産し、家も失った。このことを「ついてなかった」みたいな形で帰属処理してしまうのはとても簡単なことだったが、私はそれがとても危険なことも知っていた。私自身はその経験がその先の人生に暗い影を落とさないようにするために、かなり努力しなければならなかった。恐らく、その努力なしに、自分の夢を持ち続けることはできなかっただろう。

　だから、私は野球に逃げた。人生で自分の置かれた状況がどんなにひどいものになっても、私にはその苦しさや痛みから逃げる方法が必ず一つあった。それが野球だった。

　野球のおかげで私は夢を諦めずに済んだ。気力を失わなかった私はその後も創造的に物事を考え、さまざまな選択肢を視野に入れることができた。

　実は、私は高校時代からイメージトレーニングを導入し、野球日記をつけていた。大学に入ってから日記の習慣は一旦途切れたが、私にとってはそれまでに培われた基盤が原点となり、その後の野球人生で大いに役立った。

私のプロ入り前の話に、もう少しお付き合いいただきたい。

私が通っていたニューハンプシャー州ペナコックにあるメリマックバレー高校は、私が高二のシーズンに、州の最上級のリーグだったクラスIリーグの決勝戦を三対二で落としてしまった。しかも、その試合の決勝点はスクイズによる一点だった。そして、満を持して臨んだ高三のシーズン、われわれは優勝候補の筆頭にあげられながら、プレーオフ[2]の一回戦で敗退してしまう。私が先発したその試合は、七回表までわれわれが一対〇でリードしていて、あとアウト三つで完全試合というところまで来ていた（アメリカの高校は七イニング制）。にもかかわらず、またしても「ついてなかった」なんて信じられるかい？　その敗戦の後、私はひどく落ち込んだ。

私は高卒ドラフトの候補には選ばれなかったが、その年の夏、ボストン・レッドソックスのスカウトのビル・エノスが、私をフリーエージェントとして獲得する意思を示してくれた。もしそのオファーを受けていれば、私の家族は喉から手が出るほど欲しかった一万四〇〇〇ドル（約一四七万円）の契約金に加え、七五〇〇ドル（約七九万円）のインセンティブ・ボーナスをつけてもらうことができたのだが、高校のノートン校長やコーチのデイブ・アンダーソンは、いずれも私に大学進学を強く勧めた。

確かに大学を出ておけば、プロで芽が出なくても潰しが利くかもしれない。しかも、大学からは三万ドル（約三一五万円）の奨学金が提示されていたので、最終的にはそれを受けないのは勿体ないとの結論に達した（最近二人の子供を大学に行かせた親としては、大学の学費がそのくらいの金額だった時代がなんとも懐かしい)。

そんなわけで私はラトガーズ大に進むことになった。そして問題のバスに乗ることになったわけだ。

その頃、私は重度のホームシックにかかっていた。ラトガーズでは、見るもの全てが私を圧倒した。大学の勉強は難しく、大学生活も楽ではなかった。私はそれまでの人生で経験したことのない強いプレッシャーを感じていた。

大学に入って間もなく、こんな事件が起きた。寮生活の中で、トイレに行くために、私がドアに鍵をかけずに自分の部屋を空けたところ、その僅かな間に誰かが私の部屋に忍び込み、ルームメイトの財布を盗んだのだ。私が住んでいたニューハンプシャーは、出かける時に家の玄関のドアにさえ鍵をかけないようなところだった。何という世界に迷い込んでしまったんだ。私はこんなところでは、一学期さえ持ちそうになかった。

郵便局から出てきた私の前を、野球部のチームバスが通り過ぎようとしていたあの日、私は学校をやめて実家に戻ることを真剣に考え始めていた。そして、実際そうなった。

私はニューハンプシャーに逃げ帰り、母と弟が住むアパートに転がり込んだ。離婚後、母は弟と二人でニューハンプシャー州ペナコックにある２ＤＫのアパートに住んでいた。私の出身高校からほど近いところにあるそのアパートは、すぐ向かいに皮革加工工場があった。野球のボールの表面は馬の皮で覆われているが、そこの皮革工場が扱っている革はちょっと違うものを作っていたようで、風向きによって耐えがたい臭いがアパートの方に漂ってきた。
そして、秋頃から私は、鳥の餌を通販で販売する会社で働き始めた。しかし、人生何があるかわからない。実際、それを地で行くような出来事が起きた。

その会社は一九五二年に設立されたダンクラフトという会社だった。「アメリカ最大の野鳥の餌の販売元」を自称する会社での私の仕事は、通販の注文を受け、商品を出荷する手はずを整えることだった。

注文された商品を一つ上のフロアから、滑り台を使って下の階に降ろし、それを更にもう一つ下の階に停まっているトラックの荷台に載せるところまでが、私の仕事だった。

ある秋の日、私が注文品の入った箱を持ち上げて滑り台に載せようとしていると、下の窓から見慣れた顔がこちらを覗いていることに気づいた。それは私の高校時代の野球部のコーチで、私に大学進学を助言してくれた、親友にして父親のような存在でもあり、そして尊敬して止まない人物でもあるデイブ・アンダーソンだった。それは一瞬、時が止まったかのような出来事だった。私にはその瞬間が永遠に続くようにさえ感じられた。

あれから何十年も経った今、思い返してみても、なぜ彼があのときそこにいたのかを、私は理解できていない。私が働いていた会社はメインストリートとラッセル通りの交わるところにあったが、アンダーソンにとってそこは通勤の通り道ではなかった。その時たまたまそこを通りがかった彼は、まさかトラックに荷物を積み込んでいるのが私だとは知らず、トラックのすぐ後ろに車を停め、荷積みが完了し、トラックがそこをどくのを待っていたのだ。

　私が一段高いところから彼に目をやると、彼も車の中から私を見上げた。その時、彼は明らかに私の存在に気づいていたが、一言も発することなくその場を立ち去っていった。私たちは会釈さえ交わさなかった。しかし、その瞬間、私は彼が言いたかったことを、これ以上ないほどはっきりと受け止めていた。

「お前はこんなところで何をやっているんだ。今すぐペナコックから出ろ」

　往年のヤンキースの名投手レッド・ロルフはペナコック生まれだったし、一九七七年にヤンキースにドラフト三巡目で指名されたジョー・ラフィーバーも同じくペナコックの出身だった。ラフィーバーはＭＬＢのデビュー戦でトロントのデイブ・スティーブからホームランを打ち、その後、フィリーズに移ってからは一九八三年のワールドシリーズでクリーンナップを打つまでのバッターになった。私は高校時代、ロルフにちなんで命名されたロルフパーク[3]で何度もプレイしたことがあった。

　私は、その二人の間では、どちらかというとラフィーバーを目標にしていた。同じ地元出身の彼がメジャーで成功できたのだから、きっと自分にもできると私は思っていた。しかし、こうして鳥の餌に囲まれて働きながら、かつての高校のコーチであり指導者と目を合わせている自分の今の立ち位置を考えれば、とても「ヤンキー・スタジアムをめざしています」などとは言えない状況だった。

ここから野球のキャリアをステップアップさせていくためには、まずペナコックから脱出する方法を見つける必要があった。幸いフロリダ州タンパから三五マイル（約五六キロ）ほど北にあるセントレオ・カレッジが手を差し伸べてくれた。

セントレオ・カレッジはまあまあレベルの高いリーグとして知られるディビジョンⅡのサンシャインステート・リーグに所属していた。私は高校三年の時、ラフィーバーや同じくニューハンプシャー出身のスティーブ・バルボニらのメジャーリーガーを生んだセント・ピーターズバーグのエッカード・カレッジを訪問したことがあったので、この地域の野球事情にはある程度通じていた。

一九七九年一月、私はセントレオ・カレッジの第二学年に、レッドシャツ[4]（公式戦に出場する資格のない）の新人として編入した。大学では移籍してきた選手は一年間は選手登録できないので、その一年間は二軍暮らしを余儀なくされる。

当時、セントレオ・カレッジでは、何年か前にニューハンプシャー州の在郷軍人会第二一支部の野球チームで私がプレーしていた時、そのチームのコーチだったブライアン・サビーンがアシスタント・コーチを務めていた。彼はその後、ヤンキースのスカウト部長や育成・スカウト担当副社長を経て、ワールドシリーズを三度制したサンフランシスコ・ジャイアンツのＧＭや社長を歴任することになる。

私とサビーンとの縁はこれが最後ではなかった。

彼はかつて私について、こんなことを言っていた。

「彼のピッチングには彼の芸術に対する傾倒が反映されている。彼はかなり芸術家肌の人間なんだ。投手としては完璧なコントロールの持ち主で、まったく四球を出さずに、打たせて取る。しかも、彼はとても知的な面を持っている。かつてスポーツ選手は、自分の趣味や気分転換の方法を人に知られることを嫌がるものだった。特にチームメイトからは隠す人が多かった。私はテュークスがセカンドキャリアでメンタルスキル・コーチの道を選んだことは、ごく自然な成り行きだったと思う」

彼が言うように、私は結構真面目に絵を描く。メリマック・バレー高校時代に私に絵を描く楽しさを教えてくれたのが、美術のロビン・デナム先生だった。デナム先生は、絵が上手くても下手でも、自分がまるでピカソの後継者であるかのような気分にさせてくれた。

彼女の夫ジムも、私の高校時代の恩師の一人だった。彼とは学校の休み時間によくナッティ・バディーズのコーン入りアイスクリームを賭けて、バスケットボールのワン・オン・ワンで勝負をしたものだ。残念ながらジムは若くして亡くなってしまったが、彼のことは今でもよく思い出す。

でも、私を最初に芸術の道へと導いてくれたのは、おそらく私の父だった。彼はいたずら描きが大好きで、よくプロの漫画家のような手つきで、車や兵士の絵を描いていた。

メジャーにあがってからも私は先発登板が予定されている日に、ホテルの部屋でよく絵を描いた。それはとても楽しい時間だった。野球の選手には野球とは関係のないことで、自分を前向きにしてくれる気晴らしが必要だ。私にとってそれは絵を描くことだった。それは、内部に溜まった重圧を解き放つためのはけ口だった。溜まった重圧は、放っておくとあっという間にみるみる膨らんでいってしまう。それを解き放つためには前向きな気晴らしが必要だ。

で、セントレオの二軍時代は楽しかったのかって？　まあ、長い目で見ればそう言えなくもなかった。確かに最初のうちはよかった。私のメンタルトレーニングの基礎を確立する上でも、セントレオでの二軍生活の日々は役に立ったと思う。われわれ二軍チームは自分たちのことをキラーB《ビー》〔5〕なんて呼んで、心底野球を楽しんでいた。特に、二軍は試合日程も緩くて楽だった。

ところがある日、バンにぎゅうぎゅう詰めになりながら、九〇分もかけてフロリダ州ブレイデントンにあるマナティー短期大学での試合に臨んだ時、先発した私は三イニングで二〇点を失うという記録的な敗北を喫してしまった。そう、二〇点だ。とにかくあの日のことで覚えているのは、相手チームが次々と放つライナー性の打球と、グルグルとダイヤモンドを走り回るランナーのことだけだ。

今でも当時のセントレオ時代のチームメイトと会うと、必ずといっていいほどあの試合が話題にのぼる。とにかくやつらはよく打ったし、またその打球が激しいの何のって。守る野手の方が道を空けたくなるほどだった。

二〇失点！　その日、私は更に屈辱的な経験をした。私は大学で演劇を専攻する投手と交代させられたのだ。そう、演劇専攻だ。

古いホールマーク・ブランドのグリーティングカードによく出てくる言葉の中に、ニーチェの「苦難があなたを強くする」[6]という常套句があるのを知っているだろう。はっきり言っておくが、それを野球の用語に置き換えると、軽い気持ちで野球を楽しんでいる演劇専攻の学生に交代させられることは、そこで言う「苦難」の最たるものに数えられる。その通り。おかげで私は速攻で強くなった。絶望的な経験は窮余の一策を生むのだ。

今でもフロリダに行くと、私はあの試合のことを思い出してしまう。かつては州間高速国道七五号線でマナティー短期大学の標識を見るたびに、必ずあの試合の記憶が蘇ってきたが、今となってはあの試合も、笑って話せるいい思い出の一つだ。

今日、サンフランシスコ・ジャイアンツの若い選手や他のプレーヤーたちが、何か大きな心の問題を抱えて私に相談を持ちかけてきたとき、私はアドバイスの中に必ずこのエピソードをまぶす。「俺なんて演劇専攻の学生と交代させられたんだぜ」と。

その後、事態は徐々に改善していった。一九七九年、私は栄誉あるケープコッド・ベースボール・リーグに招待された。同リーグに所属するウェアハム・ゲートメンでプレーすることになった私は、後にボストン（・レッドソックス）とシンシナティ（・レッズ）で投手として活躍するロブ・マーフィーとチームメイトになった。彼とはアパートもルームメイトだった。

今日、ケープコッド・リーグの選手はほとんどがホストファミリー宅に民泊しているが、私たちの時代はそうではなかった。もっとも、私たちを住まわせてくれるホストファミリーなど、恐らくどこにもなかっただろうが。

私たちは五人で、野球場から二マイルほど離れた小さな3LDKのコテージに住んでいた。夏になると皆、アルバイトに精を出し、それ以外の時間はチームメイトとばか騒ぎをしたものだ。選手の一人はコンビニエンス・ストアのカンバーランド・ファームズで働いていたが、一週間で辞めた。そいつは仕事の最後の日に、これから配達される荷物の中から大量のタマゴをかっぱらってきた。マーフィーが彼を車で迎えに行ったが、コンビニ店員を廃業して野球選手に戻ったそのルームメイトは、帰り道に突然自分のコントロールの精度を確かめたくなって、車の窓から通りがかりの家の郵便ポストに向かって、次々と卵を投げ始めた。

しかし、それだけでは済まなかった。次はフードファイトだ！　カンバーランド・ファームズの配達荷物をかっぱらうとき、私たちは当時の大ヒット映画「アニマルハウス」[7]に出てくる、ブルート、オッター、D・デイになったような気分になっていた。だから、家に帰ってからも、体調が悪くて、寝ているもう一人のルームメイトのフレディを横目に、容赦なく卵を投げ続けた。フレディは頭を枕で防御しながら、卵が尽きる（か、あるいは、私たちが大人になる）のを待つしかなかった。

病気のフレディが本当に病気なのか、それともただの食当たりに苦しんでいるだけなのか、あるいは二日酔いなのかは、私たちにはわからなかったが、フレディは何が起きてもおかしくないような人物だった。例えば、彼は夜遅くに眉毛を焦がして帰ってきたこともあった。パーティで火のついたカクテルを飲む芸を披露しようとして失敗したのだそうだ。

とにかくそのとき、卵だけはたくさんあったので、みんな卵の格好の餌食になった。〔映画「アニマルハウス」の中で〕ブルートは、フェーバー大学の学生クラブ《フラタニティ》ハウスで、真顔でこう発破をかけていた。「ドイツに真珠湾を攻撃されても、われわれは負けを認めなかったんだ。そんなわれわれが負けるはずがない」。

私にとって、これはほんの始まりにすぎなかった。

一年後、私はアラスカで開催されていたサマーリーグに招待された。アラスカのサマーリーグでプレーする選手の多くは、主に西海岸の大学のスター選手だった。私はホストファミリー宅で民泊生活を送り、近くのスーパーマーケットでアルバイトをしていた。その時は、沈まない夏の太陽に慣れるのに苦労した。何せ一日のほとんどが昼なのだ。

ただ、アラスカで夏の太陽よりも慣れるのが難しかったのは、ほとんど投げられなかったことだ。結局、アラスカのチームには二週間在籍したが、その間私は肩痛のために一度も投げることができなかった。

その後、私はセントレオに戻り、あらためてヤンキースを目指すことになった。ニューハンプシャー州ペナコックからヤンキー・スタジアムまで登りつめることが決して不可能ではないことは一九三一年にレッド・ロルフが、一九七七年にはジョー・ラフィーバーが証明済だった。

一九八一年、私はアマチュア・ドラフトの一九巡目でヤンキースから指名を受け、ヤンキースのルーキーリーグのファームチームがあるニューヨーク州オニオンタの美しい小さな町でプレーする資格を得た。私の契約金は五〇〇〇ドル（約五三万円）あまりで、それに「インセンティブ・ボーナス」と呼ばれるものが付いた。

インセンティブというのは、マイナーリーグの選手が一段上のリーグにあがるたびに支払われる現金ボーナスのことだ。ただし、ボーナスを受け取るためには、最低でも九〇日間はチームに帯同しなければならないという条件が付けられていた。新人の私にとっては五〇〇〇ドルの契約金というのは、ありがたい贈り物だった。

それから四年間、フォートローダーデール、ナッシュビル、オルバニー、コロンバス〔8〕と、私はヤンキースのファーム・システムの階段をゆっくりと登っていった。

マイナーリーグの人生は、ジョニー・キャッシュの歌「どこへでも行ってやろう」（I've been everywhere man）の歌詞カードにずらりと並ぶ土地の数々を、実際に訪ねてまわるようなところがある。そして、その時代は今とはまったく違っていた。

一九八二年にフォートローダーデールで送った私のプロ野球選手としての最初のシーズン、私は二四試合に登板（二三先発）して一五勝四敗、防御率一・八八の成績を残した。しかし、より重要なことは、これまで一度もプロ野球に足を踏み入れたことのない二一歳が、一三試合を完投し、最終的に一八二・一イニングも投げさせられたことだ。これはかなりのヘビーローテーションだった。投球数が厳しく管理されるようになった今日ではあり得ないことだが、新人にして私は一シーズンで三シーズン分投げさせられたことになる。

当然そのツケは回ってきた。そのシーズンの一六勝目をかけた試合に登板中、私は右肘に激痛を感じた。もう一球投げれば痛みが消えるかもしれないと期待して投げてみたら、その時はもう、指の感覚がなくなっていた。

三か月後、私はニューヨーク大学医療センターで尺骨神経を肘の内側に移す手術を受けた。その神経が締め付けられることが痛みの原因だった。手術は成功したが、手術前は平均八八マイル（約一四一・六キロ）は出ていた私の速球が、八四～八五マイル（約一三五・二～一三六・八キロ）まで遅くなってしまった。

それでもヤンキースは素晴らしい組織だった。それは当時も今も変わらない。マイナーリーガーにとってヤンキースの球団組織に所属することは、宝の山の一角に加わっているような感覚で、どこへ行っても一流扱いを受けた。

当時、ヤンキースには他のどの球団よりも多くのコーチがいた。コーチも多ければスタッフも多いし、優れた選手も多かった。当時のチームのスローガンだった「ここでやっていければ、どこでもやっていける」[9]は、フランク・シナトラから拝借したものだったが、実際、当時ヤンキースの3Aまで上がっていく力があれば、メジャーのどのチームでもレギュラーになれるとまで言われた。

幸い次のシーズンまでに私の肘は回復し、私は2Aのナッシュビルでプレーできるようになっていた。ナッシュビルでの私たちの運転手は、パートタイムで音楽プロデューサーも兼業していたスナッフィーという男だった。バスの運転手までが音楽ビジネスに関わっているとは、さすがはナッシュビルだ。

私はスナッフィーとバスの昇降口の階段に座って、音楽を聴きながら野球や人生についてよく語り合った（ダン・フォーゲルバーグの「バラに向かって走れ」(Run for the Roses) が私たちのお気に入りの曲で、他の選手たちがバスの中で寝ている早朝に、よくその曲をかけたものだ）。

また、時には私は、バスの席に静かに座って、窓の外を通り過ぎていくマイル標識に見入ったりしていた。私の所属していたリーグはノックスビルからメンフィス、チャタヌーガ、オーランドそしてジャクソンビルにいたるまでの広いエリアをカバーしていたので、マイル標識を眺めているだけでも疲れてくるほどだった。

とは言え、長時間のバス移動は、私に絶好の教育機会を与えてくれた。

・長距離の移動中に誰がどこに座るかをめぐり、チーム内で様々な交渉が繰り広げられたが、それはしばしばトランプ遊びをする選手やベテランに仕切られた。トランプ遊びをする選手たちは互いにすぐ近くにある四つの席が必要だったし、ベテランになれば足を伸ばせる一人掛の席の優先権を主張できることを学んだ。

・文学やお芝居の勉強の時間もあった。雑誌『ペントハウス・フォーラム』の記事を、チームメイトの一人が大声で、臨場感たっぷりに読んでくれるのだが、それをとんでもなく不愉快に感じるやつもいれば、爆笑するほど面白いと感じるやつもいた。かと思うと、当時人気上昇中だったコメディアンのアンドリュー・ダイス・クレーの物真似をするやつもいた。

・時には白熱した討論の時間もあった。例えば、こんな具合だ。翌日の先発投手用に特別に用意された簡易ベッドの上に、翌日先発ではないある左投手が勝手にもぐりこんで寝ていたことがあった。すると、それに気づいた野球殿堂入りピッチングコーチのホイト・ウィルヘルムがその選手を床に放り出して大声で叫んだ。「この大馬鹿者が！　そこはお前の寝るところじゃねえ！」ホイトの南部訛りの怒りの声が、今も私の脳裏から離れないほど、それはそれは恐ろしい声だった。

・生物学の授業もあった。当時ナッシュビルには、本物の現役メジャーリーガーのマット・キーオがウィルヘルムからナックルボールの投げ方を学ぶために派遣されてきていた。ウィルヘルムがナックルボールの名人だったからだ。初めて本物のメジャーリーガーを目の当たりにして、私たちは皆、王族でも見ているかのような気分になっていた。誰もがこの男のようになりたかった。キーオの存在は、私たちにメジャーリーグの存在を身近なもののように思わせてくれる効果を持っていた。

　しかし、たとえメジャーリーガーだからといって、キーオに対して「ペニーイング」の儀式をやらないわけにはいかない。ペニーイングというのは、バスの中で誰かがトイレに入ると、一セント銅貨（ペニー）をドアの隙間に挟み込んで内側からドアを開けられなくする悪戯のことだった。もちろんキーオが初めてトイレに入る瞬間をわれわれは見逃さなかった。

　ドアが開かないことに気づいたキーオは、本気でトイレの中からドアを思いっきり蹴り始めた。そうこうしているうちに、あまりにも強く蹴りすぎて、キーオ自身がその反動でドアの反対側に弾き飛ばされ、窓に後頭部を強く打ち付けてしまった。まるでテレビの一場面のように大量に血を流しながら、それでもキーオは原始人のような叫び声をあげて、トイレのドアを蹴り続けた。ちなみにその時彼が叫んだ言葉は、「てめえら、今すぐに扉を開けねえとぶっ殺すぞ」だった。

・薬学の入門講義もあった。ナッシュビルからオーランドまで一〇時間以上もかけて移動する時は、ベテラン選手たちは各々、マイ枕のほか、ヘッドホンとカセットテープに加え、ビールと、睡眠薬代わりの鎮痛解熱剤ナイキルを持ってきていた。あるベテラン投手は、まず最初にビールを何本かがぶ飲みした後、ナイキルをかき込んで目的地までぐっすり寝るのを定番にしていた。

メリマック・バレー高校、ラトガーズ大学、セントレオ・カレッジと通り過ぎてきたが、まだまだ私には知らないことがたくさんあった。それにしてもあんなことをする人間が本当にいるなんて驚きだった。今振り返ると、キーオは鬱病を患っていたんじゃないかと思う。

チームには、なかなか２Ａから抜け出せないでいる二八歳のベテラン選手もいた。時間の問題で夢をあきらめて現実と向き合わなければならない時が来ることを考えれば、彼のような選手が、鬱な気持ちになるのも無理からぬことだ。野球界では今日に至っても、多くの選手が鬱について率直に話そうとしないことには驚かされる。引退は現実的なものであり、どんなに誤魔化そうとしても、避けて通ることができない問題だ。選手としてのレベルに関係なく、選手生命の終わりは必ず誰にも訪れる。その時、選手は自分のアイデンティティの一番大きな部分を失うことになる。

当時、マイナーリーグのシーズンは一年中続くわけではなかった。そしてシーズンとシーズンの間には、冬があった。選手にとってそれは休息の時間であり、寒さと不安に震える季節であり、お小遣いを稼ぐ時間でもあり、その気がある人にとっては勉強する時間でもあった。

私のシーズンオフの過ごし方は、ニューハンプシャー州コンコードに戻ってミッキー・フィンズという名の運動具店で働くことだった。そこは昔ながらの運動具店で銃や弾丸のほか、リーヴアイズのジーンズや釣り具や靴やセーターまで、スポーツに関するものなら何でも手に入るお店だった。そこでは大勢の楽しい人たちが働いていて、オフシーズンのアルバイト先としては申し分のない仕事だった。

特にクリスマスのショッピング・シーズンは大忙しで、仕事が終わるとみんな抜け殻になるほど疲れ果てていた。あるクリスマス・イブの夜、閉店時間の午後七時にドアに鍵をかけると、私は働き者のよき小売店員なら誰でもするようなことをした。つまり、他の従業員全員とともに缶ビールを開けて乾杯をしたのだ。

ところが閉店の三分後、懸命にドアをノックする男性がいた。ドアを開けて欲しいと懇願しているようだ。私はドアの方へ歩いて行き、腕時計を指差しながら、「ごめんなさい、もう閉店しました」という趣旨の意志表示をした。もう遅いのだ。

それから私は、なぜかわからないが、少し余計なことをやってしまった。ズボンのベルトを外し、男に背を向け、前のめりになってズボンとパンツを下げて尻を突き出して、ケツのアップを見せつけてやったのだ。バドワイザーのせいか？　長かった一日が終わった解放感のせいか？　こんなとんでもない行動に出た理由は一体、何だったのだろうか？

自分でもよくわからないが、たぶんこれが私という人間であり、ときどき顔を見せる私のねじくれたユーモアのセンスというやつなのだろう。

これは野球にも言えることだが、人生ではタイミングが重要だ。私がクリスマス・シーズンに八歳か九歳くらいの女の子を連れてやってきた身なりのよい紳士に対して同じようなことをやらなくてよかったとつくづく思う。もっとも、その紳士が来たのは営業時間内だったので、当たり前と言えば当たり前だが。

誰がどんなかたちであなたの人生と関わりを持つかはわからない。その出会いがあなたの心を広げ、あなたの可能性を開き、あなたの限界を押し広げてくれるかもしれない。

私にとってこの紳士との出会いはそんな意味を持っていた。

その男性は不思議なオーラを放っていた。何か落ち着いた雰囲気を持っていて、これまで私が接客したどの客とも違っていた。私は本能的に好奇心を覚え、彼にどんな仕事をしているのかを尋ねてみた。

「私は作家です」と彼は言った。

「どんな本を書いてるんですか」と私は尋ねた。

「主に自己啓発の本です」

それを聞いて、私はますます彼に興味を持った。私が、ノーマン・ヴィンセント・ピールのポジティブ思考の力に関する研究をたくさん読んだと話すと、彼は「ノーマンとは親友ですよ」と答えた。

「本当ですか？　あなたのお名前は？」

「オグ・マンディーノといいます」

何と、私は彼の名前を知らなかった。だから、私は彼はそんなに有名な作家ではないだろうと勝手に思い込んでいた。その時の私はまだ、自分の無知さ加減を知らなかったのだ。

「そうですか。今度ぜひ読んでみます」と私は言った。

私はその日の帰りにミッキー・フィンズ運動具店のすぐそばの本屋に立ち寄り、オグ・マンディーノの本を探してみようと考えた。自己啓発セクションを回ってみてびっくり仰天。ついさっき私は、ベストセラー『地上最強の商人』の著者に靴を一足売っていたのだ。

それから私は、マンディーノの本をむさぼり読んだ。そのついでにノーマン・ヴィンセント・ピールの新しい本も何冊か読んだ。おかげで私の心理学に対する興味は急速に、しかも確実に根付き始めた。

マンディーノは根本メッセージである「今すぐやれ」を伝えるとき、「今すぐ行動する」ことの重要さを説き、繰り返しの行動が良い習慣をつくると説いた。これは私にとってとても腑に落ちる考え方だった。

私の頭は活性化し、私はますます新しい知識に飢えるようになっていた。本を読み、いろいろなことを考えれば考えるほど、私の精神的欲求は強くなった。私にとってこの分野は知りたいことだらけだった。

冬が終わると、新しいシーズンが、「バッテリー・レポート」という日焼け止めがたっぷり必要な魔法の言葉とともに始まる。私は新たに仕入れた知識を私の総合力の一部として存分にレポートに注ぎ込むことができた。

しかし、選手としての私はまだ、バスでマイナーリーグ・チームのホームタウンを巡る日々が続いていた。一九八五年、私は二四歳になっていたが、私のキャリアはまだ停滞していた。肘の手術のせいで球速は落ちたまま、以前のレベルには戻っていなかった。私は２Ａのオルバニー・コロニーに所属し、その年は一七試合に先発して六勝五敗、防御率三・五四の成績だった。

その頃、私は自分の運命が何か手の届かない力によって弄ばれていると感じるようになっていた。ときには陰謀があるのではないかとさえ感じることもあった。当時、チームにはメンタルスキル・コーチなどいなかったので、私は独りで悩むしかなかった。また、自分の考えていることを共有する相手もいなかったし、そもそも自分の考えを誰かと共有したいかどうかもわからなかった。

その後、何年も後になって私がレッドソックスのメンタルスキル・コーチをしていたとき、マサチューセッツ総合病院の心理学者で祖父の代からのラグビー選手でもあったスティーブ・ドラント博士と出会った。彼がレッドソックスのスプリング・トレーニングでマイナーリーガーに初めて話をしてくれた時のことを、私は今も鮮明に覚えていて、私は今でもその時の彼のアドバイスを使わせてもらっている。それは「一人で苦しむな」と「何でも相談できる人を持て」の二つだった。特に、物事がうまく行かなくなったとき、本当に頼れる人を持つことの重要さをドラント博士は説いた。

残念ながら今も、独りで苦しみ、その孤独を酒や薬物で紛らわせたり、自分をマイナス方向に導くような人に相談している選手が大勢いる。

私は二シーズン半を2Aで過ごした後、ようやく3Aのコロンバス（・クリッパーズ）に昇格したが、私としては嬉しいというよりも、まだ3Aか、という思いも少なからずあった。

ある日、たまたま試合前の暇つぶしに、地元のショッピングモールの本屋に立ち寄り、そこで自己啓発セクションに置かれていたパフォーマンス向上のためのオーディオブックを見つけて購入してみた。どうも私は気分が盛り下がっている時に、本屋の自己啓発セクションに足が向かう傾向があるようだ。しかし、その時の私にはまだ、それを学ぶために必要な素養は備わっていなかった。

私はその時買ったカセットテープを早速、カセットデッキに突っ込んでみた。A面には呼吸法の練習方法と自己肯定の解説があり、B面には自己肯定がサブリミナルな方法で示されていた。

私はそれがとても気に入った。琴線に触れるものを感じたのだ。そこで私はこのテープを聞くことを日常の一部に取り入れることにした。毎日、同じ時間にロッカールームの床の上に寝転び、両足をロッカーの中に突っ込み、顔をタオルで覆いながら耳にヘッドホンをつけて、このテープを聴くことにした。それから三〇年の月日が経ったが、私はマイナーリーグ時代にロッカールームの床の上でこのテープを聞いて信じるようになったことを、今でも信じている。

そのトレーニングを始めた月から、私は内面から変わり始め、それに合わせてパフォーマンスもよくなっていった。それは確かな生産性の変化だった。真の変化は人間の内面から起きることを痛感した。

私の探究はまだ終わっていなかったし、終わりに近づいていると言える状態でもなかったが、少なくともその時の自分は、ここから何千マイルも離れたラトガーズ大学で慣れない環境に圧倒され、混乱し、疑問を抱いたままバスに乗り遅れていた時の自分とは違う人間になっていた。

そのオーディオ・プログラムのおかげで、私は閉塞状態を脱し、再び成長軌道に乗ることができた。また、それは私が今、メンタルスキル・コーチとして選手のために作成しているオーディオ・プログラムのモデルとなった。このテープを聞くことによって、私は自分の心を成功の方向へ向けることができたと思っている。

私はもはや精いっぱい背伸びをしている田舎出の少年ではなかった。ようやく物事がしっくり行くようになってきた。その頃から私は、外野をランニングする時はフィル・コリンズの「イン・ザ・エアー・トゥナイト」を聞きながら気楽に走るようになった。

一九八五年のシーズンが終わったとき、私は精神的にも肉体的にも行き詰まっていた。しかし、その冬、私は寒い夜にベッドに横になってこの曲に耳を傾けることで、「私は一生この瞬間を待っていた。待っててくれ。私は一生、この瞬間を待っていた」と歌った後、あの大音量のドラムソロが入り、大量のエネルギーが私の体に一気に吹き込まれるのを感じることができた。

長年漠然と持ち続けてきた私の夢のイメージが、ゆっくりとではあるが、ようやく現実のものとして実を結び始めていた。

第3章……ピッチングという芸術

初のメジャーリーグのスプリングトレーニングが始まる前日、私はＯＢコーチとしてフロリダのキャンプ地に来ていた〝キャットフィッシュ[1]〟・ハンターと並んで、打撃練習の球拾いをしていた。〝キャットフィッシュ〟は翌年の夏にクーパーズタウンの野球殿堂入りするヤンキースの偉大なＯＢで、その時はＯＢコーチとしてスプリングトレーニングのサポートに来ていた。

その偉大なるニックネームの由来はさておき、現役時代の〝キャットフィッシュ〟（ナマズ）は、彼の大好きなナマズ釣りの釣り穴と同様に、ホームベース上の空間を自在に操るコントロールの芸術家だった。

チャンスがあれば何でも学んでやろうと思っていた当時の私は、考える間もなく、尊敬するキャットフィッシュにさっそく質問をぶつけてみた。

「キャットフィッシュ、メジャーリーグに上がろうとしている若い投手に何かアドバイスをください」

私は今もこのときの情景をたびたび思い出す。

ヤンキースのロゴ入りのスウェットを着て、いつものように左頬を噛みたばこで膨らませながら、キャットフィッシュは私の方に顔を向け、噛みタバコで茶色に染まった唾をビュっと吐き出したかと思うと、ノースカロライナなまりのゆっくりとした口調で一言呟いた。

「ストライクを投げればいいんだよ、坊や。ストライクを投げな」

ドヒャーン。

メジャーリーグの深い闇の謎がそれだけ？

ストライクを投げるだけ？

それくらいなら自分にもできる。そんなことできて当たり前だ。〔ノーコンで有名な〕ノーラン・ライアンじゃあるまいし。

しかも私は、一九八八年の肩の手術後は、打者に恐怖を抱かせるような剛速球は投げられなくなっていた。いや、より正確に言うと、打者を苛つかせるような速球すら持っていなかった。

メジャーで四九三本のホームラン記録を持ち、「クライム・ドッグ」の異名を取るフレッド・マグリフは私についてこう語る。

「テュークスベリーというピッチャーは怖くないのに抑えられてしまうんだ。剛速球投手が相手の時、打者はあの球が当たったらどうなるだろうということを、少なからず心配する。だけどテュークスは剛速球がないから、威圧的ではないし怖さもない。だのに試合が終わると四タコに抑えられていたりする。何でこんなヤツを打てないんだって、自分に腹が立つんだよ。剛速球はないが、とにかくコントロールが良くて、しかもストライクを投げてくる。彼を相手にしていると、バッティングがとても難しいものに思えてくるんだよ」

どうやら私はメジャーリーグというジャングルの中で「速い球を持たないピッチャー」というか弱い動物が、猛獣相手にいかに生き延びられるかを身を以て示す役割を担っているようだ。そんなわけで私は、メジャーで一三シーズンにわたり剛速球を投げることもなく、もっぱらストライクばかりを投げ続けた。

ピッチャーにとって、獲物を狙うような目をしてバッターボックスに入った強打者が、手玉に取られて怒りの目でダグアウトに戻っていく光景ほど、美しいものはない。

アルバート・ベルが三ボールナッシングから私が投じたカーブに詰まらされて凡打した時も、そんな怒りの目をしていた。その後、打席に入ったロビン・ベンチュラが、キャッチャーのテリー・スタインバックにこう皮肉ったそうだ。

「テュークスは試合の後、護衛をつけたほうが身のためだぜ。アルバート卿がぶっ殺したがっているからさ」

ニューヨークでも、そしてシカゴやセントルイスでも、そしてその後のチームでも、私は帽子からウサギを出す手品師のような投球術で相手を翻弄し、球界で最も気性が荒い雄牛のようなスラッガーたちの前で赤いマントを翻して相手を苛立たせ、〔「不可能を可能にする男」と呼ばれ、脱出劇を得意とした奇術師〕ハリー・フーディーニのように、何度となくピンチを脱してきた。

なぜそれが可能だったかと言えば、私は自分の思い通りのところに自在に球を投げ込むコントロールを身につけていたからだ。

ストライクを投げるためには身体が鋭敏でなければならないし、それを繰り返し投げるためには、身体の協調とバランスも必要だ。

確かに剛速球があれば、多少は手元が狂っても打ち取ることができるので、ピッチャーにとっては楽かもしれない。しかし、ピッチングというものは二部構成で成り立っていて、身体的な部分は後半の半分に過ぎない。

ピッチングの最初の一歩は、いわば体の上の方の階で起きる。つまり、ピッチャーが振りかぶる前に、頭の中でどんな球をホームプレートのどの位置に投げるかを決定し、それが決定したら、そこに投げるための確信を持たなければならない。確固たる確信が持てて初めて、ピッチャーは自分がイメージした場所にストライクを投げられる物理的な確率が大幅に向上する。

確信あっての実行だ。

小学校の壁にチョークで描いたストライクゾーンに向かって投げる練習をしていた日々から、私のやり方はいつも、まず心の中で自分が成功する姿を想像した上で、そこに到達するための厳しい肉体的鍛錬を始めるのだ。

それはいろいろな意味で、私がはるか昔に読んだノーマン・ヴィンセント・ピールの本に書かれていたことを、そのまま実行することだった。ピールは頭で想像したことを心から信じることができれば、きっとそれを成し遂げることができると説いた。

二五歳で〝キャットフィッシュ〟と初めて出会ったとき、私はいろいろなことがわかり始めてはいたが、まだまだ発展途上にあった。中でももっとも重要なことは、私が内側から変わり始めていたことだった。変わり始めてはいたが、まだ完成からはほど遠い状態だった。

野球選手の生活は遊牧民のようなところがある。それは時として肉体と精神の両方を不安定にさせる。私にとっては一九八六年のヤンキースのスプリングトレーニングに旅立つときが、一番きつかった。そう、ちょうどあの〝キャットフィッシュ〟と初めて会話を交わす数週間前のことだ。私にとってはそれが初めてのメジャーリーグのキャンプだった。

その頃、私は一番下の弟のショーンと仲が良く、一緒に出かけたり映画を見に行ったりしていた。いよいよキャンプに向けて出発する日、初のメジャーリーグのキャンプを前に私はとても興奮していたが、ショーンと抱き合って別れを告げ、フロリダに向けて車を走らせ始めたとき、どうしたことか思わず泣き出してしまったのだ。

今でもショーンの眉間には、子供の頃、私が投げた球が当たったボールの痕が、小さな窪みになって残っている。

「兄ちゃんのコントロールは最悪だよ。何てったってネットを飛び越えて俺の眉間に命中させるくらいなんだから」

彼は今でもそんなことを言って、私をからかう。

私がいつも選手たちに言ってきたように、思考は実現する。だからこそ不断の努力によって、常に思考をポジティブな方向に向けておかなければならない。

野球の世界では、最後は才能のあるものが勝つという神話がある。確かにそういう時もある。しかし、誰もがマディソン・バムガーナーやクレイトン・カーショウのような才能を持っているわけではない。それ以外の人間にとって、才能はほぼ同等に分け与えられていて、多少の違いがあってもそれはごく僅かだ。

だからこそ精神面の準備とその強靱さが鍵を握る。

基礎がしっかりしていなければ、成功は長続きしない。それどころか、成功の方が逃げていってしまう。どんな仕事に就いていても、人生のどのステージにあっても、人は困難にぶち当たった時、バランスを取り戻す助けになる基準点が必要だ。また、逆に物事がうまくいっている時は、絶えず自信を持ち続けるための参照点が必要なのだ。

私にとってはその基盤が、訓練された思考とストライクを投げる能力だった。

セントルイス時代から私は安定した基盤を確立し、本領を発揮できるようになったが、今振り返ると、そのことと、当時、私がもうじき三〇歳に届こうかという年齢に差し掛かっていたこととは、決して偶然の一致ではなかったように思う。

私たちはそれぞれ独自のペースで前進している。私の場合、神様から稲妻のような剛速球を投げる力を授からなかったおかげで、その旅の道のりは試行錯誤に満ちたものとなった。

往年のメジャーリーガーのリック・ルーシェルは、かつてこう言ったそうだ。
「もっと速い球を投げられるようにはなれないけど、もっと遅い球を投げられるようにはなれる」と。

私の成長のカギは、私が自分の心の状態を把握できるようになったことで、自信を持って自分の哲学を実行することが可能になったことだった。

メジャーリーグでピッチャーとして生き残るのはとても難しいことだ。特に打者を圧倒する速球を持たない投手の場合、難易度はさらに高いものとなる。

速球という道具も持たずにストライクを投げ続け、一貫して優秀な成績を収めることは、ごく一部の例外を除いてほとんど不可能に近いと言っていいだろう。しかし、人生のあらゆる面で、自分の強みと同時に自分の限界を認識し、それを受け入れることができれば、それは可能になる。私の場合、自分の投手としての最大の武器が、正確無比なコントロールと、球速に自由に緩急を付ける能力であることに気づいたことで、私は大きな進歩を遂げることができた。

ホームシックでラトガーズ大から逃げ出した日々が遠い日の記憶となった今、私はニューヨーク・ヤンキース、シカゴ・カブスに続くキャリア三つ目の所属球団となったセントルイス・カージナルスを、自分の第二の故郷のように感じていた。

一九八五年に三〇試合に先発して二一勝八敗、防御率一・九三の成績を収め、ワールドシリーズでカンザスシティを下してカージナルスを世界一に導き、ナショナルリーグのサイ・ヤング賞の投票で二位に入った左腕投手のジョン・チューダーが一九九〇年、現役生活の最後となる数年間を過ごすために古巣のセントルイスに戻ってきた。

チューダーも緩い球を操るピッチャーだった。

チューダーは一九八五年のシーズン、二七五イニングを投げて一六九個しか三振を奪えなかったが、それでも彼は常に試合を支配していた。

投手として彼は抜群な成績を残したが、相手チームの打者たちはいつもジョンのスローボールをバカにした。しかし、チューダーはそれを無視して、遅い球で相手を手玉にとり続けた。

「九五～九八マイルの球を投げるピッチャーなんていくらでもいるよ。八四～八五マイルの球を投げるピッチャーこそ勇気あるピッチャーなんだ」と彼は言った。

特に、打撃練習中にピッチャーを守るために使われるL字型の保護ネットが無い状態で遅い球を投げるのは、相当の勇気がいるものだ。これは冗談じゃない。バリー・ボンズやマーク・マグワイアを相手に緩い球を投げることがどれほど恐ろしいものか、想像してみてほしい。特にこの二人は、本当に恐かった。無論、後に彼らは、他の理由で悪名が知れ渡ることになるのだが。

そう、私が現役のピッチャーだった時代はステロイド全盛の時代で、ＭＬＢの中にその利用者が大勢いたことが、事態をより厄介なものにしていた。ただ、ステロイド全盛時代にプレーしていたにもかかわらず、私自身はドーピング問題についてはほとんど何も知らなかった。

私は一九九六年のシーズン、サンディエゴ・パドレスでケン・カミニティと一緒にプレーしていたが、彼がＭＶＰに輝いたその年にステロイドを使っていたことなどまったく気づかなかったし、それを疑ったこともなかった。

確かに、スプリングトレーニングで久しぶりに会った彼を見て、一体オフにどんな鍛え方をすればあんな身体になるんだろうと思うようなことはあった。しかし、キャミー（カミニティ）自身はステロイドを使用しているようには見えなかった。

他にもステロイド使用を疑われたやつは大勢いるが、私としてはどうすることもできない。当時の野球規則はパフォーマンス向上薬物の使用を禁止していなかったのだから。私自身は、薬物によって人工的に強化されたバッターと対峙することについては、こう考えている。

「そういうことをしたい奴はすればいい。私にはそんなことまで気にしている余裕はない」

彼らがアンドロステンジオンを摂取していようが、クレアチンやデカデュラボリンを飲んでいようが、あるいは単にポパイのように昔ながらのホウレンソウを食べていようが、私のやることは同じだ。

ストライクを投げて打ち取るだけだ。

当時、私は詳細な日記をつけていた。これは今の現役選手にも推奨していることだが、私にはこの日記が自分の考えを整理したり、世界最強の打者たちに立ち向かうための戦略を立てる上でとても役に立った。

当時、まだノートパソコンはなかったし、自由にビデオが使えるわけでもなかった。当時、私たちが使えたのは、スカウトが偵察結果をまとめたスカウティング・レポートだけで、そのレポートに穴があれば、それを埋める作業は各々のピッチャーに委ねられていた。

決め球となる剛速球のない私にとって、許される誤差の範囲は、ノーラン・ライアンやデビッド・コーンよりもずっと狭かった。そのため私は自分の日記に、直面するバッターに関する詳細なデータをつけていた。

たとえば、一九九三年ごろの日記には、バリー・ボンズについてこんな記載があった。

「ボンズなんて大したことはない。ボールでもストライクでもいいから、初球は外角から入る。次にインコースギリギリの高めに速球だ。以前対戦した時、彼はこの球を嫌がっていた。次にもう一球同じ球を投げる。彼の術中にはまるな。こいつには速球を二度も柵越えされているぞ」

別のところにはこんな記載もあった。

「初球から外角攻め。カウント一―二から、ボールから内角のストライクゾーンいっぱいに入ってくるシンカーで三振」

計画と実行が噛み合うと、人生は実に楽しいものだ。だが、それが噛み合わないと、大抵の場合は泣かされることになる。

一九九六年四月、サンディエゴ・パドレスでプレーしていた時、私はボンズと対戦し、最初の打席で初球の外角の速球を打たせて、かろうじて彼をレフトフライに打ち取ったことがあった。

その時は簡単に打ち取れたが、ボンズほどの打者を相手に、いつもそんなにうまくいくわけがない。ボンズの次の打席は五回。満塁でボンズに打順が回ってきた。また一から投球を組み立てなければならない。

私自身のスカウティング・レポートやリーグ内で出回っている情報では、ボンズに対する早いカウントでの外角低めは「安全」とされていた。しかも、ボンズはその日の最初の打席で、外角の球に手を出して簡単に打ち上げている。よし、そこから攻めてみよう。

まず初球。一ボール。うーん、手を出してこない。

一—〇でカウントがボンズに有利になった時、私にはボンズの心中が、六〇フィート六インチ（一八・四四メートル）離れたマウンドの上からでも、巨大なネオンサインのようにはっきりと読むことができた。

ボンズは、私が圧倒的な速球を持っていないことを知っている。だから、私を恐れる必要はない。また、テッド・ウィリアムズのように、全ての投球をノートに記録しなくても、私のピッチングの組み立てが複雑なものではないこともわかっている。私というピッチャーが、とにかくストライクを多く投げるが、強い剛速球は投げてこないことや、カーブが二番目によく使われる球で、特にランナーがスコアリング・ポジションにいるときはカーブを多用する傾向があるということをだ。

そして……カーン。

打席に入る前からボンズは、私が内角には投げてこないことを予想していて、外の遅いボールを待っていたのだ。変化球を待っていてまっすぐが来ても、私の速球なら、対応する時間が十分にあることがわかっていたからだ。

一方、マウンド上の私は、「こいつは速球で内角は攻めてこない。もしそれをすれば、こいつは本物の大バカ野郎だ」とボンズが考えていることはわかっていた。もし私が二球目にカーブを投げれば、おそらくボンズはその後の球はすべて、カーブを狙って来るだろう。そう考えた私は、内角低めにスライダーを投げた。それまで私は左打者にその球を投げたことがなかった。私のスライダーには、左打者が食らいつき、思いきり振り抜かなくては打てないというほどの球威がないことを、私自身が一番よく知っていたからだ。

私は途中まで速球の軌道を通りながら、バッターのすぐ手前で曲がるスライダーを投げることでボンズの裏をかこうとした。ボンズが手を出してくれれば、空振りになるか、ボールの上を叩いてセカンドゴロになることを期待していた。

結果はゴロどころの騒ぎではなかった。ボンズはボールの真芯をとらえ、ジャイアンツのホームスタジアムのオラクルパーク場外の太平洋にボールを叩きこんだのだ。

それは私が野球人生で許した唯一の満塁ホームランだった。

くそー、彼を歩かせるべきだったか。しかし、それは私にとっては、頭痛がするときに鎮痛剤のアドヴィルの代わりに殺鼠剤を飲むべきだったと言われるようなものだ。私にとってピッチングとは、とにかく四球を出さないことだからだ。

ボンズに対する私の攻め方は間違ってはいなかった。野球史上最高クラスのバッターの裏をかこうとして、失敗したってだけのことだ。

これはこれでしょうがない。しかし、次のイニングにボンズに打たれたこの日二本目のホームランは許されないものだった。

あれほど四球を忌々しく思っていたにもかかわらず、私は六回最初のバッターとして打席に入ったピッチャーのアレン・ワトソンをフルカウントから歩かせてしまった。

ピッチャーに四球だって？　冗談だろ？　あり得ない。

気を取り直してマービン・ベナードをゴロに打ち取り、ワトソンを二塁でフォースアウトにしたが、次の打者の時になんとボークでベナードを二塁に進ませてしまった。

えっ？　何だって？　ボーク？

いったい私は何をやっているんだ？　どうやってボークなんてしたんだ？

前のイニングのボンズの満塁ホームランをまだ引きずっていたのか？

ずばり、その通りだ。

思考は実現する。恐らくその時の私は、ボンズを意識するあまり、自分の集中力が低下していることに気づかなかったようだ。それはほんの一瞬のことだったかもしれない。しかし、メジャーリーグでは、一瞬の気の緩みが直ちに破滅につながる。

そんな時こそ、呼吸法と自問自答が重要になってくる。

野球というスポーツには、キャッチャーがマウンドに駆け寄ってくる時と、ピッチングコーチや監督が投手の元に話に来るとき以外は、タイムアウトというものが存在しない。だから選手は、困難な状況から抜け出す手段を自分自身で瞬時に考え出さなければならない。

そして、それは呼吸から始まる。

呼吸のペースをゆっくりにすると、他のすべてのこともスローダウンする。

その中には自分の頭の中での自分自身との対話も含まれる。自問自答だ。その時々に自分や自分の周りで起きていることを、自分自身の言葉で語ってみるのだ。

自分の周りで実際に起きている出来事と自分自身がそれをどう認識しているかの間には、開きがある。それが自問自答の中身になる。

私はその声の主をリトルマン（小さな男）と呼んでいる。それは唐突に自分の肩の上に乗っかって来て、私が今にも投げようかという最悪のタイミングで、何とも否定的な響きのある声で、私にこう語りかける。

「すっぽ抜けるなよ」とか「ここで歩かせたら最悪だぞ」といった具合だ。

するとどうだろう。ほぼ例外なく、私はその通りのことをやってしまうのだ。

反対に、調子がいいときは、ポジティブな声が聞こえてくるものだ。

「これからストライクゾーン低めにいい速球を投げ込んで、ゴロを打たせるぞ」みたいな台詞だ。

そうすると、本当にそうなるのだ。それが野球というスポーツのメンタルな側面だ。

だから、自問自答の中身がネガティブにならないように、自分自身のマインドをコントロールし、ポジティブなものにしていかなければならない。

ベナードを二塁に置いてロビー・トンプソンにはフルカウントまで粘られたが、最後は三振に打ち取った。そしてネクスト・バッターズ・サークルには……ボンズだ。

この時はツーアウトで一塁が空いていた。しかも、われわれが六対四で二点負けている場面だ。普通はこの状況なら歩かせるのが正解だろう。しかし、私はあの満塁ホームランを食らった後に、彼を歩かせるつもりなど毛頭なかった。

今度こそ、ボンズの野郎を打ち取ってやるぜ。

まず初球はカーブから。

前の二打席、彼への初球はいずれも外角の速球だった。

それを見て、今回は一塁が空いていて、次の打者がマット・ウィリアムズなので、彼は私が真っ向勝負を避けてくるのかと思ったかもしれない。

カーブで目先を変えると同時に、遅い球によるチェンジ・オブ・ペースにもなる。ボールになっても構わない。

それに、ほとんどの打者は初球のカーブには手を出さないものだ。きっと彼も振ってはこないだろう。私が勝負を避けるかもしれない思っていれば、もしかしたらファースト・ストライクは振ってこないかもしれない。そうすればストライクを一つ稼げる。

ストライクを「稼ぐ」という言い回しは、相手が予期していないところで初球にストライクを投げ込んでカウントを稼ぐことに成功した時に、私が好んで使う表現だった。初球から打ちにくる打者は少ないので、いきなりストライクを投げても、ほとんどのバッターは振ってこないものだ。

しかし、バリー・ボンズは他のバッターとは違った。しかも、彼は速球ではなく遅い変化球に山を張っていた。

結果は言うまでもない。私はストライクを稼ぎにいった球を、はるか遠くの隣町カールスバッドまで打ち込まれてしまった。その二イニング後、私は降板し早めのシャワーを浴び、チームは九対四で敗れた。

芸術と現実はそう簡単に平和的な共存ができるものではない。それを偶然にも共存させることができた日は、自分がスーパーマンにでもなったかのような感覚を覚える。

チャリティの一環として私がマーク・マグワイアとケン・グリフィー・ジュニアのアクリル画を描いていた一九九八年（彼らがそれぞれ一〇〇枚にサインしてくれることになっていた）、（当時私の所属するミネソタ・ツインズの本拠地だった）メトロドームにセントルイス・カージナルスがやってきた。

その年の夏のことだ。マグワイアはボカスカとホームランを量産し、七〇本という当時のホームランのシーズン記録を塗り替えていた。

ミネソタ（・ツインズ）で私の女房役のキャッチャーだったテリー・スタインバックと私は、もし一回に走者なしでマグワイアに打順が回ってきたら、私の時速四〇〜五〇マイルの山なりの超スローカーブを試しに投げてみようという話になっていた。

それは「歴史は繰り返す」ことを学んでいない奴がやりそうな、典型的な愚行だった。

そこまでのマグワイアの私に対する通算成績は九打数四安打、一ホームランだった。この本塁打は前年の夏、彼がまだオークランド（・アスレチックス）でプレーしていたときに打たれた一本だった。

試合前のミーティングで、私とスタインバックは相手チームのバッティング・オーダーを見ながらピッチングの方針を話し合ったが、その結果、私には「ビッグ・マック」に通用するほどの速球はないという結論に達した。

彼の二回目の打席で、カウント一—〇からスタインバックは、外角に速球のサインを出してきた。

私は首を横に振った。

次に彼は外へ逃げるカーブを要求した。

私は再び首を振った。

マックは外角の球か遅い変化球を待っているので、内角に速球を投げ込めば、意表を突くことができると私は考えた。

しかし、結果は、私の球は内角に決まらず、マグワイアはバックスクリーン横のカメラマンの頭を吹き飛ばしそうなほどモンスター級の特大ホームランを、かっ飛ばしてくれた。

マックがベースを回る間、スタインバックが主審から新しいボールを受け取り、それを持って私の方にゆっくりと歩いてきた。

彼は私のグローブにボールを落とし、マスクを持ち上げて私の目を見ながら言った。

「テュークス、今のを内角とは言わんだろ」

そして彼はくるりと背を向けて戻って行った。私はその皮肉たっぷりの空気が立ち込める中、次の打者に投げなければならなかった。

あの歴史の授業は、実にいい教訓になった。

私が静かな自宅のアトリエでチャリティのために描いていた絵が完成に近づく頃、ロジャー・マリスの年間最多本塁打記録を追っていたマグワイアが、和やかな私のホーム球場にやってきた。

一回に走者なしでマックに打順が回ったらイーファス（山なりの超スローボール）を投げるという私たちの計画はチーム内に知れ渡り、普段は二回か三回までダグアウトには降りてこないリリーフ陣までが、そのシーンを見たいがために、大挙してグランドに集まってきた。クラブハウスからダグアウトまではビル四階分の階段（計四四段！）を降りなければならないのに、わざわざみんな降りてきたのだ。彼らから見物料を徴収しておくべきだった。

さっそく一回ランナー無しでマグワイアに打順が回ってきた。リリーフ陣が嬉しそうな顔をして、ドスドスと音を立てながら階段を降りて来る音がマウンドからも聞こえた。

予定通り私がイーファスを投げると、その球はスタインバックのミットにストンと収まった。ストライクがコールされた。

私がもう一球スローボールを投げると、マグワイアは一度踏み込んだかと思うと、さらにもう一歩踏み込んで、ダイナミックに体を大きくぐるりと回転させながらバットを振り下ろしだが、打ち損じてボテボテのファーストゴロに終わった。

一塁ベースカバーに走る私の目に、マグワイアの顔が一瞬見えた。もしその瞬間をとらえた写真があったら、きっと私は「やべえ、ぶっ飛ばされる」とでも言いたそうな顔をしていたにちがいない。

マグワイアに対しては、次の打席でも同じような状況でまたイーファスを投げ、まずはストライクを一つ取った。

病みつきになった私は同じ球をもう一球投げ、それに手を出したマグワイアは打ち損じてセカンドフライに終わった。真っ当な戦略ではあったが、その年、誰も抑えることができなかったマグワイアをこのように打ち取ることができた。マウンド上で自分がまるでエンターテイナーのように感じられたのは、私の長い投手人生の中で、後にも先にもこの時だけだ。

決して彼をおちょくるつもりはなかったことだけは理解してほしかったので、試合の後、私はセントルイスのクラブハウスにメモを送った。

「マック、おちょくろうとしたとは思わないでほしい。タイミングを外そうとしていただけだ。絵にサインしてくれて本当にありがとう」

ありがたいことにマグワイアからは、「最高のピッチングだったよ。僕はあの手の球に弱くて、いつも振ってしまうんだよ」というメモ書きが返ってきた。

今日、そのメモはその試合の写真をもとに描いた絵と一緒に額に入れられて、私の家の壁に飾られている。その絵の中のマグワイアも、妙なにやけ笑いを顔に浮かべていた。

「僕は山を張るタイプのバッターだけど、あの時は球を見てから反応したんだ。テュークスの手の握りを見てそれに反応した。特に彼のカーブは、速球と同じ軌道から浮き上がるんだ。速球より一段上に上がるんだよ。本当にそう見えるんだ。そして、それを打ちたくなってしまうのが問題なんだ。あいつの山なりのスローボールを見ると、バッグス・バニーのアニメを思い出すよ。彼と対決するたびに、あのアニメの中で一、二、三アウト！　一、二、三アウト！　とバッターが次々と打ち取られていくシーンを思い浮かべてしまうんだよ」

　どんな形であってもとにかくマグワイアを打ち取れれば、それは一生の思い出になるが、中でもイーファスで打ち取った時の快感は、なんとも筆舌に尽くしがたいものがあった。

　マグワイアとグリフィーがサインしてくれたアクリル画のリトグラフは一〇万ドル以上で売れ、そのお金はセントルイスとシアトル（当時のグリフィーの本拠地）とニューハンプシャー州コンコードのボーイズ＆ガールズ・クラブに寄付された。

もっとも誰もがマグワイアのように、私のイーファスに対して寛容な態度で接してくれたわけではなかった。

一九九六年にパドレスで投げていた時、かつてセントルイスでチームメイトだったウィリー・マギーにその球を投げたことがあった。マギーは人間的にも素晴らしい人物で、選手としては傑出したスイッチヒッターだった。しかし、どんなにいい友人でも、相手チームにいるとなれば話は別だ。対戦相手として激しく火花を散らすことは避けられない。

メジャーリーガーなら誰でもメジャーリーガーとしての自負もあるし、球団との契約もある。養うべき家族もいるし、選手としての評価も維持しなくてはならない。その圧力鍋のようなプレッシャーゆえに、ついついお互いに火花を散らすような場面も出てくる。

私のマギーへの初球は、いつものイーファスだった。次の球を投げる前にふと気になってスコアボードをちらりと見上げると、スピードガンは「四六マイル（約七四キロ）」を表示していた。昔から彼がよくやっていたことだが、ウィリーはそこで一旦打席を外し、ヘルメットを脱いで、つばの部分で首の後ろをかいた。

次はど真ん中への速球でツーストライク。

スコアボードを見上ると、八六マイル（約一三八キロ）だった。

マギーを〇——二と追い込んだ私は、もう一球速球を投げた。これも八六マイル（約一三八キロ）。今度は外角の低めで、彼はそれを見送り、スリーストライクとなった。

翌日、オジー・スミスから、マギーが私に恥をかかされたことに激怒していることを知らされた。そこで私はすぐにウィリーに会いに行った。彼は当初、私と会うことを拒んだが、根気強く説得したら話を聞いてくれた。

私は彼に「なあ、誓って言うが、君に恥をかかせようとしたわけじゃない。単にアウトが取りたかっただけで、そのためには僕はああやって緩急をつけるしかないんだよ。あれはカーブで有利なカウントにするための、僕の最終手段なんだ」

そう言って彼を落ち着かせると、怒りが冷めた彼は笑って、私にとっては最高の誉め言葉を返してくれた。

「テュークス、正直言って、あの最初のカーブの後の速球は時速一〇〇マイル（約一六〇キロ）に見えたよ！」

メジャーリーグである程度自分の地位が確立してくると、私の投手としての基本的な哲学は、かなり単純なものになっていた。それは、最後は投手が勝つか打者が勝つかのいずれかだが、どちらにせよ早く決着をつけた方がいい、というものだった。

私は打者を歩かせることが大嫌いだが、打たれることはそれほど恐くなかった。当時も今も思うことだが、ピッチャーがストライクを投げたがらない唯一の理由は、打たれたくないからだ。打たれるとどんな結果が待っているかがわからないから、というのがその理由だが、それはある意味でとてもネガティヴな考え方だ。

それに私は、テンポよく投げる方が好きだ。なぜなら、そうすることで野手や球審の集中力を維持させることができるからだ。

球場に関わっているすべての人の中で、テンポのよい投手が嫌なのは球場の売り子だけだと私はいつも思っていた。試合が早く終わってしまうと、ホットドッグやビールの売上げが伸びないからだ。

それ以外は、テンポよく投げることはいいことずくめだ。後ろを守る野手たちはより良い守備をしてくれる可能性が増すし、球審がきわどいボールをストライクにしてくれる可能性も増すかもしれない。

ピッチャーの命運を左右する最大の要素は、球種ではなくコントロールだ。上質な球種を持っていることは好ましいことだが、私は常々、ピッチャーの成功の条件は、正しい球を正しい時に投げられるかどうかだと信じてきた。

野球のピッチングは一〇〇〇ピースのジグソーパズルを組み合わせていく作業のようなものだ。一球を一つのピースに見立て、それらをすべて正しく組み合わせれば、目を見張るような作品ができあがる。

野球殿堂入りしたグレッグ・マダックスはその達人だった。一九九四年のシーズン中に、彼が所属するアトランタ・ブレーブスはモントリオール・エクスポズと対戦したが、その直後に、私もエキスポズと対戦することになっていた。そこで私は彼の知恵を借りるために、彼のチームが滞在していたモントリオールのホテルに電話をしてみた。

一九八七年に私がまだシカゴでプレーしていたとき、マダックスはカブスにルーキーとして入団してきたので、彼とは面識はあったが、それほど親しいわけではなかった。しかし、打者の裏をかこうとする私たちのピッチング・スタイルは、よく似ていた。

もう一度思い出してほしい。当時はビデオを用いたスカウティング・レポートなどなかったし、今ほどテレビの専門チャンネルなどを通じて大量の野球情報が入手できるわけでもない。そのような時代にあって、私はいつも、打者に対して優位になるための情報を探し求めていた。

マダックスから返事があり、私たちは直接会って、彼が対戦したばかりのエクスポズのラインナップについて、情報を交換することになった。特に、ラリー・ウォーカーやモイゼス・アルー、マーキス・グリッソム、クリフ・フロイドなどの打者に対しては、具体的にどのようなピッチングをしたらよいかについてまで細かく話し合った。

その会話の中で、彼は私に、常に自分の長所を活かしたピッチングを心がけていると言った。そこで私は、かつてキャットフィッシュに聞いたのと同じ質問をぶつけてみた。

「それは具体的にどういう意味なんだい？」

マダックスはこう答えた。

「カウントが有利なときに自信を持って投げられる球は何かを考えるんだ。同じく、カウントが不利なときに投げられる球とカウントがイーブンなときに投げられる球も」

カウントが有利、不利、イーブンの三つケースで分けて考えるのか！

私はこれまで球種を選ぶ時にそういう文脈で考えたことはなかった。でも、その考え方は私にとってとても腑に落ちるものだった。

カウントが有利なときは、私なら速球を内角にも外角にも投げられるし、ストライクゾーンより低めにカーブを投げることもできる。カウントが不利なときは、外角への速球かカーブかチェンジアップを投げるだろう。イーブン（一─一、二─二）のときは、その時の試合の状況と、そのカウントになるまでに投げた球によって変ってくるだろう。

マダックスはその時の私たちの会話を思い出しながら言う。

「自分が投げやすい球を投げるのは、口で言うほど簡単なことではないんだよ。どんな状況でも投げられる球が一種類以上あるといいし、複数の球種があればなおいい。すごい球を持っているなら話は別だが、ジョン・スモルツのスライダーやマリアノ・リベラのカットボールのような「エリート・ピッチ」を持っている投手なんてそうざらにいるもんじゃないからね」

当時、別のチームに所属するわれわれが、いかに打者の裏をかいて出し抜くかを結託して話し合っていたことについて、マダックスは笑って言う。

「対戦相手の情報については色々な選手と話してきたよ。打者についての情報をもらったり、あげたりもしていた。兄のマイク（現在はワシントン・ナショナルズのピッチングコーチ）とも、リーグ内の他の選手たちとも、情報のやりとりをしてきた。投球を見てわかることと、投手本人に話を聞いてわかることは、ちょっと違うんだ。テレビを観ているだけでは、その状況で、なぜその投手が内角高めの速球を投げたのかはわからない。投手がある状況である球を投げた理由について、投手から直接得られる情報は、他の手段では決して得られないものなんだよ」

マダックスとの情報交換が私にとって大きな収穫になったのは、カウントが有利か、不利か、イーブンかによって、それぞれピッチングを組み立てるという考え方を知ったことだった。それまでの私は、カウントごとの攻め方について一般的な意味では理解していたが、そこに焦点を合わせたピッチングの組み立てをしたことはなかった。私がやっていたのはかなり本能的なもので、それはそれで役に立っていたが、かなり曖昧なものだった。

しかし、〝マッド・ドッグ〟（・マダックス）との会話の後、この考え方を採用して投球を組み立ててみた結果、私は次の試合を四対一で完投勝利することができた。

私はその時すでに三三歳だったが、まだ学びの途中であり、成長の過程にあった。依然として何一つ簡単なことはなく、マダックスに教えてもらったことも含めて、あらゆる知識が私にとっては新しい武器となった。

マダックスは私についてこう言う。

「投手としてのテュークスの強みは決して自滅しないことだ。打者は打つしかない。彼は四球を与えず、ひたすらストライクを投げ込んでくる。速球で抑え込むのではなく、強く投げたり弱く投げたりしてカウントを稼いでくる。彼から塁を奪うのは容易なことではない。彼は決して自分からは崩れないので、何とかして打者が彼を打ち崩さなければならない。ところが彼は相手を圧倒するような球を投げないので、打者はあまりカウントを気にしない。そうこうしている間にあっと間に追い込まれ、打ち取られてしまう。もし彼がミスを犯すとしたら、狙ったよりも僅かに球が真ん中寄りに入ってきてしまうことくらいかな」

ストライクを投げればいいんだよ、坊や。

そして、カウントが有利か不利かイーブンかによって、一番自信のある球を投げればいい。知識というものは、キャットフィッシュの時のように、噛みたばこの茶色い唾液にまみれた経験則から滲み出てくる場合もあるし、今回のように頭脳派投手の頭から飛び出してくる場合もある。ひとつの知識がみんなに当てはまるというものでもない。

私がメンタルスキル・コーチに就任した時、マダックスは最高の賛辞を送ってくれた。爆笑もののの科白を一言で言ってのけるマダックスの茶目っ気のキレは健在だ。

「まちがいなくテュークスは若い選手から慕われるよ。なんたって元メジャーリーガーだからね。彼以外のメンタルスキル・コーチなんて、スポーツ経験といったら小学四年生のテザーボール〔2〕くらいしかないやつばかりなんだからさ」

第4章　コンクリートジャングル

ヤンキースタジアムのマウンド上で、ダグアウトからこちらに向かって来るルー・ピネラ監督の姿を眺めていると、闘牛場に佇むマタドールが見る景色に似ているのではないかと思えてくる。一九八七年七月、対シカゴ・ホワイトソックス戦。イニングは四回。ピネラが鼻息を荒げながら、ドスドスとマウンドに向かって歩いて来た。大変だ。

いつものポジティブ思考はどうなったかって？

まぁ、その日は彼を満足させることができなかったとだけ言っておこう。

結果的には、この日が私にとって、ヤンキースでの二シーズンで登板した三一試合（うち先発が二六試合）の最後の試合となった。

その前の年の春にキャットフィッシュ・ハンターと交わした会話は私を鼓舞し、その年のキャンプは私にとってわくわくするものになった。二〇イニング無失点を記録した私は、キャンプの最優秀新人に選ばれ、ヤンキースの四人目の先発投手としてローテーション入りを果たした。

メジャーリーグの初先発試合では、ミルウォーキー（・ブルワーズ）を三対二で下した。

この日のために、ニューハンプシャーに住む大勢の家族や友人が、ブロンクスにあるヤンキースタジアムまで応援に来てくれた。

試合後、ヤンキースのオーナー、ジョージ・スタインブレナーからのプレゼントが私のロッカーの中に置かれていた。自由の女神像と同じ高さに見えるほど巨大なシャンパンだった。

今もまだ、そのボトルは未開封のまま、様々なチームのユニフォームやサイン入りの野球ボールや写真と共にトロフィーケースに大切に保管されている。

しかし、ニューヨークでプレイするのは、半端なことではない。人を悩ます悪戯な妖精は、魔法のランプだけでなく、未開封のシャンパンからだって飛びだしてくる。

ルーキーのシーズンに二三試合に登板し（うち二〇試合に先発し）、九勝五敗、防御率三・三一の記録を残したにもかかわらず、私は六月にはローテーションから外されてブルペンに回された上に、七月には3Aのコロンバスに降格になり、その後しばらくして再びメジャーに呼び戻されるという経験をした。

メジャーとマイナーの間を行ったり来たりしていると、降格の恐怖に苛まれるようになる。マイナー落ちの恐れと隣り合わせなのはメジャーリーガーの宿命だが、ヤンキースではその不安が一層強いものとなる。その頃の私は、一度でも悪いピッチングをするとマイナーリーグに降格させられるのではないかと、びくびくしていた。

八七年のシーズン前半にも、私は再び3Aのコロンバスに送られた。結果的にその時は一時的な降格だったが、自分が降格になった時にそれが一時的なものかどうかは本人にはわからない。もしかするとそれがメジャーの空気を吸うことができる人生で最後の瞬間になるかもしれないのだ。

そういう思いがすべて、メジャーリーグの試合で選手のメンタル面に影響する。だからこそ呼吸をコントロールし、急がずにポジティブなメンタルイメージを視覚化することで、自分自身を強くしていかなければならない。そうすれば、もっと元気で幸せになれる。

好成績を残していても、特にキャリアの初期の頃は、自分がメジャーに定着できたかどうかをなかなか確信できないものだ。この頃の私は、ラトガーズ大学でメジャーへの茨の道を歩み始めた時と同じような気持ちになっていた。

ただ、それまでいろいろな経験を積んできたおかげで、今回は自分にはメジャーでやっていける自信があった。ただ、これから自分が乗り越えなければならない難関がどの程度大変なもので、そのためにどのくらいの時間がかかるかは、その時の私には皆目見当が付かなかった。

私にとってメジャーリーグで三度目の先発は、カンザスシティでの対ロイヤルズ戦だった。殿堂入り確実な名選手ジョージ・ブレットを擁するロイヤルズは、二年前にワールドシリーズを制して世界一になったチームだった。

その日は中盤まで相手を無得点に抑えていたが、そこから何だかおかしな展開になった。ハル・マクレーに対し〇—二と有利なカウントから私は内角高めに強めの速球を投げた。マクレーはそれが気に食わなかったようだが、なぜか球審のラリー・マッコイまでが私に警告を発したのだ。

その理由は未だにわからない。もしかしたら、私がまだ何の実績もない新人だったからなのかもしれない。ただ、理由が何であったにせよ、この警告によって私は内角を攻め辛くなってしまった。警告を受けた後に打者に当てたり、内角すれすれのところに投げたりすると、退場になってしまう恐れがあるからだ。

それでもマクレーに対しては内角に速球を投げ込み、見逃しの三振に打ち取ることができた。ところが七回に〇―二からウィリー・ウィルソンの肩に球を当ててしまった。するとウィルソンは、私に向かって怒鳴りちらし、それから何歩かマウンドに歩み寄り、私を指さして、また何ごとかを叫んだかと思いきや、私のほうへ向かって走り出してきた。

メジャー先発三試合目にして初めての乱闘だ。

一塁手のドン・マッティングリーと三塁手のマイク・パグリアルーロが、私に飛びかかろうとするウィルソンを寸前でブロックしてくれたが、大勢の選手たちが取っ組み合いになって倒れた際にその下敷きになった私は、右手の中指を突き指してしまい、結局そこで投手交代となった。

その試合、ヤンキースは五対一で勝ち、試合後、私はチーム・バスの方に向かって歩いていた。試合中の取っ組み合いの問題は一件落着となったかに思えたが、そうは問屋が卸さない。特に、ここカウフマン・スタジアムのエレベーターはどちらのクラブハウスからもほぼ等距離のところにあるので、両チームのプレーヤーが偶然一緒になってしまうことが珍しくない構造になっていた。

私がエレベーターに乗り込むと、まるで映画のワンシーンのように、ドアが閉まり始めたその瞬間、伝説のジョージ・ブレットが駆け込んできた。

ちなみに、この試合で私は彼からは、チェンジアップで三振を奪っていた。その時はとても興奮したが、こういう形で出くわすと、気まずいなんてもんじゃない。

昔の話だが、ニューハンプシャー州のコンコード・グループ・インシュアランスのユースリーグでプレーしていた七歳の頃、私は試合前に緊張のあまり、おしっこを漏らしてしまったことがあった。これは本当の話だ。エレベーターの中でジョージ・ブレットと一対一で対峙したわけでもないのに、おしっこを漏らすくらいだから、この瞬間に何が起きても不思議はなかった。恐怖というものは年齢に関係なく襲ってくるものだが、選手は常にそれと向き合い、克服しなければならない。

「おい若造、内角に投げるときは気をつけろ。ケガさせたらどうするんだ」とブレットは刺々しい口調で言った。

彼はこの球界では神様で、私はしがないルーキーだ。何て答えたらいいんだ？　私は何も言えなかった。すると、私が何か言う前に、ブレットはこう付け加えた。

「いい球だった。内角攻めをやめるなよ」

エレベーターのドアが開き、ようやく呼吸ができるようになった。

理屈の上では、メジャーで生き残るために何をしなければならないかはわかっているつもりだった。しかし、ここではあまりにも多くのことが同時に起きるので、何が起きているかが理解できる前に、簡単に圧倒されたり混乱したりしてしまう。それは自然なことだ。

基本的にニューヨークの新人投手というのは、アフリカの砂漠のアンテロープ（羚羊）と同じで、誰かの餌食になるのを待っているようなものだ。

一九八七年には、さらに壁が迫ってきているように感じられた。ちょっとした不調もすべて重大なものに思われた。悪い投球をする度に私はみるみる自信を失い、恐怖心ばかりが増していった。マスコミはどこも、次に落とされるのは私だろうと予想していた。

その頃はまだメンタルスキル・コーチがいなかったため、私は一人で苦しんだ。私には、自分の悩みを相談できる相手がいなかったし、当時のニューヨークには、たとえ相談する相手がいたとしても、本当に相談していいのかどうかさえわからない雰囲気があった。

ある晩、フェンウェイ・パークで打たれた後にクラブハウスで夕食をとっていると、そこにいた球場の職員が、自分は球界に何年もいるが、今まで私ほどひどく打たれた後にあんなに大食いできるヤツは見たことがないと話しているのが、聞こえてきた。無神経なコメントは、いつまでも脳裏にこびりついて離れないものだ。常にこのように非情な言葉を浴びせられる運命にあるメジャーの選手は、それを粉々にして消し去ることができる強いメンタルを身につけなければならない。

無知な人間や残酷な人間にあなたの精神状態を左右させてはならないし、そういうものに依存してもいけない。人生と同じように、野球でもあなた自身の疑念や恐れは、常に周囲の人々によって増強されている。そして、それは正しい場合もあるが、間違っている場合の方が多い。しかし、自分の中に繰り返し否定され続けることに耐えられるだけの強い土台を確立するまでには、かなりの時間がかかるし、おそらく第三者の助けも必要になる。

今、私は選手として長年、現場でそのようなプレッシャーと闘ってきた経験の上に多くの研究を重ね合わせることで、選手たちがこの「古くて新しい問題」と闘うお手伝いをしている。野球というスポーツにおける不安感は、セブンス・イニング・ストレッチ[1]よりも遥かにまわりに伝染しやすいものなのだ。

ニューヨークで私があれこれ苦しみ始めたとき、コーチたちからはいろいろなことを言われた。誤解しないでほしいが、彼らは彼らなりに本気で私のことを心配してくれていたのだと思う。だけど、私が苦しんでいたのは技術的な問題ではなかった。メジャーリーグでプレイすることの重圧が肩に負担をかけ始めている感覚はあったが、肉体的にはほとんど問題ないと思っていた。

そう、私の苦しみの大部分はメンタルなものだった。私はあまり自分に自信がなかった。外的な要因に影響されやすく、簡単に心を乱すところがあった。いろいろ考えすぎるところもあった。

しかし、かと言って「自信をなくした」なんてコーチや監督に言えると思うかい？ それを聞いた彼らは何と言うだろう？　あるいはどんな対応をとるだろう？　でも、一人で苦しんでもいいことは何もない。それは昔も今も同じだ。でも、私は自分一人で問題を解決しようとして、もがき苦しんだ。

その頃は、マイナーリーグへの降格に対する相反する感情が、ここで頭をもたげ始めていた。一九八七年のシーズン最初の先発で、二イニングでマウンドから引きずり落された後、私はブルペンに戻され、さっそく次の日の試合でピネラ監督から二・一イニングを投げるよう求められるという経験をしていた。

先発とリリーフで連投させるなんて！　今、振り返ってみても、あれはまったく狂気の沙汰だった。私が不安と緊張に苛まれ、怯えるのも無理からぬことだった。

四日後、私は再び先発し、三・二イニングで三点を献上した。私はどうすれば調子を取り戻せるかがわからず、むしろマイナーリーグに降格された方がいいのではないかと、自分でも考えるようになっていた。

思考は現実になる。思った通り、私は3Aのコロンバスに送られた。長い野球人生で降格を喜んだのはこの時が最初で最後だったかもしれない。恐らくその時の私は精神的に、メジャーリーグ・レベルの投球をしなくてはならないという重圧に耐えられないところまできていたのだと思う。

毎日、球場に来る度に、今日はどうなるのかが不安で、胃がむかついた。

また先発なのか？　今日はリリーフに降格されるのか？　今日こそマイナー送りか？
マイナーリーグに戻れば、失いかけていた感覚を取り戻せることはわかっていた。マイナーでは先発とブルペンの間をヨーヨーのように行き来するような使われ方をする心配もなく、普通に先発に戻れるからだ。

とは言え選手は自分自身の運命をコントロールできない。仮にマイナーの試合で何回か最高のピッチングをしても、必ずヤンキースタジアムに戻ってこれる保証はなかった。

ただ、マイナーに合流し、見慣れた顔や友人たちと再会した時は、戻ってきてよかったと思った。それに、少なくとも２Ａ送りになることはないとわかっていたので、そこでは降格を心配せずに、ただ目の前の試合に集中すればよかった。

とは言え、そこは所詮３Ａで、メジャーとはランボルギーニとフォード・ピント[2]ほどの差がある。八七年のマイナーリーグへの降格は約二か月間続き、私は悪態をつくようなこともあった。

あるとき四回で降板させられた時は、ベンチ前でグラブを投げつけ「こんなことをするためにここに来たんじゃねえぞ」とバッキー・デント監督に不平をぶつけたこともあった。するとデントは私のもとにやってきて、厳しい口調で「試合に勝とうとしているのに、あのひどい投球は何なんだ」と私をなじった。

私がまだ納得できずにイライラを隠せずにいると、チームメイトの一人が私に近寄り、「今、お前はヤンキースじゃなく、このチームの一員なんだ。いい加減にしろよ、テュークス！」と言って私を諭した。

その言葉に私はハッとして、現実に戻り始めた。チームメイトの言葉に感謝するしかなかった。あの一言がなければ、私は目が覚めなかっただろう。

そんなイライラ期が一週間ほど続いたが、メジャーに戻ることを最優先に考えるのをやめた途端に、私の投球は良くなり始めた。

六月半ばには再びヤンキースに昇格したが、メジャーで勝敗がついた四試合のうち三試合で負け投手になったこともあり、なかなか前向きな考え方ができないでいた。

一九八七年七月九日、スタインブレナーからあのシャンパンが贈られたちょうど一年後、ホワイトソックスとホームで対戦する試合に先発予定だった私は、試合前にある計画を立てた。

私はピッチングコーチのマーク・コナーと一緒にブルペンに行き、当時できる限りの虚勢を張って、試合前のウォーミングアップを始めた。

その週、ニューヨークのメディアは、私が次の登板でまた打たれれば再びコロンバスに送られるだろうと、半ば断定的に報じていた。そして私はその報道をとても気にしていた。

そこで、私は試合で被る帽子のつばの内側にサインペンで「失うものは何もない」と書き、試合前のウォームアップのため〝グース〟・コナーとブルペンに入ると、帽子を裏返しにして彼にそれを誇らしげに見せた。

それを見た彼は、ただ頷いた。それは私が求めていた激励とはちょっと違ったが、一体その時彼は何を考えていたのだろうか。

　多分彼は、自分の仕事の先行きの方を心配していたのだろう。これはあまり知られていない秘密だが、メジャーリーグでは選手もコーチも監督も、ほとんど常にそれが一番の心配事だ。

　しかし、冷静になって考えてみれば、なぜ自分がそんなバカな真似をしたのかはすぐにわかることだ。恐れず前向きでいようとする私の素人考えに基づいた努力は、実際には自分の否定的な思考や不安をかえって助長していた。

　わざわざ「失うものは何もない」と書くことで、私はまさに「失う」、つまり負けるという私がもっとも恐れていた否定的な結果に、焦点を合わせていたのだ。

　そしてその日、五回に、ピネラ監督が鼻息荒くダグアウトからマウンドに突進してきた。

　その直前、私はキャッチャーのマーク・サラスのサインに首を振り、チェンジアップを投げて、ヤンキースのリードを帳消しにするタイムリー・ヒットをハロルド・ベインズに打たれ、試合は二対二の同点になっていた。

「なんでチェンジアップなんて投げさせたんだ？」

　ピネラはサラスに詰め寄った。私はキャッチャーを弁護しようと、その会話に割って入った。

「彼は要求していません。私が首を振ったんです」

　ピネラは怒りを露わにしながら私の方を振り返った。

「なんだと！　お前がそんなピッチングをしてどうするんだ。もしコイツをアウトにできなければお前は交代だぞ。いいな」

「わかりましたよ」

なんとわかりやすい、人生の厳しさを物語る瞬間だったろう。

このマウンドでの会話は、メジャーリーグでロスター（出場選手枠）に入り続けることの難しさを如実に表している。特にニューヨークではそれが顕著となるし、若いプレーヤーにとっては、なおさらきびしいものとなる。

私は次打者のイバン・カルデロンに対して可能な限り力を込めて強い球を投げたが、彼はそれをセンター前に打ち返した。

後に私は、投球スタイルには三通りあることを学ぶことになる。それは「祈り」と「完璧」と「原始的」だ。

祈りのピッチングとは、自分の球に自信がない投手が、打者がアウトになることをひたすら祈りながら投げることを指す。

完璧なピッチングには二つの異なるパターンがある。一つは、ピッチャーにカウントが有利なときに完璧な球を投げようとすること。しかしそうすると、結局二―二や三―二になってしまうことも多い。

もう一つは、ピッチャーが自分の能力に自信がないことから全球完璧な球を投げようとする場合だ。この場合も一―〇、二―〇と瞬く間に不利なカウントになっていくことが多い。

三つ目の原始的なピッチングとは、とにかく力一杯球を投げることを言う。

これは投手が怒っているときに起こりがちなことだが、怒っている時ピッチャーは思いっきり投げること以外は考えず、力で打者をねじ伏せようとする。

カルデロンの打席では、私はまさに原始的モードに入っていた。

そしてピネラは事前通告通り、打球がセンター前に抜ける前にダグアウトから出てきた。私は終わった。この試合だけでなく、この先もずっとだ。

この試合で私の一九八七年のニューヨークでの成績は一勝四敗、防御率六・七五に落ち、ヤンキースのチーム構想からも完全に外れた。

四日後、オールスター・ブレーク中に、私はリッチ・シェイド、ディーン・ウィルキンスとともに、左投手のスティーブ・トラウトとの三対一のトレードでシカゴ・カブスに移籍した。

ニューヨークで私はとても厳しい教訓をいくつか学んだが、それらはその当時も、またその後も、大いに私を助けてくれた。

まず一つ目の教訓は、できるだけ速やかに自分の精神的な強み（メンタルエッジ）を確立し、それを研ぎ澄ませなければならないということだ。

二つ目は、恐怖心を完全に克服することは難しいが、少なくともそれはホールマーク・ブランドのグリーティングカードに書かれているようなありきたりの言葉を自分のキャップのつばに書けば達成できるというような容易いものではないということだ。

ピネラ監督はピッチャーにとって、優しくもなければ心地よい存在でもなかった。

一九七八年のヤンキース対レッドソックスのワンゲーム・プレーオフ（同率チーム同士の一試合限りの優勝決定戦）で、ライトを守っていたピネラが、打球を見失っていたにもかかわらず捕球するふりをすることで走者をけん制し、ワンバウンドで捕って走者の生還を防いだプレーを、地元ニューイングランドのファンたちは今も鮮明に覚えている。もちろん私もだ。

フェンウェイ・パークのデーゲームでは、ライトの守備位置からはボールを見失いやすい。私は一九八六年の春、あのプレーについてピネラに尋ねたことがあった。

「盲目のリスだって、たまにはどんぐりを見つけることもあるさ」と彼は冗談ぽく答えた。

ヤンキースの監督には重いプレッシャーもかかっているのだろう。また、元々、打者だったピネラに、ピッチャーに対する辛抱強さが備わっていないのも無理はない。特に私のような軟投派の投手に対してはなおさらだ。さすがの彼でも、私が力投派のピッチャーではないことぐらい知らないわけはないだろう。

八六年の春に二〇イニングを連続無失点に抑え、メジャー初先発で七回ちょっとを投げて勝投手になった後、私は二回目の先発でクリーブランド（・インディアンズ）に六・一イニングで一〇安打を許した。

ピネラはその機会を逃さず、「ボビー、一試合で一〇本もヒットを打たれるようでは、ここには長くいられないよ」と私に告げた。

のちに私はピネラ監督率いる（シンシナティ・）レッズ相手に、完投三回（そのうちの一回はなんと七五球で）、五勝一敗の成績を残している。さすがのピネラ監督もこればかりは見て見ないふりはできなかっただろうが、とにかく私はこのとき彼から解雇通知を手渡されたのだ。いや正確にはトレードに出されたのだが、トレードというものは当人にとっては、解雇通知のように感じられるものなのだ。

こういう時、人間というのは条件反射的に、自分が別のチームから欲しがられていると考えるのではなく、今のチームには不要とされてしまったのだと、否定的に考えてしまうものだ。これもまたよくあることだが、それこそが、始まる前から自分の可能性を摘んでしてしまいかねない否定的な考え方だ。

初めてのトレードで傷ついていた私に追い打ちをかけたのが、このトレードの後に、ヤンキースのオーナーのスタインブレナーがピネラに、ベテランの左腕トラウトを獲得したことで「君に優勝をプレゼントしたようなものだ」と自慢げに語ったという話が漏れ伝わってきたことだった。

これもまた、他人に自分の価値を判断させてはいけないという教訓だ。

トラウトは一二シーズンにわたりホワイトソックス、カブス、ヤンキース、そしてシアトル・マリナーズと渡り歩き、八八勝九二敗、防御率四・一八の成績を残した好投手だったが、ヤンキースでは一勝もできなかった。

ヤンキースにいた八七年、私は一四試合に登板し（先発九試合）、〇勝四敗、防御率六・六〇の成績だった。

トラウトはヤンキースを優勝に導けなかっただけでなく、多分スタインブレナーからシャンパンが贈られることもなかったのではないか。

第5章……マウンド上の恐怖

ヤンキースをお払い箱にされた傷がまだ癒えない中、私は次のチームでは必ず成功してやると強く心に決めていた。ヤンキースのスタインブレナー・オーナーやピネラ監督、そして他のヤンキースの面々に、私の放出がいかに間違った判断だったかを思い知らせてやりたかった。ヤンキースは私を辛抱強く起用してくれなかった。それればかりか、私はいとも簡単に見捨てられたと感じていた。俺をトレードに出せば優勝したようなもんだって？ そうかよ。それがいかに間違っているかを思い知らせてやろうじゃないか。

ところが、前々から右肩の奥深くに感じていた小さな痛みが、ここに来て一気に激痛になって襲ってきた。

トレードによって新しいチームで再出発を図ることは、トレードされた選手にとっても良い気分転換になると言われるのには理由がある。シカゴ・カブスという組織は私にとって、あまり馴染みのある球団ではなかったが、当時、リグレー・フィールドには照明設備がなかったので、ここでプレーできれば、大好きな都市のひとつで昼間に野球をし、夜は家で過ごせる。それって最高じゃない、なんて思っていた。

しかも、ヤンキースでは3Aとメジャーの間を行ったり来たりさせられ、ヤンキースにいる間も先発ローテーションとブルペンの間を行ったり来たりさせられるなど、果てしなく方々を彷徨わされる待遇に辟易していた私にとって、白紙の状態からやり直せる機会は望むところでもあった。

しかし、野球というゲームは、選手が抱く恐怖や不安を食い物にするばかりか、自分でも気づいていない弱点に攻撃を仕掛けてくる。メジャーに上がる前に短期間立ち寄るくらいのつもりで考えていたアイオワにあるカブスの3Aのチームに合流する頃には、私の肩はもはや軽い痛みどころではなく、はっきり故障と呼べるレベルの痛みになっていた。それでも、私は投げ続けた。なぜなら、このチームでは私は新顔で、チームメイトからこいつはヤワなやつだと思われたくなかったからだ。それに、私自身もマウンド上で自分のリズムを取り戻し、自分がチームに貢献できる選手であることを証明したいと考えていた。

しかし、ニューヨーク州ロチェスターで行われたボルティモア・オリオールズの3Aチームとのデーゲームで、いよいよ肩の痛みが我慢の限界を超えてしまった。試合後私は、カブスのファーム担当幹部に連絡をして、チームドクターに診察して欲しい旨を伝えた。ところが彼からは、「悪いが数週間後まで予約が入らない」という答えが返ってきた。

肩の状態にも自分のピッチング内容にも落胆していた私は、とても数週間も待てないと思い、個人的に親交のあったアーサー・パッパス医師に自ら連絡をしてみた。当時、パッパスはボストン・レッドソックスのチームドクターで、球界では有名な医師だった。ニューイングランド出身だった私は、地域の人脈を通じて、幸いにも彼とは知り合いだった。

その後、ほどなくして、パッパス医師の診療所から月曜日に予約を入れられると連絡があったので、カブスのファーム担当に再度電話をしてそれを報告すると、不思議なことに彼からは、来週初めにカブスのチームドクターの予約がとれたと言われた。

検査の結果チームドクターからは、肩関節包を絞める手術が必要だと言われた。これは当時、流行し始めていた、比較的新しい手術法だった。

チームドクターには念のためセカンドオピニオンを得たいと説明し、予約を入れていたパッパス医師に会いに行った。最悪の事態を恐れながら、心の準備をして、彼の診断を待った。

パッパス医師の見立ては「休養とリハビリをしながら、様子を見ましょう」というものだった。

メジャーリーグの選手になると、監督やコーチ、チームメート、ライバルチームの友人のほか、故郷の友人や家族、記者、テレビキャスターなど、いろいろな人がいろいろなことを言ってくるようになる。大抵は良かれと思って助言してくれているのだろう。時にはそのアドバイスが役立つこともあるが、それが余計なお世話になる場合も少なくない。選手は不適切なアドバイスに対しては常に強い警戒心を持ち、それらを素早く識別し、最終的には自分のキャリアには自分自身で責任を持たなければならない。

私がずっと前に学んだこの教訓は、今日私がコーチをしている選手たちにも伝えるようにしている。

パッパス医師からは「休息とリハビリ」と言われたが、私は休息もリハビリももうたくさんだった。すぐに怪我を治したかった。パッパス医師に手術を直訴したところ、一九八八年七月にその時点ではまだ試験段階だった新しい手術を実施してもらえることになった。

私はボストンのマサチューセッツ大学記念病院で、剥離した上腕二頭筋腱付着部の修復手術を受けた。術後、病室で目を覚ますと、ベッドの横にガールフレンドのローラが待っていた。

その後まもなく、楽しいリハビリの日々が始まった。幸運にも私のリハビリは、病院から友人宅に向かう時に通ったデコボコ道のような、山あり谷ありのものにはならなかった。

リハビリの期間中、私たちはニューハンプシャー州のウェブスターという小さな町の親友夫妻の家に滞在させてもらうことになっていた。ローラに運転してもらって未舗装の道路を彼らの家に向かう途中、車が揺れるたびに、肩の固定のため吊られていた私の腕が装具の中で動き回り、そのたびに体中に激痛が走った。

やっとの思いで私たちが家に到着すると、ローラと友人夫婦は夜を楽しもうと、カクテルをつくり始めた。仲間はずれにされたくなかったので私も、一杯いただくことにした。

肩はぶっ壊れ、メジャーリーガーとしてのキャリアも急降下中なんだから、一杯くらい許されるだろう、と考えたのがトンデモない大間違いだった。カクテル一、二杯が私の体中に残っていた鎮痛剤と化学作用して、部屋がグルグル回り始めたのだ。

私はローラに「飲むんじゃなかった。まだ生きているかを確認しに、何度か様子を見に来てくれ」と言ったことまでは覚えているが、その後のことは何も覚えていない。

彼女はそれまでも、私がちゃんと生きていることを確認してくれたし、その後もずっとその務めを果たしてくれている。

息を吸い込んで、吐く。ゆっくりと、落ち着いて。

そして、次のステップへ。

ローラは私と共に人生を歩み、二人の素晴らしい子どもたちを大学に送り、そして私をマウンドに立たせてくれた。

私たちは一九八五年の秋に出会った。

私がちょうどヤンキースの四〇人のロスター[1]（メジャー登録枠）に入り、後に私たちの結婚式で付添人となる前述の親友のデールと彼の妻と一緒に暮らしていた頃だ。私がヤンキースでデビューした直後、彼らはニューハンプシャー州のど田舎からコンコードに引っ越してきていた。

その頃の私の人生は好調だった。

私は3Aのコロンバスで一か月間、好成績を収めて帰ってきたところで、トレードやリハビリの心配もなく、頭の中では次にどの球でストライクをとるかくらいしか考えずに、茶色いツートンカラーのマーキュリー・ゼファーを乗り回していた。

私の高校時代のキャッチャーだったティム・ホイトが、私がオフシーズンに働かなくていいようにに金を貸してくれたため、私はトレーニングに集中することができた。借りた金はメジャーリーグの最初の給料で返すつもりだった。

まさに人生最高の時だった。

ある晩、妹の友人とブラインドデートの約束をしていた私が彼女を迎えに行ってみると、お目当ての彼女は家にいなかった。仕方なく私はB・メイ・デニーズという店に一人でビールを飲みに行った。

バーに座ってテレビを見ていると、とても魅力的な女性が横を通り過ぎていくのに気づいた。そのとき彼女と目が合い、しばらくしてバーの片隅に集まって飲んでいた彼女のグループにいた別の女性から、一緒に飲まないかと誘われた。

誘われるままにそのグループに加わった数分後、私は魔法のように、さっき横を通り過ぎて行った女性と話をしていた。それがローラだった。

そこで私たちはサンドイッチを食べたが、その代金は彼女が払ってくれた。それを見て当時、マイナーリーガーだった私は、この女性はきっと金持ちに違いないと思った。なぜこんなことしか覚えていないんだろう？

一九八七年のオールスター・ブレーク中、キャッツキル山地のリゾート地で、ホテルにチェックインするや、ベルボーイから私がカブスにトレードされたことを知らされた時も、私はローラと一緒だった。スマートフォンどころか携帯電話さえなかった時代のことだ。ヤンキースは私と連絡を取る方法が他になかったのだろう。メジャーでもたまにはそういうことがあるってことだ。人生初のトレード通告を受ける方法としては、ちょっと興ざめだったが。

人生、うまくいかないことも多いが、何とかうまく折り合いをつけて、コントロールできる部分だけしっかりコントロールすればいいのさ。

ローラと私は一九八九年一月、ニューハンプシャー州コンコードで結婚した。それは彼女がボストン大学でＭＢＡを取得した直後であり、そして私たちにとって最初のマイホームとなる、町の南端の小さなケープコッド調の家〔2〕を購入した直後のことだった。

病院の院長補佐として働いていた彼女は優遇されていて、時間にも融通が利く働き方ができたため、同じ年の三月に私がフリーエージェントとしてセントルイス・カージナルスと契約した後も、ちょくちょく私に会いに来ることができた。

私にとってはこのすべてが、自分のキャリアが新しいステージに移行したことを意味していた。それは私がコーチをしている選手たちもいずれ経験することだが、私には彼らの気持ちがよくわかる。選手は常に変化への適応を求められる。月日が流れるにつれて、私たちは新たな責任を担い、新しいアイデンティティを得ながら、新たなステージへと成長していく。そうして人生に新たな階層を積み上げていくのだ。

肩を復活させようと頑張っていた私は、もはやメジャーリーガーを夢見る少年ではなかった。

この時から私の身体は、もはや私だけのものではなくなっていた。肩を強化するトレーニングを続けながら、家族を増やし、住宅ローンを払い、家庭を守ることへの責任感が芽生え始めていた。

考えなければならないことが増えると、自信を喪失する危険性が高まる。この先、もしこうなったらどうしよう、ああなったらどうしようというような不安が、次々と出てくるからだ。

それに対応するためにはイメージトレーニングがなおさら重要になる。ヤンキース時代に動揺させられた経験を通じて、私は試合の準備をする際にイメージトレーニングに重点を置くようになっていた。私はそれを心の支えにしながら、それを更に強化する方法を模索していた。

私のメンタルイメージ・トレーニングには視覚化、動的イメージ、メンタル強化、メンタルリハーサルなどのプログラムが組み込まれている。

コーチや選手、研究者の中には、これを「運動体験を精密に多角的に表す内面的リハーサル[1]」などと表現することで、かえって混乱してしまっている人がいるが、それをわかりやすく翻訳するとこうなる。

「運動技能や動作を実際に行う前に、それを自分が行っている姿を心の中でイメージし感じること。それが行動の心理を刺激し、生理的および感情的な反応を生み出す」

つまり、選手がグラウンド上で体験したことを自分の頭の中で鮮明に再現することで、あたかも自分が現実にいいプレーをしているかのように感じることができるようになるということだ。

そのメリットは計り知れない。

自信が増すし、感情がコントロールできるようになる。注意力が改善され、集中力が研ぎ澄まされる。間違いを修正する能力も向上するし、技能の習得と上達も進む。試合で何か嫌なことが起きても、イメージトレーニングによって心の準備ができていれば、未知なことへの不安やパニックに陥ることなく、落ち着いて、そうだ前にこういうことがあったな、と考えられるようになる。だから大丈夫だ、と。

実はパッパス医師から後に、この時の手術が私にとっては選手生命の絶体絶命の危機だったことを、私の引退パーティで打ち明けられたのだが、その手術から七か月くらいすると、私の肩の調子は少しずつ上向いてきていた。ところが春になると、肩の具合は一進一退という感じに戻ってしまった。

ローラが会いに来てくれた日、マイナーリーグのチームの施設で練習をした後、観覧席のアルミのベンチに座りながら私は、「そろそろ年貢の納め時かもしれないな」などと弱気な台詞を吐いていた。実際、まだ肩が痛くて、スプリングトレーニングを乗り越えることができるかどうかさえ自信がなかった。

一刻も早く肩を治し、以前よりいい投球ができるようにならなければ、私の野球人生はもはや風前の灯火だった。そんなことを考えていると、暗く恐ろしい行き止まりの道を進んでいるような気持ちになる。ポジティブなイメージがパフォーマンスの向上につながるのと同じように、ネガティブなイメージは容易にパフォーマンスを損なってしまうのだ。

イニングの途中でちょっとしたミスで深みにはまり、二塁打を打たれて二点失った時に、「クソ！　こうなると思ってたよ！」のような反応をする投手は、益々深みにはまることが避けられない。

だから私はグラウンドで練習をする間中、イメージトレーニングを続けた。

肩の状態が良くなるにつれて、3Aチームのマイク・ジョーゲンセン監督の私に対する信頼は高まっていった。

監督が私にスローペースの調整を認めてくれたおかげで、私はキャンプ地を離れ、ルイビル・レッドバーズ〔3〕の先発投手の一人として一三勝四敗の成績を残すことができた。

その年の九月、ポストシーズンを前にロスターが拡大されると、私はカージナルスの一員としてメジャーに呼び戻され、その一週間後にはモントリオールでのエクスポズ戦に先発することになった。

それはいろいろな意味ですごいことだった。メジャーへの再起を果たし、大きな達成感を手にすることができたし何よりも、メジャー級のサラリー一か月分をもらえることも有難かった。

実は新婚夫婦にとって、それはかなり嬉しいことだった。これで何とか、新居のローンが払えそうだ。

ところが一九八九年のシーズンに一三勝したにもかかわらず、一九九〇年シーズンが始まる直前に、私はカージナルスからルイビルに戻されるというショッキングな経験をした。リハビリで肩を治し、試合で好投し、カージナルスのペナントレースに貢献したのに、だ。
私のメンタルはとてもいい状態だったのに、急に横っ面をひっぱたかれたような感覚だった。シーズンが始まって数週間後、試合前に外野をランニングしていると、ヤンキースの3Aチーム時代に私の投手コーチだったケン・ロウとばったり会った。3Aプレーヤーというのは誰もが、自分よりもちょっと上くらいの位置にいるメジャーリーガーに対して、面倒臭い態度を取る傾向がある。

ついつい私もケンに、古巣ヤンキースのローテーションの三、四番手の一人だったアンディ・ホーキンスを指差して、「あれくらいなら俺にもできるよ」と言ってしまった。

それを聞いてケンが返してきた痛烈な言葉を、私は今も忘れられない。

「おお、そうかい。じゃあ、やってみろよ！」

マイナーリーグからさえ上がれないっていうのに、どうやったらそんなことができるんだよ！

これは毎年、夏になるたびに、何百人もの選手たちが直面する難問だ。試合でのパフォーマンスも重要なファクターだが、そもそも自分がメジャーにあがれるかどうかについては、ほかにもさまざまな要素が絡んでくる。メジャーリーグのロスターの仕組みの特性からして、たまたま自分のポジションに空きがなかったり、プレー機会が与えられなかったり、なぜかコーチや監督に毛嫌いされていたり、運がなかったり等々、とにかくさまざまな要素が絡んでくる。

しかし、ここでも、能力と同時に強いメンタルスキルが大きく物を言う。なぜなら、「かわいそうな私。誰も私を公平に扱ってくれない」というような卑屈な考え方に陥ってしまえば、マイナス思考ばかりが補強されて、それが現実のものとなってしまうからだ。自己成就的予言というやつだ。そして気がつけば、故郷のスターバックスで時間をつぶしながら、なぜ自分の選手生命がこんなことになってしまったのかを不思議がることになるのだ。

そこで私はケンに反論した。その内容は、落ち着いた冷静なメンタルゲームの模範とは言えないものだった。

「どうやって？」

すると彼はとても冷静に説明してくれた。

「チャンスをもらったときに、証明してみろよ」

そのチャンスは数週間後、ホワイティ・ハーゾグ監督の下、セントルイスで訪れた。強面のテッド・シモンズに、ブッシュ・スタジアムの通路のコンクリートの壁へ押し込まれて先発を言い渡された私は、今回いいピッチングができればまた先発させるが、もしできなければ、次はどうなるかわからないと言われた。

しかし、イメージトレーニングとしっかりとした呼吸の基礎ができていた私は、リラックスしてそのチャンスをものにすることができた。

シカゴでは期待したほどは活躍できなかったが、セントルイスではバランスを取り戻し、安定的に活躍できるようになった。好調はその後、テキサス、サンディエゴ、ミネソタに移籍した後も続いた。

セントルイス時代の一九九〇年に、手術した肩の負担を軽減させるために、投球フォームをオーバースローからスリークォーターに修正する手助けをしてくれた投手コーチのジョー・コールマンには、とても感謝している。フォームの改造だ。おかげでリリース時の腕の角度が高くなることで肩に過度の負担が掛かるのを防ぐことができるようになった。

ピッチングフォームの改造によって、私のコントロールには更に磨きがかかった。

そしてハーゾグの後任の監督となったジョー・トーリも、私の自信を大きく後押ししてくれる存在となった。

私の控えめな球速は、肩の手術後、以前にも増して控えめになっていたが、私は常に次の先発でどのようなピッチングをするかをイメージできるようになっていた。私は球をピンポイントでコントロールする術を極めつつあり、その後数シーズンにわたって、すべてがうまく機能し始めた。

アンドレ・ガララーガやハル・モリス、ティム・サーモン、モイゼス・アルーのような好打者に対しては、相手が待っている球は決して投げなかった。仮に打たれる時があるとすれば、それは相手がうまく打った場合だった。少なくとも、常にそう言えるようなピッチングを心がけた。

カリフォルニア・エンゼルズ[4]の強打者サーモンは、私に対して通算一三打数七安打、打率五三八、打点四本塁打一の好成績を残したが、彼は私の投球を読み解いて私に打ち勝つことができた数少ないバッターの一人だった。

今日、サーモンは当時の私との対戦を思い出し、こう言って笑う。

「彼が投げる試合はいつも厳しい試合になるんだ。それは彼がすごい球を持っていたからではなく、常にこっちがどんな球を待っているかを読んで、その裏をかく心理戦を挑んでくるからだった。最近はそういうピッチングができる投手をほとんど見かけないので奇異に聞こえるかもしれないが、当時は次に何を投げてくるか皆目見当がつかない彼のような投手がいたんだ。彼はストライクゾーンを広く使い、コースと高さを自由に操る方法を知っていた。打者を振り回し、ほとんどコントロールミスはしない。バッターは打席に入るたびに、彼が次はどこに投げて来るのかを必死で考えなければならない。テュークスはそんな投手で、実に手強い相手だった」

私に対して好成績を収めているサーモンが続ける。

「グレッグ・マダックスも同じタイプで、彼もまた九四～九五マイルの球を投げるピッチャーよりずっと手強いカテゴリーに入れるべき投手だ。速い球に依存している投手は一つか二つしか球種がなく、速球を見きわめるのに十分な球数も投げてくれるし、コントロールミスもしてくれる。ボブ（・テュークスベリー）のような投手はそんな投球はしない。

でも、俺はボブとの心理戦は好きだったよ。そもそも僕にとっては、九五マイルの速球は制限速度オーバーだしね」

アルーのことは通算三三打席で三〇打数四安打、打率一三三に抑えた。ただ、四本のヒットのうち二本がホームランで、私の日記には、彼には「カーブが有効」と書いてあった。

アルー自身は、自分は若くてあまり多くのことはわからなかったので、私がマウンド上で何を考えているかを読み取ろうとはしなかったと言う。若い選手の経験不足につけこむこともまた、メンタル面で優位に立つ手段の一つだ。努めて探せば、何らかの弱点は見つかるものだ。

アルーは言う。

「彼は九五マイルの速球も現実離れしたスライダーも投げないのに、どうしても彼からはヒットを打てなかった。彼との対戦成績はひどいものだった。それに、彼から打った数少ないヒットのうちの一本は、無理に二塁打にしようとして一塁を回ったところで足首を骨折してしまった。それは自分のメジャーリーグ・キャリアで最悪のケガだった。私にとってテュークスベリーと言えば、本当に最悪な思い出ばかりだ」

もちろん、絶対なんてことはあり得ない。そんなことあるわけがない。グラウンドでも、人生でも、わかったような気がした途端に、やはり自分がわかっていないことを思い知らされるようなことが起きる。まだまだ勉強が足りない。

実際、サーモンはそう思わせてくれる一人だった。

ジェイ・ベル（私に対して通算打率・三三九、五九打数二〇安打）や、殿堂入りしたライン・サンドバーグ（通算打率・三四一、四四打数一五安打、出塁率・三六二）もそんな存在だった。

ピッチャーマウンドは、地球上で最も孤独な場所だと言われてきた。相性が悪いバッターが打席に入ると、マウンドの上で一人裸で取り残されているように感じることもある。

でも、対戦相手から逃げるようなことはしない。打者の裏をかきながら、常に新たな情報を集めていくのだ。自分に対して向かってくる方法は、バッターによってそれぞれ違い、みな独特だ。だから、おもしろい。

「ピッチャーの球種を知りたかったんだ」とサンドバーグは言う。ちなみに今なら、毎年七月にニューヨークのクーパースタウンで行われる野球殿堂入りセレモニーに行けば、サンドバーグに会うことができる。

「テュークスの得意球は知っていたよ。カージナルス時代に何度も対戦していたので、彼のピッチングはよく見ていたんだ。それに、当時、ナショナルリーグは二地区しかなかったので、同じ地区内の対戦が多く、相手チームの投手を見る機会も多かったからね。当時は、投手と打者の間で熾烈な駆け引きが行われていた時代で、打てなければ何か違うことを試さなければならなかった。それと比べると今は、球が行ったり来たりするだけだ。当時のスケジュールでは、同じ地区同士の対戦だと二～三週間ごとに同じ投手が登板するようなことが多かったので、その間、メンタルで復習と予習を繰り返して、前の試合ではこうだったとか、今日の試合では第一打席で彼はどんな球を投げてくるのだろう、なんてことを考えておくんだ」

サンドバーグと私は現役引退後、よく過去の対戦についてお互いをからかい合ったものだ。

現役中に対戦した他の多くの打者の顔とともに、勝負のなかで直面したいくつものかけひきを思い起こし、勝ったときの鮮明な記憶は意気揚々と、苦い敗北は頭を振りながら深い後悔の念とともに思い出すのだ。

「ある投手との対戦成績が良い場合、それは過去に成功した経験が雪だるま式に積み重なった結果だ」とサンドバーグは言う。これは一つの成功が自信を生み、それがまた次の成功を生むことで更なる自信につながるという、スポーツ界の常識の一つを語っているに過ぎない。

「自信も重要だが、投手の投げる球と私のスイングの相性も大事だ。テュークスは、右打者の内側に入ってくる速球を持っていた。外角球は真ん中の方に、内角球はさらに内角に食い込んでくる球だ。たまたま私は内角の速球打ちを得意とする打者だった」

今日、当時の自分の日記を読み返してみると、私もそのことは自覚していたようで、日記にはっきりと記してあった。

「サンドバーグは真ん中から内側の球を待っている。だから、彼に対しては内角へのボール球の後に外への速球やカーブ系の変化球で勝負する」

「確かによく内角は攻められたね」とサンドバーグは言う。「いつも初球とは限らない。時には二球目か三球目だったが、どこかで必ず速球は投げてくる。大体その球を打った記憶がある。そのおかげで自信が雪だるま式に膨らんでいったのだと思う。自分の中で『彼の速球は打てる。彼の速球は恐くない。だから、もし遅いカーブを投げられても、合わせられる』という具合にね」

さらに日記を読み返してみると、興味深い記述があった。一九九二年九月一八日、サンドバーグが二打数二安打一四球だった日の日記だ。

その日はサンドバーグに対し、最初の打席はストレートのフォアボール（あり得ない！）。二打席目はツーラン・ホームラン、三打席目は二塁打を打たれていた。その日の私の日記にはこう書いてあった。

「あのクソ野郎に当てちまえ。外角低めのカーブは今年はあまり投げてなかった。インコースぎりぎり、当たったら当たったでいい。かまうもんか。インコースのときはツーシームでヤツの方に入っていくように投げる。内側に食い込む球が必要だ」

この試合後、非常に面白いことに気づいた。

一九九三年、私はカブスと三度対戦したが、彼は二試合にしか出場せず、八打数ゼロ安打だった。

一九九四年、私はカブス相手に二度登板したが、彼はプレーしなかった。

一九九六年、彼とは一度だけ対戦し、三打数ゼロ安打だったが、その日、私は、二打席目に彼に当てていた。球が少し内側に入ったようだ。こうして改めて見てみると、あの九月一八日の試合以降、ライノ（サンドバーグ）は私に対して一一打数ゼロ安打だったのだ。

サンドバーグがいたカブスについて私が鮮明に覚えていることは、私がカブスでプレーしていた間の出来事ではなく、セントルイスに移籍した後に起きたことだった。

私たちは一九九一年のシーズン終盤、カブスをホームで迎えることになっていて、私の車を運転するために友人が飛行機で来ることになっていた。その友人は、カブスとのシリーズ第一戦目の日の午後、セントルイスの空港に到着する予定で、私はその試合で先発する予定だった。

私は空港に彼を迎えに行った。ゲートで待っていると（九・一一以前はこういう他愛ないことができた時代だった）、乗客が飛行機から降り始めた。私がそこに立っていると、見覚えのある顔が飛行機から降りてきた。彼らは、シカゴの北側、クラーク・ストリートとアディソン・ストリートの交差点近くにオフィス（リグレーフィールド）を構える、そう、カブスの面々だった。

次々と選手たちが降りてきた：ライン・サンドバーグ、アンドレ・ドーソン、ショーン・ダンストン、マーク・グレース。実況キャスターのハリー・カレーとスティーブ・ストーンまで。

このニアミスは、当時はゲートで待つことができたせいでもあるが、なぜかカブスがその日、メジャーリーグの選手たちが通常は利用するチャーター便ではなく、一般旅客機に乗って来たからでもあった。

私は急いでゲートから離れ、周囲の一般客に紛れて、明日から対戦する相手と鉢合わせになるのを避けようとした。やがて友人が出て来て、私たちは球場に向かった。

その日の打撃練習中、殿堂入りを果たし、悲しいことに数年前に亡くなったカブスのラジオキャスター、ロン・サントにばったり会った。

「なあ、テュークス、俺らの調子が悪いことはわかっていたが、対戦相手の投手が空港で出迎えるとは、ずい分なご挨拶だな」とサントは皮肉を言った。

空港に私がいたことは、ばれていた。いや、正直言って、もし空港でカブスと鉢合せすることがわかっていたら、リムジンにサンドバーグを迎えに行かせて、遠く離れた、ミズーリ州の反対側にあるブランソンのカントリーミュージックの劇場あたりまで連れて行ってもらい、そこに彼を置き去りにしてくるよう頼んでいたよ。

そしてその晩、彼は六回に私からソロホームランを放った。

しかし、話はここで終わらない。

私は残る三打席で彼を打ち取り（一塁ゴロ、三塁ゴロ、三振）、試合にも五対四で勝った。これで私の一九九一年の成績は一一勝一二敗、防御率三・二五と確定した。この年、私は二年前にキャリアを棒に振りかねなかった肩の手術も何とか乗り越えたのだ。

手術後のデコボコ道は、翌年のオールスターゲーム出場へと私を導いてくれる順風満帆な航海になった。もう怖れるものは何もない。

手術後、リハビリ中だった一九九〇年のスプリングトレーニングで、観客席のアルミのベンチに座ってローラに「そろそろ年貢の納め時かもしれないね」などと弱気な台詞を吐いた経験は今日、私が選手たちに、心の奥にある悪魔や疑念に立ち向かう必要性を説く際の教材の一つになっている。

第6章……「あわや完全試合」の教訓

野球というゲームは刻一刻と状況が変わり、目標も常に変わっていく。

その日のフィラデルフィアのナイトゲームでは、今は亡きダグ・ハーヴィが球審を務めていた。三〇年の審判生活を経て野球殿堂入りを果たしたハーヴィの存在感と野球規則に対する知識はもはや伝説的で、「神」の異名を取るほどの権威を纏っていた。彼の言葉は絶対だった。威厳に満ちた立ち居振る舞いや態度に加え、完璧に整えられた髪型やいつ見てもパリッとした審判服姿は、他の者の追随を許さなかった。

この試合で私は序盤から毎回ランナーを許し、一九七四年のジョージ・フォアマン戦のモハメド・アリさながらの苦しいピッチングが続いていた。

私にとって厄介だったのは、このシーズンから、投手はセットポジションから投げる時、一旦、動作を完全に停止させなければならないという新ルールが徹底され、審判もそれを厳しく適用するようになったことだった。それまでセットでの完全停止のルールは、それほど厳しく適用されてこなかった。昨シーズンまで、ピッチャーはセットポジションの状態からキャッチャーとサインを交換し、そのまま止まらずに投げることが認められていた。

その試合の四回の終了時にマウンドを降りる時、ハーヴィがベースライン上で私のところに歩み寄ってきて、マスクを持ち上げて言った。

「君、セットではきちんと静止しなさい。さもないと、次はボークを取ることになるよ」

彼の言葉を聞きながら、私がふと目線を落とすと、何と彼のズボンのジッパーが開いているではないか。いつもあんなに身なりをしっかり整えているハーヴィなのに。

私はどうしても一言言わずにいられず、こんな言葉を返した。

「ダグ、あなたが社会の窓を閉めたら、私も次からは完全に止まるようにしますよ」

ダグは一瞬驚いたような顔をしたが、慌ててグラウンド側に向きを変えると、大人しくズボンのジッパーをそれとなく引き上げた。

私はその後三イニングを投げたが、その試合ではその後、セットについてハーヴィから注意や警告は一切なかった。

要するに、完璧のように見えても、本当に完璧な奴なんていないってことだ。外見がどんなに完璧でも、ハーヴィのようにジッパーが開いていたり、私のように大事なところでフランクリン・〝くそガキ〟・スタッブスにヒットを打たれたりするもんだ。そう、フランクリン・スタッブスのあのヒットは、今も私の心に大きな傷を残している。

一九九二年、私はオールスターに選出され、その年はナショナル・リーグの最優秀勝率投手

（〇・七六二）にもなった。九二年と九三年は九イニングあたりの与四球率（両シーズンともに〇・八〇）でもナショナル・リーグでトップだったし、九六年には、ドジャー・スタジアムでナショナルリーグ西地区の優勝を決める一六二試合目のシーズン最終戦の先発をブルース・ボウチー監督から託され、七回を無失点に抑えて勝ち投手となり、サンディエゴ・パドレスを地区優勝に導いている。

しかし、その中でも九〇年の蒸し暑い金曜の夜にセントルイスで行われたヒューストン・アストロズとの試合こそが、私にとってはキャリアの頂点と呼ぶべき試合だった。

その試合で私は八回まで相手打線をパーフェクトに抑えていた。私のキャリアで完全試合にそこまで近づいたのは初めてだったし、ノーヒットノーランの経験もなかった。

八月一七日、気温は三三度を超えるうだるような暑さだったが、私のピッチングも初っ端から熱かった。

その試合まで私は先発した九試合にいずれも好投し、その間の防御率は何と一・九三という驚異的な記録を残していた。シーズンを通した防御率も五・九七から二・九七へと三ポイントも改善していたところに、更にアート・ハウ監督率いるアストロズを完封したことで、二・六九までさがっていた。

あと一歩で歴史的な夜となったはずの試合は、私が不吉に感じたバッターを打ち取ったところから始まった。ヒューストンの一番打者エリック・イェルディングとは、それまで一度も対戦したことがなかった。彼については、ほとんど何の情報も持っていなかったが、足が速いので塁に出すと厄介な選手だということだけは知っていた。

私は自分のセオリー通りに投げることにした。そのセオリーとは、ストライクを投げ、トップバッターをアウトにするというものだ。

初球は真ん中低めの速球でストライク。イェルディングは一瞬セーフティバントの構えを見せてすぐにバットを引いたが、球審のビル・ホーンの拳があがりストライクがコールされた。まずはワンストライク。

続いて投げたカーブは外角低めに外れ一―一。次は外角低めの速球でツーストライク。これで、カウントが有利になったため、イェルディングがボール球に手を出してくるかどうか、探りを入れる余裕ができた。そこで低めにカーブを投げたが、イェルディングはバットを振らず、カウントは二―二に。

プレートを踏んで、それまでに投げた四球を頭の中で再確認する。速球、カーブ、速球、カーブ。平行カウントでは速球を投げるべきだったかもしれないが、ワンパターンに陥りたくなかったので、私はあえてカーブを続けて投げることにした。ピッチャーにとって最悪の失敗の一つが、最初のイニングで相手にパターンを読まれてしまうことだ。

投げたカーブはイェルディングのバットの芯を外し、打球は三塁側に弱いゴロで転がっていった。バントを警戒して三塁ベース前を守っていたテリー・ペンドルトンが走りながらキャッチしてファーストにランニングスローで一アウト。

先頭打者をギリギリのところで内野ゴロに打ち取ったことは、この金曜の夜にブッシュ・スタジアムにいた三万三九三四人の観客にとっては取るに足らない出来事だったかもしれない。しかし、私はこの一番バッターをアウトにできたことで、一気にリラックスできるようになった。

次の打者は二塁手のビル・ドーランだ。スカウティングレポートには、低めの球につまる、と書かれていた。また、内角の速球に手を出しがちで、弱いゴロになることが多いとも。

彼に立ち向かうにあたって、私は何度も自分に言い聞かせる。まずはワンストライク。まずストライクを投げろ。

初球は外角のシンカー。少し高めに行ったが、ドーランはひっかけて弱いセカンドゴロ。いいぞ、打たせて取るピッチングができている！　先発投手にとって一球でアウトをとることは、ベントレーの新車よりも贅沢で嬉しいことだ。

次のバッターも初対戦だった。ヒューストンで頭角を現していた若きスター、ケン・カミニティだ。

ドーランに続きカミニティも初球から打ってくるか？　それともドーランの早打ちを見たからこそ、逆に一〜二球、見てくるか？

スカウティングレポートには、キャミーはカウントの早い段階では遅めの球を狙ってくる、とある。

ではどうする？　さあ、彼をどうやって料理するか考えよう。

私がドーランを一球でアウトにするのを見た後なので、カミニティは私が何を投げても初球は見送るだろう。いや、彼は私が一球目は見送るだろうと思っていると考えているかもしれない。とすると、逆に、初球から振ってくるか？

マウンド上で達した結論は低めのカーブ。カミニティは振らない。ワンボール。

次は即決で、自分が頼りにしている外角低めのまっすぐ。ツーアウト、ランナーなしのこの状況では、仮に打たれたとしても、最悪なことにはならない球だ。レフトへシングルヒットを打たれても構わない。それに、一―〇のカウントからだと、打者は強振できる内角球を待っているかもしれない。

結局、カミニティはその速球に手を出して内野フライを打ち上げ、ショートのオジー・スミスがこれを捕ってアウト。

四年後の一九九六年八月一八日、メキシコのモンテレイでニューヨーク・メッツと試合をしたとき、私はパドレスでカミニティのチームメイトになっていた。この試合前、体調がとても悪かったキャミーは、スタメンから外れていた。しかし、そこから彼は今まで誰も見たことのないような超人的な回復を見せる。

試合前に監督室の床の上に横たわっていた彼は、二リットルの点滴を受けると、試合開始時間の五分前に、聖書に出てくるラザロのように甦り、スナックバーのスニッカーズを食べ、最初の二打席で二本ホームランを放って四打点を稼ぎ、チームを八対〇の勝利へと導いた。

　野球というスポーツの素晴らしさは、将来何が起きるか誰にもわからないところだ。そしてそれは野球の悲しさでもある。一九九〇年の暑い八月の夜に、まだ若かったカミニティの将来の片鱗を垣間見たこの日から、遠い昔の記憶であれ最近の出来事であれ、歴史の悲哀に心が揺さぶられる日が来るまでには、まだもう少し時間がかかることになる。

　続く六イニングの間、アストロズに対して五対〇とリードを広げる中、私は自分の頭の中に記憶したスカウティングレポートを呼び出して、コントロールされた速球とカウントと稼ぐためのカーブ、私の専売特許の「超スロー」カーブなどを織り交ぜながら、切れのいい数々のカーブを投げ続けた（私のカーブは六八～七八マイルくらいの速度で、甲高い音を立てて急ブレーキをかけるように落ち、打者は打ち気に逸《はや》って前に突っ込むので、早く振りすぎるばかりか、腰を痛めるリスクまで犯すことになる）。

　時にはセオリーの裏をかくこともあった。バッターはしばしば特定の球が来る可能性を最初から「排除」するところがある。例えば、彼らは投手が同じ球を二球続けて投げるとは思っていない。次は違う球を投げてくると思い込んでいる。そこで続けて同じ球が来ると、手が出ない場合が多い。

　二回の先頭打者は、前夜一七号ホームランを打ったばかりのスタッブスだ。

彼は一発があるので、カウントを有利にするため、まず最初に外角へ速球を投げたが、コースが外れた。

一―〇と打者に有利なカウントになったので、スタッブスが次も速球が来ると考えている可能性が高い。そこで私が、その試合では初となるチェンジアップで裏をかくと、彼が打った球はホームプレートの前でコロコロと転がり簡単にアウトになった。

次のバッターは外野手のグレン・ウィルソンだ。外角高めが得意なので、まずは内角高めの速球を投げる。ワンボール。

私は右打者にカーブを投げることはあまりないので、次に超スローカーブを投げると、彼は大きなスイングで空振りする。

マウンド上の私は、この成り行きにとても満足していた。カウントが投手に不利なときに最後の二人に投げたようなオフスピードの球を投げることの意味は大きい。それによってヒューストンのバッターたちに、カウントが不利になっても私が速球を投げるとは限らないことを印象づけることができるからだ。それができると、私の投球が相手から予測しにくくなり、打者に対して優位な立場に立つことができる。

スローカーブの後に速球を投げ、ウィルソンを簡単なサードゴロに打ち取ると、次の打者は外野手のタフィー・ローズだ。

早くも調子に乗ってきた私は、カーブから入りワンストライク。

そう、速球ではなくカーブだ。常に打者を悩ませるのだ。
カウントが有利になったので、ストライクになってもならなくても構わないまっすぐを投げる。この球を投げるポイントは単に私が、時には左打者のインコースに投げる場合もあることを相手に刷り込むことだった。

ローズはそれをファウルにした。そこで、私はもう一度インコースに速球を投げた。同じ球を続けて投げることで、ローズや他のアストロズの左打者に、この試合ではどんな球がきても不思議ではないことを示すためだ。

ローズは打ちやすい遅い球か外角の球を待っているのではないかと思ったが、どちらにせよ私が投げた速球は外れ、ワンボール。次の球は打たれたがファウルになった。真ん中高めの速球で失投だった。狙ったところに球が行かなかったが、ローズが打ち損じてくれた。

私は気を取り直して心を落ち着かせた。深く呼吸し、集中し、考えた。

カウントが一―二と有利になったので、いくつかの選択肢ができた。内角のボールになる速球でカウントを二―二にし、アウトコースへの速球かチェンジアップ、あるいはカーブで勝負するか。

結論として、まっすぐが三球続いたので、外角にカーブを投げることにした。いい球がいき、ローズは手を出したが、打球は二塁手のホセ・オケンドのすぐ右へ転がった。彼がすばやく動いてバックハンドで捕り、一塁に送球して間一髪でアウト。

二イニングを一八球で、三者凡退に抑えることができた。

その裏、私はワンアウト一、三塁という場面で打席に入る。相手チームの先発ビル・ガリクソンは、私のスクイズを警戒していた。

初球は内角高めの直球を見送った。いい配球だ。逆の立場だったら、私も同じ球を投げただろう。打者がバントしてくると考えている投手が、バッターにとって避けるのが難しい内角高めの速球を投げるのは、バッターが「必ずバントをしなければ」と気負っていることを予想しているからだ。

仮にスクイズのサインが出ていても、あの球をバントするのはほとんど不可能だ。普通はバットに当てることができず、ランナーは挟まれてアウトになる。辛うじてバットに当てることができても、ファウルにするのが精一杯だ。

私はその初球を見送りワンボール。

私の打率は・一九二と低いが、そのときはバットが良く振れていたので、ジョー・トーリ監督はヒッティングのサインを出した。それを受けてフルスイングしたがファウル。

三球目はまたバントのサイン。ファウルにならないようにするために最初からバントの構えをすると、予想通りの球が来た。カーブだ。

カーブを予想していたのは、三塁にランナーがいるので、ガリクソンは三振を狙ってくると考えたからだ。

カージナルスの伝説のコーチで基本の天才だった故ジョージ・キッセルの言葉が頭の中で響き渡る。

「球を追ってしっかり打つ！」

彼はカージナルスの投手たちに、カーブをバントするときは、バットの角度にポイントがあることを驚くほどわかりやすく説明してくれた。それがわかれば、球速の変化に対応することができるようになる。

私はバットの先をボールより上に保ちながら「球を追った」。膝を曲げ、ボールにつられてバットの先が下がらないようにして「しっかり打つ」。バント成功！

この送りバントでオケンドが二塁に進み、ミルト・トンプソンは三塁に。次のバッターのヴィンス・コールマンがセンターへシングルヒットを打ち、ランナーを二人返して二点を追加した。

ほっと大きなため息。

三対〇でリードして三回表のマウンドに向かう。

私の投球はすべてがうまくいっていたし、同じくらい重要なことだが、頭も切れていた。心も身体も、時も場も、すべてが噛み合っていた。最高の気分だった。選手なら誰もが望むことだが、正直言ってこんなことはそうそう頻繁に起こることではない。

三回表、最初に打席に入ったのは、顔見知りのリッチ・ゲドマンだ。彼がボストンにいた一九八〇年代に何度か対戦したことのある選手で、この日から一年後の一九九一年に彼はセントルイスに移り、私のチームメイトになる。

彼は愉快なヤツだ。気が合うのは同じニューイングランド出身ということもあるかもしれない。チームメイトだった一九九一年のオープン戦でバッテリーを組んだとき、右打者に対して彼が速球を要求し（指を一本下ろすサイン）、私が首を振ったことがあった。

そのとき私はスライダーを投げたかったのだが、速球を拒んで首を振った後で、あらためて考えてみたら、やっぱり速球の方がいいように思えてきた。

ゲディの次のサインはカーブ。私はまた首を振った。最初に彼が要求した速球をアウトコースに投げたかったのだ。

私がまた次のサインを求めて凝視していると、彼がインコースの速球を要求したので、私はまた首を振った。

「頼むよ、アウトコースの速球を投げたいんだよ。」

当惑したゲディは、これが最後と言わんばかりに、指を一本突き出した。

私はマウンド上で笑いをこらえきれず、グラブで顔を隠さなくてはならなかった。その一本指が中指だったからだ。

ゲドマンが打席に入ると、試合を中継していた地元のラジオ局ＫＭＯＸの実況マイク・シャノンが、ヤンキースのアンディ・ホーキンスがシアトルで六回まで相手を無安打に抑えていることを報じた。そして、「こっちの投手もこれまでのところ完全試合だ」と付け加えた。

ゲドマンは初球を打ち上げてライトフライ。

次のラファエル・ラミレスは、ゲドマンが初球に手を出したので初球は見送るだろうと考え、速球をど真ん中に投げると、予想通り見送ってワンストライク。

次に低めのシンカーが外れてワンボール。

相手のバランスを崩すためにカーブを投げると、狙い通りラミレスは泳いでショートのオジー・スミスへの平凡な内野フライに終わる。

八人で八つのアウト。次の打者はピッチャーのガリクソンだ。

ナショナルリーグで相手チームの投手と対戦するのは、ディズニーランドで一日過ごすよりも楽なものだ。七番から九番の下位打線との対戦も、だいたい自分の思い通りになる。例えば、ツーアウト、ランナーなしでピッチャーを迎えるこの状況では、この回を三者凡退で抑えられる可能性が高い。投手がイニングの先頭打者なら、それは次の一番バッターもアウトにできる絶好のチャンスだ。

ワンアウトで一塁にランナーがいる場合は、単に投手にバントさせて簡単にアウトをとればいい。そうすれば、一番からのバッターに集中することができる。一塁が空いていると余裕ができるので、相手に打たせる投球をしやすくなる。ただ、大切なのはたとえピッチャーが相手でも、他の打者と同じようしっかりと攻めることだ。手を抜いてはならない。

ナショナルリーグでプレーをして学んだことの一つは、バッティングはとても難しいということとだ。そして、カウントが自分に不利になればなるほど、それはもっと難しくなる。マウンドにいる投手たちは、常にそれを覚えておくといいだろう。

また、投手という立場から見ると、相手投手を歩かせるのは恥ずかしいことなので、カウントが不利になると急に配球が難しくなる。ホットドッグを食べながら試合観戦している専門家気取りの観客たちでさえ、投手を歩かせるなんてあり得ないことだと思っているはずだ。

そこで、ガリーへの初球はしっかりとした速球でストライクをとってカウントを有利にする。彼は屈強な男でバッティングも悪くないが、ど真ん中の球に対して少しのけぞったように見えた。なるほど。私が前の打席でバントしようとしたとき、彼がインハイに投げてきたので、私も同じような球を投げてくると思い、彼はびびっていたのだ。ならば、そのセオリーに便乗して内角を厳しく攻めてみるか。案の定、彼はそれをファウルにするのが精一杯だった。二球後、どんな打球でも容易に捌く人間掃除機オジー・スミスへのショートゴロでアウト。

四回が始まる前のダグアウトで、私は座って休みながら、現在の状況について考えていた。ピッチングは好調だ。試合も勝っている。しかし、まだ試合は序盤だ。これまでやってきたことを続け、アウトをとることに集中し続けなくてはならない。

初球にストライクを投げる。最初のバッターをアウトにする。よし、次は四回だ。

イエルディングが打席に入る。第一打席は速球から入ったので、今回はカーブから入る。タイミングを外された彼は、体が前に泳いでピッチャー前への弱いゴロに。最初のバッターは簡単にアウト。

「打者は自分で自分をアウトにする」とは、テレビの野球中継でよく聞く言葉だが、それは本当にそうだ。私たち投手はいつも「バッティング練習を見てみろよ」という話をする。

バッティングピッチャーは一種類の球種しか投げない。常に打撃練習用の五〇マイルくらいの速球だ。しかしそんな球でも多くの場合、打者はヒットが打てない。簡単な球でも打ち上げたり凡打を打ったり、空振りしてしまう。

自分の球にはもっとスピードもあるし、カウントがピッチャーに不利なときでも、どこへでも様々な球種の球を投げられる。そう考えると、打者にとってバッティングというものがどれほど難しいかがわかる。

バッティングの本質は「丸みのあるバットで丸いボールの芯を打ち抜くこと」と言われる。私は打者に打ってほしいといつも言ってきたが、それはあくまで打たせたい球を打たせて、弱い打球に打ち取るという意味だ。

次は、初回に初球を打ったドーランだ。今回も積極的に振ってくると思い、まずはチェンジアップでストライク・ワン。

これで選択肢が広がった。インコースのボールになる速球でのけぞらせてから、アウトコースへ投げるか、インコースの速球の後にもう一球インコースの速球を繰り返すか。今投げたチェンジアップをもう一度投げるか。

結論は外角への速球だった。結果はひっかけてセカンドへの弱いゴロでツーアウト。

「集中しろ！」と自分に言い聞かせる。

そして打席にはまたカミニティだ。バッターが通常は初球のカーブは振らないことを前提に、精度の高いカーブを投げてストライクを「盗みとる」ことができたときは、もう気分は最高だ。

私はまさにその通りの投球をして、次に内角にフォーシームの速球を投げてワンボール。

バッターが何を狙っているかわかるようにしておきたいとき、私はいつも、バッターのベルトのバックルを目指して投げる。バックルはいい標的だ。投手は内角には投げたいが打者に当てたくはない。そのはざまで悩んでいると、このためらいが速球をど真ん中に投げてしまうような恐ろしい結果を引き起こすことがある。そしてその投球をバッターは完璧にとらえ、ピッチャーは更にかっとなる。どうやったらあんなに外れるんだ？

ここでキャッチャーのトッド・ジールは指二本のサインでカーブを要求する。しかし、カーブは来ないと思わせるような投球をまだしていないので、カミニティはカーブを待っているかもしれないと考えた私は、もう一度速球を投げようと思い、カーブに首を振り、フロントドア[1]のツーシームを投げた。大正解！　大型三塁手のカミニティは裏をかかれ見逃しの三振に終わる。

マダックスはこれを「Xを描く」戦略と呼んだ。打者からはボールが同じところに通ってくるように見えるので、前と同じ球だと思って見送るが、その後ボールがホームプレートの上に戻ってくるのだ。

するとしばしば、意表を突かれた打者は、ボールがミットに入る直前に、球をよけようと体を引いて尻を突き出し反射的に腕を上げる体勢になる。この体制がXの字に似ているので、マダックスはこれを「Xを描く」と呼んだのだ。

マダックスはこの戦術に長けていて、ゲームの重要な場面で、これをうまく使っていた。

キャミーは九六年の夏、私がフリーエージェントとしてパドレスと契約した後、私の息子グリフィンのお気に入りの選手になった。当時五歳だったグリフィンは、母親にマスカラでキャミーと同じようなあごひげを描いてほしいとねだったり、袖を短く切ったパドレスのカットオフTシャツを着て、スイッチヒッターだったキャミーのバッティングフォームを真似たりしていた。クラブハウスに連れて行くと、グリフィンは一目散にキャミーのところへ走って行った。ある日、グリフィンはキャミーから二一番の背番号を象った金の飾りをもらった。私はそれを金のチェーンに通してネックレスにしてやった。

その後、キャミーの薬物使用や依存症のことが明らかになり、グリフィンはとても悲しんだ。とにかく彼はキャミーが大好きだったのだ。

グリフィンはティーンエイジャーの時、ニューハンプシャー州コンコードの名門の全寮制のセントポールズ高校の入学試験の小論文で、キャミーについて書いた。その後、ベイツ大学に出願する時も、この小論文を使った。その小論文は、人間が人生をやり直すチャンスを与えられるべきであることを論じる内容だった。

だから二〇〇四年にカミニティが亡くなったとき、グリフィンは泣いた。とても悲しい思い出だ。

黙祷。

五回表の時点でわがチームは五対〇と大量にリードしていた。ただ、信じられないかもしれないが、投手にとって、とりわけ若い投手にとっては、難しい問題が出てくる。

記録が邪魔をするのだ。

リードした状態で五回を投げ終えれば勝ち投手の権利が与えられることは、ピッチャーなら誰もが意識することだ。それが投手の集中力を削ぐ原因となる。勝ちを意識した途端に、投手は次の投球に集中できなくなってしまうのだ。そうなると先走りして集中力を失い、大観衆の前で崩れて早々と交代させられる事態に陥る。

私自身、若い頃、そんなことを何度も経験してきた。しかし、経験を通じて私は、集中力を切らさないための鍛錬を積んできた。毎回七～八イニングを投げ抜くことに照準を合わせることによって、五回は一回や二回と何ら変わらない単なる一イニングだと考えることができるようになった。

最初のバッター、スタッブスへの初球は外角への速球でストライク。次は、落差のあるカーブでもう一つストライク。

絶好調だ。思い通りに投げられている。

カウントが〇―二と有利になったので、数え切れないほどの選択肢があった。

一球目が速球で二球目は遅い球だったので、スタッブスは次に何が来るか全く予想できないはずだが、おそらくストライクは投げてこないと思っているだろう。ならば、思わず手を出したくなるような球にするか？

打者は次の球が何になるかによって、次の次の球も予想しようとする。

私は彼をプレッツェルのようにねじ曲げて混乱させるために、今投げたカーブよりもさらに遅くてワンバウンドするくらいのカーブを投げた上で、まっすぐかチェンジアップで打ち取ろうと考えた。カーブが続いた後にチェンジアップが来れば、最初はまっすぐと区別がつかないはずだ。

ところが、私が投げた二球目のカーブは、一球目のカーブよりさらにスピードを抑えようとしたせいで、少し高めに浮いてしまった。それがその試合の三九球目だったが、私にとってはその試合で初めての「意味のない球」になってしまった。「意味のない球」というのは、その前の球を際立たせることも、次の投球を組み立てることに役立ちもしない、何の効果もない球という意味だ。

カーブの速度を変えるのは、打者のタイミングを狂わせるためだ。ほとんどの場合、打者は私のカーブに対してバットを振り始めるタイミングが早すぎる。私がカーブの速度をもっと遅くすれば、打者は更に早振りになる。

これは私がパッジ・ロドリゲスに対して使った戦術だった。彼は私のカーブを引っ張り、いつも三塁線にファウルを打ち続けていた。あれではフェアになるはずがない。しかも大振りするので、よく空振りもした。結果的に彼の私に対する通算成績は一一打数三安打三三振だった。

キャッチャーのジールのスタッブスに対する初球と二球目のサインはいずれもまっすぐだったが、私はどちらにも首を振った。

確かにインコースのまっすぐはいい選択だが、それだけでは私が他の打者に対して行った投球パターンと同じになってしまう。

試合も中盤に差し掛かり、内角の速球は何度も見せてきたので、相手打線も意識するようになってきていた。打者が内角球を意識するようになると、今度は外角球が効果的に使えるようになる。

ジールはカーブを要求してきたが、二球続けて投げたばかりだったので、また首を振る。

結局、まだ投げていないバックドアのスライダーに落ち着く。外角に外れる速球のように見せれば、見逃しの三振に打ち取れるかもしれない。

しかし、投げた球はストライクゾーンに入ってきてしまった。幸いスタッブスが泳いで平凡なライトフライに終わったが、はっきり言ってこれはラッキーだった。

次のウィルソンはカーブ一球で打ち取り、その次のルーキーのタフィー・ローズも簡単な外野フライでアウト。

わずか八球で五回を終えた。試合もここまで四三球しか投げていない。

五回裏、われわれも三者凡退に終わったが、少しも気にならない。五点もリードしていて、チームも好調だ。ここまでリズム良く投げてきていたので、短いイニングで待たされることなくマウンドに戻れる方がありがたい。

六回表、私のリズムは乱れることなく、先頭のゲドマンは初球をレフトフライに、次のラミレスは二球目を三塁ゴロに打ち取り、三球でツーアウトとなった。バッターが次々とアウトになるにつれて、ブッシュ・スタジアムはただならぬ雰囲気に包まれ始め、ざわめきが大きくなってきた。

もちろん私は知らなかったことだが、観客席で応援していたローラが、あまりの暑さからレモネードを飲み過ぎてしまい、トイレに行きたいのをそれまで我慢していた。席を立つとツキが逃げると思ったからだ。しかし、ついに我慢できなくなり、トイレに立ったのがこの回だった。

次にハウ監督はピッチャーのダン・シャッツダーに代えて代打にデイブ・ロードを送り込んできた。

優れたピンチヒッターは初球のまっすぐを狙ってくるので、ロードにはカーブから入る。ストライク。次は内角高めのまっすぐが、止めたバットにあたりファウルに。カウントは〇―二。

その後、三球続けてまっすぐを投げる。最初がボール球。二球目はファウルに。そして次は高めのボールだ。

三球続けて高めの速球を投げた後、ロードの目線を変えるため、何かいい球を低めのストライクゾーンに投げたい。

そこで私はカーブを選んだ。ロードはバットを上から振り下ろすようにして空振りの三振。

六回終了時点で依然としてパーフェクトだ。トイレから急いで戻ってきた妻もそれを見て一安心。

七回が始まる頃には、スタジアム全体が、今、目の前で起きている事態を理解していた。

グラウンドでは、守備についている野手たちのピリピリした緊張感が伝わってきていた。誰も自分のせいで完全試合を壊したくはない。

七回の先頭打者はイェルディング。ストライクゾーンは私のものだ。

初球は外角の速球でストライクワン。二球目は低めのカーブで、ツーストライク。

準備とタイミング、時と場所、勢いと私の右腕のすべてが噛み合っていた。

外角にボールになるカットボールを投げ、次にカーブでストライクを狙うと、イェルディングは泳いでサードゴロでワンアウト。

次のドーランへの初球は内角へのカーブでストライク。カウント一―二からのカーブを見逃して三振。

そしてキャミー。彼は初球のカーブに山を張っていたが、ボールの下を叩いてライトフライ。

「テュークス！　テュークス！　テュークス！」

ユニフォームは汗でびっしょり濡れ、帽子のつばから汗のしずくが滴り落ちる中、マウンドから小走りでベンチへ戻る間、この夏の金曜夜のブッシュ・スタジアムにいる観客の興奮が伝わり、その歓声が耳に響く。

カージナルスの勝利を願って球場に集まって来たファンたちだったが、それより格段にすごい歴史的瞬間を目撃できるかもしれないことになり、興奮はひときわ高まり、誰もがダグアウトに向かう私に声援を送っていた。

「テュークス！　テュークス！　テュークス！」

その頃から、この夜初めて、自分の中に何か別の感覚が生まれ始めていた。

プレッシャーだ。

完全試合？　この俺が？

何人かのチームメイトが私に「いいぞ！」と声をかけてくれるが、ダグアウトでは誰も私の近くに座ろうとしなくなっていた。早くここから出て、投げたかった。長い時間ダグアウトに座って今の状況をあれやこれやと考えたくなかった。

ヨギの名言「野球の九〇%はメンタル、残りの半分がフィジカル」は、この試合が身を持って証明していた。

ダグアウトで私のそばに来た唯一の人物は、選手にタオルを配ることが仕事のトレーナーのブラッドだった。その白いタオルは試合開始時から、氷の入ったアンモニア水に浸けてあった。

アンモニア漬タオルは、セントルイスの選手たちのお気に入りだった。特に蒸し暑いセントルイスのナイトゲームでは、このタオルが体を冷やしてくれた。また、顔に当ててアンモニアを吸い込むと気分がすっきりした。

ブラッドが私の顔にタオルをかけてくれる。生き返るようだ。鼻の穴を通してアンモニアの臭いを吸い込みながら、長く息を吸う。頭がすっきりする。

私が前屈みになると、ブラッドは私の首にタオルをかけ、そのまま数秒間押さえてくれた。そして私は次の回の準備を始めた。

ここまで二一人が打席に入り、二一人がアウトになった。

まだ一度もスリーボールにはなっていなかった。ツーボールになったのも三度だけだった。私がストライクを投げることがわかっているので、アストロズの六人の選手はいずれも初球から振ってきていた。

さあ、本当に頭を使うのはここからだ。八回の先頭バッターのスタッブスには何を投げようか?

ラケットボールであちこちの壁から球が次々と跳ね返って来るように、様々な考えが頭の中を猛スピードで駆け巡るような状況下で、何かを落ち着いて考えるのはとても難しい。

その時の私は感覚や本能に頼るのではなく、何を投げるかを頭で考え始めていた。パーフェクトな投球をしようとしていたのだ。さて、スタッブスには何を投げればいいか?

ダグアウトで相棒のジールを探す。彼が何を考えているか知りたかった。私たちは、私の強みである外角の速球から入り様子を見ることにした。

私は、もし最終的にパーフェクトが達成できないのなら、九回に初ヒットを打たれるより、このイニングで終わらせてくれた方がいいと思った。

八回が始まったとき、野球の物差しで測れば、確かに私はそこまでパーフェクトだったかもしれない。しかし、他の物差しでは、その時の私の状態は、パーフェクトとは程遠かった。既に思考速度が私の能力を上回っていて、もし仮にヒットを打たれても、それで交代させられるわけではないことさえ理解できなくなっていた。

「テュークス！　テュークス！　テュークス！」

たくさんのことが取り留めもなく頭をよぎる。その中で真っ先に頭に浮かんだのは、一球投げるごとに、自分がメジャーリーグにより深く定着できているという実感だった。

私は五日前にピッツバーグのスリーリバーズ・スタジアムで完封勝利を飾った。そして今、私はここで二試合連続のシャットアウトを目前にしている。下手をすると完全試合を達成する可能性すらある。

　このナイトゲームが終わると、私は八勝三敗となる。その勝ち星の一つひとつが、私の地位を確固たるものにしてくれるだろう。さて、スタッブスには何を投げようか？

　今日に至るまで、私の中で彼は一貫してフランクリン・〝ブ×××ン〟・スタッブスだ。それを思うと私は微笑まずにはいられない。

そして私はダグアウトを出て、八回が始まった。ジールと私は、先程話し合った戦略でいくことにした。

初球は私の強みである外角の速球。スタッブスの打球は、真芯でとらえたというわけではなかったが、そこそこいい当たりだった。

ボールはレフト方向へ飛んでいった。左打者のスタッブスはそれまですべて引っ張っていたので、左翼手のコールマンは少しセンター寄りに立っていた。ボールはそのコールマンがいなくなったところに落ち、スタッブスは二塁へ。

私の完全試合は終わった。

その時、私はピッチャープレートをまたいで立ち、息を吐いたことを覚えている。終わってほっとした自分もいたし、それと同時に、あの投球でよかったのかどうかわからない自分もいた。

そしてそれから、私は頭を切り替えて、もともとあった次の目標に向かうことにした。完全試合はなくなっても、まだ二試合連続の完封勝利を収めることはできる。

八回を終えたダグアウトでは、共にこの試合を後世に語り継がれる一戦にすることを願っていたチームメイトたちが慰めてくれた。キャッチャーのジールも「いい球だった」と言ってくれた。

私は今でもあの球種の選択とコースについてあれこれ考えることがある。そして、余計なことを考えずに全力で目標に向かって突き進む代わりに、あのプレッシャーから少しでも逃れたいと思った自分に不満を感じる。

あのとき私は、次の三人の打者を打ち取ってスタッブスを残塁させ、九回は三者凡退とするだけの心の平衡を保つことはできた。

結局、私が対戦した打者は最少より一人多い二八人で、許したのは一安打。三三振。投球数は七九球で、そのうち五八球がストライクだった。

二試合連続の完封で、今度こそ私もメジャーに定着できたと感じていた。全体的にとても満足していて、その時は特に逃した記録を気にするようなことはなかった。

しかし、その年の秋、私たちが家に帰ると、すべてが変わる。

ニューイングランドの秋の冷気が感じられるようになったある日、私はガレージを片づけながら、あのセントルイスの夏の暑い夜のあの試合のことをあらためて思い返していた。

何か違うことができたのではないだろうか？　あの投球でよかったのだろうか？　あそこでもしカーブを投げていたらどうなっていたか？　スタッブスを打ち取っても、次のバッターをアウトにできただろうか？　私の思考がパフォーマンスに影響を及ぼしたのだろうか？　考えすぎたせいでミスを犯してしまったのだろうか？　もし八回を通してパーフェクトだったら、九回はどんな投球をしていただろうか？

そう、野球の物差しではパーフェクトでも、他の物差しでは私はパーフェクトとはほど遠い状態だったことを認めざるを得なかった。

ガレージの中に独り立ちすくみながら、もっと広い視野で物事を見なくてはいけないことをあらためて痛感した。完全試合を達成できなかったことより、一安打で完封したことに満足する方法を見つけなくてはならなかった。

その時、私は二九歳で、肩の手術からまだ数年しか経っていなかった。ローテーションにとどまるために必死だったところから再スタートを切った私は、あの夜の試合が終わる頃にはまったく別の考えに取り憑かれるようになっていた。

あの試合からもう何年も経つが、今日も誰かが完全試合に近づくたびに、私は八月の蒸し暑い夜の、〝ゲートウェイ・シティ〟（セントルイスの通称）でのあの試合のことを考える。例えば、二〇一五年にワシントン（・ナショナルズ）のマックス・シャーザーが九回ツーアウトまでパーフェクトで抑えながら、最後に死球で完全試合を達成できなかったときも、そうだった。

今、私はもっと自分に優しいが、あの秋の日にガレージで自分を再評価しながら回想していた時、私は自分に嫌気がさしていた。自分が落伍者であるかのように感じ、空虚感と後悔の念に苛まれていた。

その時は理解できなかったが、そのような考え方は歪んでいて、不健康で不必要であることも学んだ。

今日、私が選手たちに自分はどのような人間だと思うかと聞いた時に、返ってくる答えの中で最も多いものが、「自分は完璧主義者だと思う」というものだ。彼らの多くは、自分のパフォーマンスに過度に批判的であることを認め、まるでそれが良いことだったり、それが長所であるかのように言う。

そんな彼らに対する私の答えははっきりしている。完璧を求める人と、それ以下のことにはとにかく我慢できない人とは違うということだ。

『野球というメンタルスポーツ——パフォーマンスを頂点に導くガイド』（*The Mental Game of Baseball: A Guide to Peak Performance*）の著者で、数十年前から大勢の選手たちの相談に乗ってきたハーヴィ・ドーフマンは、完璧主義について選手たちにこんな聞き方をするそうだ。

「完璧な人を一人でも知っているか？」

選手はもちろん、ノーと答える。

するとハービーは「それなのになぜ、自分が最初の完璧な人間になれると思うのか？」と応じるのだ。

彼はまた、完璧であることについて、よく選手たちにこうアドバイスしていた。

「試合後にホテルの部屋に戻ったら、バスタブにお湯を四インチの高さくらいまで張って、中に入ってみてごらん。もし君の足が浴槽に触れないようなら、君は完璧になろうとしてもいいよ」

選手が完璧を求めてしまうのは、完璧さを求める親やコーチの影響を受けている場合が多い。彼らは何をするにも常にもっと上を目指すことを求められ、完璧なパフォーマンス以外で満足すべきではないと言われ続けてきた。

あるマイナーリーグの選手が、こんな話をしてくれたことがある。試合で四打数三安打二打点という成績を収め、父親に電話したときのことだ。この選手は父親が喜ぶと思ったが、それどころか、父親は彼がヒットを打たなかった唯一の打席で、満塁だったにもかかわらず彼がアウトになったことを叱ったというのだ。

この種の考え方は、スポーツに限ったものではない。以前に娘から聞いた話を思い出す。彼女の高校のクラスメートが、生物の試験で一〇〇点をとれなかったために母親に外出禁止を言い渡された母親から怠け者と叱られたそのクラスメートの点数は九七点だったそうだ。

完璧を求めて努力する人たちと、それ以下のものを受け入れようとしない人たちの間には、重要な違いがある。完璧を目指すということは、打者がボールをしっかりと芯でとらえられるようになるために練習するのと同じように、特定のスキルを実行できるようになるために可能な限り最善を尽くすことに重点を置くことだ。自分がコントロールできることに焦点を合わせることで自分のパフォーマンスに対する自信を維持するのは、まったく健全なことだ。

このような人たちは、自分のパフォーマンスの課題や修正の必要性に対処する能力がある。そして、彼らにそれができる理由は、彼らが自分にはコントロールできないことがあることを自覚しているためだ。

もし何かがうまくいかなければ、それをあきらめて次の課題に目を向けることが、彼らにはできる。彼らは完璧に達成する人間を自分のセルフイメージにはしない。私たちもわかっているように、所詮完璧なんて不可能だからだ。

逆に、完璧さにとらわれている人たちは、結果を気にしすぎてしまう。その結果、成功に対する見方が歪んでしまい、少しでも完璧でなければ失敗と考えてしまう。

完璧主義はパフォーマンスに影響を及ぼすだけでなく、人生から楽しみを奪ってしまう。完璧主義者は非現実的な目標や期待値を設定したり、実現不可能な基準を設定してしまうため、決して満足することがなく、常にフラストレーションを感じ続けることになる。

また、完璧主義者は自信がないため、物事が期待通りに進まなかったときにうまく対処することができない。そして、自信を得るために練習をしすぎる傾向があり、結果的に燃え尽きてしまうリスクが高まる。

完璧を求めて絶えず努力することで、多くの不安を抱え、常に自分が他人からどう見られているかが気になり、成功よりも失敗を重視するようになる。また、自分のミスを受け入れられないため、パフォーマンスが悪いとすぐ言い訳をする。

ところが、厄介な事に、エリート選手になるためには、徹底的な練習の繰り返しによって技能を高めながら、可能な限り完璧に近づかなければならない。そう、「完璧」にだ。だからほとんどのアスリートが完璧主義者になりがちなのは当然だ。唯一、問題の位相が変わるのは、「私は完璧でなければならない」というところまで考えが亢進してしまったときだ。

今日、選手たちと接する中で、私がやっていることの一つは、完璧でなければならないという考えがもたらすマイナス要因を説明することだ。彼らにそれを理解させながら、彼らが完璧に到達するのを助けようとしている。

目映いばかりのスポットライトを浴び、押しつぶされるようなプレッシャーに晒され、莫大なおカネが動くこのスポーツでは、成功するよりはるかに多くの夢が日々破られている。そんな世界で、様々な困難を乗り越えるのは容易なことではない。

私自身もキャリアの初期には、完璧の求め方を間違えていて、その間違いに気づかなかった。いや、気づけなかった。しかし、あのアストロズとのナイトゲームでパーフェクトゲームを達成しかけたおかげで、私は考え、学び、観察するようになった。

そしてその後、セントルイス（・カージナルズ）からテキサス（・レンジャーズ）、サンディエゴ（・パドレス）、そしてミネソタ（・ツインズ）などで残りのキャリアを歩みながら、私はより健全で歪みの少ない心構えを構築することができたのだった。

第7章……ジョー・トーリと「成功を受け入れる覚悟」

一九九一年のシーズンにジョー・トーリがカージナルスの監督として果たした役割は、メンタルスキル・コーチとほとんど変わらないものだった。彼はその数年後にはニューヨーク・ヤンキースをワールドシリーズ連覇へと導くが、一〇月のプレーオフで彼が見せた天才的な采配は、誰をも唸らせるものだった。

テッド・シモンズの助けによって選手としてキャリアを邁進しはじめ、イメージトレーニングのおかげもあって、好調の波に乗ってからの二、三年間、私は、セントルイスの監督となったジョー・トーリの名将ぶりを、間近で目にする機会に恵まれた。

一九九三年五月九日、日曜日のフィラデルフィアの古き（そして現在は壊されてなくなってしまった）ベテランズ・スタジアムでのことだ。

八回二死でマウンド上には私がいて、試合は五対二でわれわれがリードしていた。私はもう勝ったも同然と思い、南部の表現でいう「背高綿花の畑に座り込んでいるような」安心感に包まれていた。ところが、驚き桃の木山椒の木、そこからダレン・ドールトンにヒットを打たれたのに続きウェス・チェンバレンにも二塁打を許し、二死走者二、三塁となったところで、ダグアウトからトーリ監督が出て来た。

一つ言っておくと、この年のフィリーズはまさに「恐怖のフィリーズ」だった。そう、この年のフィリーズのフィは、フィア（恐怖）のフィだったのだ。

この年のフィリーズ打線はドールトン、レニー・ダイクストラ、デーブ・ホリンズ、ジョン・クルック、マリアーノ・ダンカンなど錚々たる好打者が揃っていて、ちょっとでも気を抜けば、あっという間にめった打ちにされる正に恐怖の打線だった。

そう、あっという間に、だ。そして、気づいたときはもう手遅れだ。この日も、もう少しでそうなるところだった。

そのシーズン、フィリーズは最終的にワールドシリーズまで駒を進めるが、シリーズ第六戦まで進んだところで、リッキー・ヘンダーソン、ポール・モリター、ロベルト・アロマー、ジョー・カーターらを擁するトロント・ブルージェイズに敗退していた。しかし、五月の午後のこの試合の時点では、彼らは私にとって目の前の超難題以外の何物でもなかった。

トーリがマウンドに近づいて来るのを見て、私は交代させられる予感がした。トーリがカージナルスを指揮するようになってこれが三年目のシーズンだったが、その時の私にはまだ、トーリの前任者の野球殿堂入り監督ホワイティ・ハーゾグの投手起用法が染みついていた。

ホワイティは投手の継投に長けていた。しかも当時、チームには抑えの切り札にクローザーのリー・アーサー・スミスがいたので、私は六〜七回でマウンドを降りることに「慣らされて」いた。

この「慣らされて」にはいろいろな意味がある。

実際のパフォーマンスは、自分が頭の中で描いたセルフイメージと一致することが多い。スミスがブルペンから呼ばれるたびに、私自身がそのセルフイメージにパフォーマンスを合わせていたのだろう。一旦そのイメージが自分の中で定着してしまうと、無意識のうちに自分にはめた限界の枠を広げることは、とても困難になる。

その時の私は、前年にオールスターに選ばれるまでの選手になっていたが、明けた九三年のシーズンは心機一転、必死になってメジャーにとどまろうとする若手に戻ったような気持ちでプレーしていた。少なくともまだ私は、監督から絶大の信頼を得るだけの実績ある投手になれたという自信は持てていなかった。

六回か七回あたりで交代させられるピッチャーに足りないものは、必ずしも体力やスタミナだけとは限らない。今、振り返ってみると、この時の私がメジャーリーグの投手としてもう一段上のレベルに到達するためには、メンタル面でもっと自分自身を駆り立てる必要があった。

最終的に私はこのシーズンに一七勝をあげることができたが、その試合のその時のやりとりが、私にとってはとても重要な転機となった。

八回にトーリがマウンドに近づいてくるのを見た私は、交代させられると思い込んでいた。しかし、トーリは私の状態を確認しようと思っていただけで、交代させると決めていたわけではなかった。

問題はその時の私のメンタルが、「もう無理です」という体の状態を引き起こしていたことだった。

それを見たトーリは、ナショナルリーグならではの戦略的「ダブルスイッチ」を使って、私を抑えの切り札のスミスと交代させると同時に、野手も一人交代させ、私の打順に交代した野手を入れ、交代させられた野手の打順にスミスを入れた。

ところが代わったスミスが、最初のバッターのミルト・トンプソンを歩かせて満塁にした上に、次打者のダンカンへの初球をスタンドに運ばれて、グランドスラムを許してしまった。

結局、この試合は五対六でフィリーズに敗れた。帰りの飛行機の中で、私は終始機嫌が悪かった。特に自ら試合を降りたことに対して、自分を許せない思いが強かった。

さて、トーリが名将たる由縁をここで紹介しよう。その試合があった日曜の翌日がオフで、火曜からホームのセントルイスにニューヨーク・メッツを迎えて三連戦を戦う初戦の試合前のことだ。

前回の登板について自分の思いを伝えたくて監督と話がしたいと思いながら球場に着くと、トーリは先を見越したように私を監督室に呼びつけた。彼も私と話す必要があると感じていたのだ。

「日曜の試合で、なぜお前を交代させたかわかるかい？」とトーリは私に尋ねた。

「続投したいと私が言わなかったからでしょう」と私は答えた。

トーリは頷いた。「テュクシー（トーリは当時、なぜか私を他の人と同じように「テュークス」とは呼ばず、「テュクシー」と呼んでいた）、君はトム・グラビンやグレッグ・マダックスのような球は持っていないかもしれないが、僕は君を信じているんだ。君はこのメジャーでも十分に勝てる選手だ」

その言葉で、私は強く心に決めた。監督が私を信じてくれるのと同じように、私も自分を信じなければならないと。

トーリのこのアプローチは、ルー・ピネラの「何をやってるんだ、クソ野郎」的なアプローチの真逆を行くものだった。

ルーが酢なら、ジョーは砂糖だ。同じ野球というスポーツをプレーして、同じ目標を共有していても、性格もキャラも気質も、そして目標に到達するための文化も、実に多種多様だ。自信やチームワークや前向きな姿勢を育むような文化もあれば、不安やプレッシャーによって選手の力を最大限に引き出すことをほとんど不可能にするような文化もある。フリーサイズの洋服のように誰にでも当てはまるやり方など存在しない。

ピネラは永遠に愛される球界の名キャラだ。短気でせっかちでも、（ほとんどの場合は）憎めない。激しい気性で知られていたが、明らかに選手としても監督としても、それが彼の足枷となることはなかった。

ヤンキースの監督を務めた後、ピネラはシンシナティ・レッズの監督となり、一九九〇年のワールドシリーズで下馬評で有利と見られていたオークランド・アスレチックスを破り世界一となっているし、その後シアトルに移るとシーズン一一六勝の記録を作った二〇〇一年を含めて、マリナーズに数々の栄光をもたらしている。

彼のやり方がうまく機能する場合もあったことはまちがいない。しかし、確かなことなど何一つとして存在しない野球一〇〇年の歴史の中で、一つだけはっきりしていることがあるとすれば、それは選手の心はそれぞれ違うということだ。自分の子供や会社の同僚がそれぞれ違うのと同じように、選手も皆、違う。だから全員を同じように扱おうとすれば、その過程でおそらくそのうちの何人かは脱落してしまう。

アメリカンフットボールのグリーンベイ・パッカーズの伝説的なコーチだったヴィンス・ロンバルディは「私はすべての選手を平等に扱った。ただし犬のようにね」、と語ったという有名な逸話がある。これは昔ならユーモアあふれる機知に富んだストーリーで済まされたのかもしれないが、その背後にある考え方は石器時代ほど古いもので、どんなスポーツでも今の時代には通用しない。

トーリは多くの意味で古いタイプの監督だったが、選手の扱い方をよく心得ていて、選手の自信を高めるために話し合いの場を設けたり、選手との関係性を築くことで、選手の力を最大限に引き出す術を持っていた。

監督室で彼と話し合った日から、私は自信を取り戻し、その自信を原動力にセントルイス、テキサス、サンディエゴ、そしてミネソタでさらに五年にわたって現役を続けることができた。私はその時の経験から今日、選手たちと関係を築き、育む中でよく使うフレーズも得ることができた。それは「成功を受け入れる」と「思いは形になる」の二つだ。

トーリのメッセージの本質は、選手は自分に対して、「自分が成功することを受け入れなくてはならない」ということだと、私は理解していた。私がそうしなくてはならないのであって、トーリが、ではないのだ。

あの日、フィラデルフィアでトーリがマウンドに向かって歩き始めたとき、彼はまだ何も決めていなかった。彼は私の様子を見てから決めようと思っていた。思考を変えなくてはならなかったのは、私の方だった。交代させられて当然と考えるのではなく、自分の成功を受け入れることで、まだまだ投げられると考えなければならなかったのだ。

私がまだ若い投手だった頃、投手コーチのマーク・コナーやサミー・エリス、ジョー・コールマンらは私のことを信じてくれた。特にコールマンはそうだった。彼が私に与えた影響は絶大だった。

しかし、私に最も大きな影響を与えたのはトーリだった。その理由は明快だ。それは彼が監督だったからだ。

投手人生の中で自分と相性のいい投手コーチは大勢いる。中でも、例えば私にとってのコールマンのようななくてはならない存在も、何人かはいるだろう。

しかし、選手は監督に嫌われたり信頼されなかったりすれば、試合で投げることすらできない。これは単純な事実だ。監督に「認められる」ということは、叔父や祖父ではなく、父親に認められるのと同じことだ。

私にとって、ニューヨークのピネラは指揮官だった。シカゴのドン・ジマーは……。私はあのチームでは活躍できなかったので、きっと彼には嫌われていたはずだ。ハーゾグは私の球はメジャーでは通用しないと考えていた。ＭＬＢでは五人でローテーションを組むのが普通なのに、一九八九年のカージナルスは九月まで四人でローテーションを組んでいたにもかかわらず、ハーゾグは最後まで私をメジャーに呼んでくれなかった。

そして私はトーリと出会った。

「彼は何かにつけていろいろと質問をしてくるので、私たちは本当によく話をしました。彼は物事の考え方について、詳細に知りたがってしました。あの日、フィラデルフィアでマウンドに行った時のことはよく覚えています。確かに監督がマウンドに行くときは、投手を交代させる場合が多いです。私が初めて監督をしたメッツでも、私はジェリー・クーズマンと話すためにマウンドに行ったのに、ジェリーは向こうから私にボールを手渡してきました。まあ、それならそれでしょうがない。テュクシーもその時とよく似ていました。テュクシーは自分からはボールを渡しませんでしたが、続投したいという意志表示は一切ありませんでした。メンタル面で一旦、交代する気になってしまうと、もう二度と続投したい気持ちには戻れないと私は思っています。あのクーズマンとの一件の後、私は投手と話をしに行く場合は小走りで、交代の場合は歩いてマウンドに行くようにしています。そうすることで、自分から私にボールを渡す必要がないことをピッチャーに知らせようと考えたんです」

監督の中には、圧倒的な球種を持たない投手に対して先入観や偏見を持っている人もいるが、トーリは辛抱強かった。

彼が監督時代に、殿堂入りした往年の名投手サンディ・コーファックスと、話をした内容を教えてくれたことがあった。コーファックスはトーリに「重要なのは何を投げるかではなく、どこに投げるかだ」と言ったそうだ。

「まさにその通りで、すごく勉強になった」とトーリは言う。

「私も選手時代に経験があるが、速球を待っていようが、いなかろうが、打てなかったり、打ってもヒットにならないところに投げ込まれていれば、打者がいくら球を読んでも意味がない。テュクシーは内角と外角だけでなく、高めにも低めにも投げ分けることができた。彼はアーティストだった。自分の能力を知っていれば、それを一層研ぎ澄ますことが可能になる」

もう一度言おう。思いは必ず形になる。そして、あなたが最後に何を考えたかを思い起こせば、それは証明されているはずだ。

もし投手が「こいつを歩かせたらダメだ」とか、「あの球はストライクだったのに」、「あの審判にやられた」、「点をとられないようにしなければならない」といった考えを持ってしまい、その考えをすぐに消し去ることができないまま時間が経過するのを許してしまえば、それは必ずや現実のものへと進化してしまう。そうなると、次の投球に一〇〇％の集中力とエネルギーを注ぎ込もうという気持ちが、一転ネガティブな気持ちや感情に蝕ばまれてしまうのだ。

それは自信とは正反対のことだ。それはまた運にすがるようなもので、恐怖心というおまけまで付いてくる。

私が今日、サポートしている選手たちにも、簡単にそれを見て取ることができる。私も現役時代、そういうことが何度もあったからだ。そして、そのたびに私はその問題と向き合い、回避する方法を自分で見つけなければならなかった。そうしなければ、他の多くの選手たちと同様、私の野球人生も短命で終わっていただろう。

一九九三年にトーリと会って話したことが教訓になったと感じることができたのは、そのときの私がキャリア最高の年を体験したばかりだったからだ。

一九九二年、私はカージナルスで一六勝五敗、防御率二・一六、勝率〇・七六二の成績を残すことができた。勝率はナショナルリーグのトップで、サイ・ヤング賞の投票でも三位に入った。

与四球率〇・七七は、一九三三年のシンシナティのレッド・ルーカス（〇・七四）に次いで史上二位の好成績だった。しかも、二〇世紀を通して私よりも低い与四球率を記録した選手は三人しかいなかった。それはピッツバーグ・パイレーツのベイブ・アダムス（一九二〇年に〇・六二）

と、殿堂入りしたクリスティ・マシューソン（一九一三年に〇・六二、一九一四年に〇・六六）、そして同じく殿堂入りしたサイ・ヤング自身（一九〇四年に〇・六九）の三人だった。

その年、私はオールスターに選ばれ、一九九二年七月一四日にサンディエゴのジャック・マーフィー・スタジアムで行われた試合で、ナショナルリーグのボビー・コックス監督に、五回からマウンドを託された。

それは私の野球人生の頂点だったが、同時に、思考が形になることを示すわかりやすい事例でもあった。

一九九二年のシーズンの最初の三か月、私は肉体的にも精神的にも絶好調だったし、投球内容も一三年のメジャー生活の中で最も安定していた。

オールスター・ブレイクの段階で私は九勝三敗、防御率一・八七の堂々たる成績を残していた。その時の私は、自信にも満ちていた。一つの試合が終わってから五日後に先発する次の試合までのルーティンはすべて決まっていて、いつどのくらいの距離を走り、いつウェイトトレーニングをして、いつから投げ始めればいいかも、全部わかっていた。

同時に私は、次に対戦する打者の傾向や強み、弱みをよく研究していた。いつものように頭の中で実際の投球をイメージし、試合ではそのイメージを実現させた。

どんな状況もコントロールすることができたし、誰と対戦しても勝てると感じていた。

ドジャー・スタジアムで行われたオールスター・ブレイク前のロサンゼルス（・ドジャーズ）

との三連戦の最終戦が日曜日に終わり、妻と幼い息子（当時グリフィンは二歳だった）とリムジンに乗り込んでオールスター戦が行われるサンディエゴへ向かう途中、少し不安な気持ちになったが、火曜日の試合までには不安とオールスターへの過大な期待感は消え、私は落ち着きと自信を取り戻していた。

私はオールスター戦がいつもとは全く違う経験になることを覚悟していた。普段、私は先発投手だが、オールスターではブルペンに回ることになる。名誉あるオールスター戦の栄誉ある先発はトム・グラビンが務める。だから私はいつもの試合前とは違うルーティンで準備をしなければならなかった。

しかも試合はオールスター戦だ。来たる火曜日の夜には、普段よりもはるかに強いスポットライトが当たる。私はそれが何を意味するかもわかっていた。観客席から妻と息子が見守っているだけでなく、国中の人々が見ている。故郷ニューハンプシャー州にいる私の家族や友人たちも、みんな見ているに違いない。今夜、私は偉大な選手の仲間入りをする。球界のベストプレーヤーの一員となるのだ。

私はどうしても、オールスターの名に恥じないピッチングをみんなに見せたかった。外見は落ち着いて自信を持っているように装っていたが、内心はドキドキだった。どんなにメンタルの訓練を重ねてきても、これほど失敗したら失うものが大きい名誉ある大舞台だと、感情や不安や興奮が、船の錨のようにずしりと重くのしかかってくる。

試合前の選手紹介も、私にとっては決して忘れられないものとなった。私は将来、殿堂入りすることになる一四人の選手たちと並んで紹介された。グラビン、マダックス、ジョン・スモルツ、オジー・スミス、トニー・グウィン、サンドバーグ、クレイグ・ビジオ、カービー・パケット、ウェイド・ボッグス、ロベルト・アロマー、カル・リプケン・ジュニア、ポール・モリター、ケン・グリフィー・ジュニア、デニス・エカーズリー……。

バッティング練習で誰かが打ったホームランのボールが空の観客席を跳ね回る時のように、自分の名前がジャック・マーフィー・スタジアムのコンコースにこだまするのを聞きながら、私は自分の前にひざまずいて撮影しているカメラマンの方向に向かって一歩踏み出し、帽子のつばを少し持ち上げて会釈すると、選手の家族やゲスト用の指定席がある特別観覧席の方を見て、ローラとグリフィンの姿を探したが、すぐには見つからなかったので、ちょっとがっかりした。と思ったら、急に心臓がドキドキしてきた。もしかしたら、彼らに何かあったのだろうか。

その後の選手紹介とセレモニーのことはぼんやりとしか覚えていない。家族のことが気がかりで、楽しむどころではなかったからだ。

何もあるはずがない。観客席にいなかったのは何か理由があったにちがいないと、自分に言い聞かせるのが精一杯だった。

これは後からわかったことだが、実際、何も心配することはなかった。その時の私には知る由もなかったが、試合を観戦することになっていたブッシュ（・シニア）大統領とメキシコのゴルタリ大統領の車列のせいで、選手の家族を乗せたバスがスタジアムの駐車場に入るのが遅れていただけのことだったのだ。

思い出すんだ。考えは形になるんだ。子供の頃、ベッドの下にお化けがいると思うから怖かったんだってことを。おかしな考えを頭の中から追い払え！

当初の予定では、まずグラビンが最初の二イニングを投げ、次にマダックスかデビッド・コーンが投げる。残りの投手は呼び出し待ちだ。いつその機会が訪れるかはわからない。

先発投手には何から何まで、すべてお膳立てができている。登板日から起床時間、食事の時間、球場入りの時間、ウォームアップを始めるタイミングやその長さまでだ。だから先発投手は登板までの段取りをすべて自分でコントロールすることができる。

先発に慣れていた私は、過去にリリーフで投げたときは、いつも自分のパフォーマンスに対する不安がついてまわった。今回もブルペンスタートだ。しかも、舞台はオールスターだ。私の不安は今までにないほど高まった。

しかも、なんということか、グラビンが初っ端から九安打を浴び五点を失ってしまった。そのため、予定を変更して二回の途中からマダックスが投入され、そこからはいつ誰が呼ばれるかわからない状態になってしまった。

四回の途中でブルペンの電話が鳴り、私は五回から投げるように言われた。何とか状況を把握し、対戦相手のことを考えていたら、少し落ち着きを取り戻すことができた。

さあ、ショータイムだ！　四回が終わったとき、そう思った。

五回にマウンドに向かいながら、アドレナリンが大放出されて体中を駆け巡るのを感じた。マウンドで捕手のダレン・ドールトンとサインの確認をした上で、私は投球前にいつも唱えている言葉を静かに自分の中で復唱した。

「初球はストライク。先頭打者をアウトに」

ところが私は先頭バッターのジョー・カーターに二球続けてボールを投げてしまう。カーターはこの日すでに二安打一打点をあげていた。

私はゆっくりと深く息を吸う。

深呼吸、深呼吸、深呼吸。

そしてまた自分自身に語りかける。

「ブルペンで投げるのと同じように投げればいいんだ」

シーズン中に不利なカウントになるたびに自分に言い聞かせていたのと同じ言葉だ。気持ちを切り替えてリラックスして投げることに集中した結果、外角にいい速球を投げることができた。それに手を出したカーターはセカンドへの平凡なフライに終わった。

次のバッターはその時点でメジャーでトップのホームラン二八本を打っているマーク・マグワイアだ。

初球はカーブでストライク。次の外角のスライダーは外れてカウントは一―一に。次の外角への速球をマグワイアは打ち上げて、セカンドへのポップフライで二アウトに。

今のところ順調だ。

そして次はリプケンだ。

「ここがふんばりどころだ」自分にそう言い聞かせて、まずは外角への速球でワン・ストライク。もう一球外角の速球を投げたが外れてカウントは一―一に。

リプケンは次の球をファウルした。打たれていてもおかしくない球だったので、「おっと危ない」と思ったのを覚えている。

私は同じ球を続けるのが好きなので、もう一度内角へ速球を投げた。これもファウルになるが、バウンドしたボールがまっすぐに跳ね上がってリプケンの肩に当たった。

ところが、すべてを見ていて、すべてわかっているはずの「神」ダグ・ハービーが、ボールがリプケンの肩に当たったのを見逃していて、他の審判に確認もしなかった。だが、捕手のドールトンがすぐにボールを拾ってリプケンにタッチをしたので、リプケンはアウトになった。おかげで私は一〇球の三者凡退でイニングを素早く終えることができた。

ふぅー、やれやれ。

マウンドを降りながら、私は大きな安堵感を覚えた。

三一歳の私は手術、トレード、そして幾度ものマイナーへの降格を克服して今、キャリア最高のシーズンの真っ只中にいた。

オールスター戦で対戦したバッターは全員打ち取った。これで安心して、残りの試合をリラックスしながら楽しむことができそうだ。と思ったところで、ダグアウトのなかを、ボビー・コックスが私のほうへ歩いて来るのが見えた。私のピッチングを労ってくれるのだと思った。たしかに彼は「よかったよ！」と言って私を褒めてくれたが、その言葉には続きがあった。

「大丈夫か？」

大丈夫か？

これは監督が投手によく尋ねる質問で、ほとんどの投手が最も嫌う質問でもある。そしてほとんどの投手は嘘を答える。実際はどうであっても、「大丈夫か？」と聞かれたら「大丈夫です」としか答えようがないからだ。

「大丈夫です」「最高です」

大抵の投手は、監督に決めて欲しいと思っているはずだ。続投でも交代でもいいから、そっちが決めてくれ、と。

やっぱり、私も嘘をついた。

「大丈夫です」

彼はその答えを待っていたんだと言わんばかりの顔をして大きく頷くと、こう言った。

「それはよかった。もう一イニング頼んだぞ」

いきなり意気消沈した。ほんの少し前まで私の体を満たしていた満足感や喜びの感情が、一気に萎んだ。

想定外の事態だった。

オールスター戦でリリーフ投手が一イニング以上投げさせられるのを、私はあまり聞いたことがなかった。

五回に三つめのアウトを取った段階で、私のメンタルは一旦停止してしまっていた。ピッチャーにとって一旦停止したメンタルを再度奮い立たせるのは、極めて難しい。

しかし、では私はどう言えばよかったのか。

あの場面で、「ボビー、オールスター戦で二イニングなんて勘弁してくれよ」とでも言えたかって？

そもそもまだ一〇球しか投げていないのだから、体力的には問題はないはずだ。しかし、メンタルは大丈夫ではなかった。

ダグアウトに座り、イニングが終わるのを待っている間、もう一度あの場所に戻るのかと思うと、また私は緊張し始めていた。しかも今回の緊張は、最初に私が感じていた興奮ではなく、失敗するかもしれないという不安と恐怖による緊張だった。

否定的な考えを打ち消そうと必死で努力したが、それはシャンパンのコルクを抜いた後にまたそのボトルに栓をしようとするようなものだった。

五回、三者凡退でこちらの攻撃が終わった。ウォームアップ・ジャケットを脱ぎながら自分の中で心の声がこだまする。

「いいか、しくじるなよ」

私はネガティブな考えを打ち消すために、頭を左右に振ると、小走りでマウンドに行き、ウォーミングアップの投球を済ませると、集中し直すために、一旦マウンドを降りてマウンドの後ろ側に回った。

「リラックスしていこう。とにかく先頭打者をアウトにしよう」とあらためて自分に言い聞かせた。

前の回にも同じお題目を唱えたが、その時と違いこの回のそれは、絶対にできるという自信から発せられたものではなく、まるで神頼みのように自分自身でも感じられた。

六回の先頭打者はケン・グリフィー・ジュニアだった。

彼の父親は一九七〇年代の「ビッグ・レッド・マシーン」時代のシンシナティ・レッズの中心メンバーで、私が一九八六年にルーキーとしてヤンキースに入団したときのチームメイトだった。

実は私がメジャーリーグで初先発した試合では、彼の父親がレフトを守っていた。ちなみにそのときセンターは殿堂入りしたリッキー・ヘンダーソン、ライトはやはり殿堂入りしたデーブ・ウィンフィールドだった。

その息子のケン・ジュニアは、当時、みんなから「ジュニア」と呼ばれていた。パワーがありほとんど弱点のない左打者で、引退後はヘンダーソンやウィンフィールドと並んでクーパーズ・

タウンの野球殿堂入りすることになる選手だった。

彼を打ち取る最善の方法は、多様な球種を織り交ぜて、彼の体勢を崩すことだと私は考えていた。

初球はカーブが外れてワンボール。

グリフィーが次は速球を予想していることを想定し、外角低めの球を一塁側に引っかけさせようと考えた。しかし、球が真ん中に入ってしまい、グリフィーには右中間を破る二塁打を打たれてしまった。

「嫌な流れだな」

ダグアウトでコックス監督からもう一イニング投げるよう言われた直後から感じていた不安と恐怖感が、膨らみ始めていた。

ジャック・マーフィー・スタジアムにいた五万九三七二人の観客と、テレビで観戦していた数百万人の視聴者にとって、グリフィーの右中間への打球はごく普通の二塁打だったかもしれない。しかし、その時の私にとってそれは、大災難の始まりを意味していた。

次のバッターはサンディ・アロマー・ジュニアだった。彼は初球のまっすぐを後方にファウルした後、続けてもう一度速球を投げると、泳いで一塁ゴロに終わった。

その間、グリフィーは三塁に進んだが、待望の一アウトが取れたので、私は深呼吸して次のバッターに向かった。

続いて左打席に入ったブレイディ・アンダーソンに対しては、グリフィーを生還させても構わないので、とにかくアウトを取ることを優先しようと考えた。大量点を許すようなイニングにだけはしたくなかったからだ。

しかし、グリフィーに投げたカーブがあまり良くなかったため、カーブを投げることに躊躇いがあった私は、アンダーソンには外角の速球から入った。それが低く外れてボール。

続けてもう一球まっすぐを外角低めに投げると、アンダーソンはこれをひっかけて、平凡なファーストゴロに終わった。これで二アウトに。

スコアボードの「アウト」の下に表示された「二」という数字が、私の緊張と恐怖感を和らげてくれた。

「よし、もう一人だ」と、私は自分自身に言い聞かせた。あと一球でここから抜け出せるぞ。

次打者のカルロス・バイエガはクリーブランド（・インディアンズ）の若い二塁手で、スイッチヒッターだった。バイエガが左打席に入る。彼が早いカウントから積極的に打ってくるバッターなのは知っていた。前の二人にはまっすぐから入ったので、今回は目先を変えた方がいいだろうと考えた。

その日、私はカーブに対して一〇〇％の自信はなかったが、その時は今投げるべき球はカーブだと思った。しかし、一〇〇％の自信がないまま投げた球は意図したところにいかず、高く浮いてしまった。それでワンボール。

もう一球カーブを投げてもよかったが、あえてそこでまっすぐを投げると、カルロスは空振りして、カウントは一―一に。

これで選択肢が広がった。もう一球カーブを投げてもいいし、ストライクゾーンの低めに投げられるのであれば、速球でもいい。

私はまっすぐを選んだが、グリフィーの時と同じように、バイエガが得意とする内角高めに浮いてしまった。それを彼は難なく左中間に運び、三塁ランナーのグリフィーが返ってまず一点目が入る。

バイエガは二塁に進んだが、既にツーアウトだから大したことではないと考えることもできたはずだった。ところが、その時の私は、まるで瞬く間に燃え広がる山火事の火中にいるかのような感覚にとらわれていた。

とにかくその場から逃げ出したかった。緊張で身体が固くなり、胸が苦しくなり、頭の中はすっかり混乱していた。

次のバッターはロビン・ベンチュラだった。ベンチュラには目先を変えるために、もう一度バックドアのスライダーから入ることにした。

ホームプレートを外れた球にベンチュラは目もくれず、ワンボール。

次にこの試合で初めてチェンジアップを投げてみた。ストライクがコールされ、カウントは一―一に。

ベンチュラはチェンジアップが二球続くことはないだろうと考えているとみて、裏をかいてもう一球チェンジアップを投げたが、それが低く外れ、カウントは二―一に。

私は次に内角へのまっすぐを選択したが、それがまずかった。

反射神経がよくて俊敏なベンチュラを速球で翻弄することは、腹を空かせた黒いラブラドル・リトリーバーからTボーンステーキ肉を隠すのと同じくらい難しいことだった。

ロビンは鋭いライナーで一塁手のフレッド・マグリフの横を抜き、このイニング三本目の二塁打で、二塁ランナーのバイエガを返して二点目が入る。

恐れていたことが起きていた。何千もの思いが心に押し寄せていた。一イニングだけにしておけばよかったのだ。あそこはチェンジアップを投げるべきだった。テレビで全国中継されているのに、こんなことになるなんて信じられない。

私はさらし者にされているように感じ、恥ずかしかった。イニングが最悪の方向に向かっていた。

次の、強打者の外野手ルーベン・シエラが打席に入ったとき、私はもう、彼の打球が誰かに当たって、この悪い夢を終わらせてくれないかと願うような心理状態に陥っていた。

シエラに対しては初球のチェンジアップが決まりストライクが先行したが、次の外角へのまっすぐは大きく外れて一―一に。

シエラを見ると、彼は打席でとてもリラックスしているように見えた。ヒットが続くと、バッターたちは驚くほど勢いづいてくる。代わる代わる打席に入ってくる打者たちは、マウンド上で傷ついた獲物の血の匂いを嗅ぎつけて集まってきた猛獣のようで、誰もがとどめを刺すチャンスをうかがっている。

そして今、その獲物は自分だった。

私の頭の中を、後ろ向きな言葉が支配していた。今日はカーブが良くないので投げられない。まっすぐはコントロールが定まらない。じゃあ何を投げればいいんだ?

緊急時には緊急対応が必要だ。ならばと、私はルーベンの裏をかいてチェンジアップを選択した。

その狙いは部分的には功を奏したが、不十分だった。

彼は突っ込んで、ほとんど片手打ちになったが、ボールはしっかりと捉えていた。結果は片手打ちのツーランホームランだった。

この回七人目の打者となるトラビス・フライマンが打席に入る。私の視界の端に、救いの手を差し伸べるかのように、ブルペンでウォーミングアップを始める投手の姿が見えた。

もはや私は感覚がなくなっていた。

絶望的だった。

夢見ていたオールスターの舞台は悪夢と化していた。

「こんなこと、ありえない。一体今、何が起きているんだ？」

フライマンに対する最初の二球は、私はストライクだと思ったが、主審のハービーにボールと判定されると、またそこから次々と否定的な思考が広がっていった。

「ダグ、冗談じゃないぜ！　勘弁してくれよ」

「俺はバッターを歩かせないことで知られた投手なんだぜ」

「プレッシャーで押しつぶされそうになっている俺から、まだ絞り取ろうっていうのかい？」

集中力を失った私の次の二球はストライクゾーンを大きく外れ、何とストレートのフォアボールでフライマンを歩かせてしまった。

これで交代になると確信した私は、コックスがマウンドに向かって歩いて来るのを見て、ほっとした。しかし、その安堵感は前のイニングにマウンドを降りたときに感じた安堵感とはまったく別物だった。

それがもう何時間も前のことのように思えた。

もうあとワンアウトが取れれば、オールスターゲームで二回無失点という結果で終われたのに、すべてが台無しになってしまった。

コックスが近づいてきて「テュークス、悪いがここで交代にさせてもらう」と穏やかに言った。

私は何も言わずに、黙って彼にボールを渡した。

それからの数年間、何度となくこのときのことを分析した結果、私はいくつかの結論に達した。

まず、私は勝手に一イニングのみと決めつけずに、監督から交代を告げられるまでは集中力を切らせてはならなかった。そうすればメンタルな優位性を維持することができたはずだ。

同時に、心の中の自分との対話をポジティブに保ち、目の前の仕事に集中することで、もっとうまく自分の思考をコントロールしなければならなかった。

また、その時自分に起きていることを、個人的な問題として捉えるべきではなかった。それがより多くの不安とストレスを生み、私の上にのし掛かっていた。

加えて、問題を自分が消化できるより小さいサイズに分け、一つ一つ解決していくべきだった。そして、とにかく次の球に集中し、他のことすべてには目をつぶるべきだった。

この試合の六回の大荒れを横に置くと、そもそもオールスターに選ばれたことと、五回の投球はよかったこと、そして一九九二年のシーズは総じて好成績だった（勝率〇・七六二はナショナルリーグで一位だったし、サイ・ヤング賞の投票では三位に入った！）ことを考えると、一九九三年五月のあの試合で、トーリがマウンドに来たとき、私がもっと自信をもって堂々と対応してもおかしくはなかった。

しかし、野球というスポーツは、予想外のタイミングで、選手の調子を狂わせるような不意打ちを喰らわせてくれることがよくあるスポーツだ。

私はプロになって以来、自分はメジャーリーグでプレーするに値する選手だと信じ、実際にそれを実現するために頑張ってきた。自分がプロで何イニング投げようが、所属チームのガイドブックのプロフィールにどれだけの輝かしいキャリアが書き込まれようが、私のその戦いは決して終わることはない。

成功を受け入れる。九三年のシーズン初頭、昨年のオールスター選手だった私にトーリが教えてくれたあの教訓は、とても価値のあるものだった。

今日までその教訓を消化してきたところ、最近になってそこにはもう一つの論点があることがわかってきた。それは、プロになって以来、ずっと頑張ってきた甲斐あって、メジャーリーグ球団でローテーションに定着できる好投手になるという目標が叶ったとき、その成功に対処しなければならない若者にとっても、価値のある教訓となるだろう。

年齢や経験のレベルにかかわらず、トレーラーハウスで生まれ育った貧しい少年が、今では年俸二〇〇万ドルのオールスター選手になれるなんて、私にとっては想像を絶する夢のようなできごとだった。

私の初めてのインセンティブ契約は、リトルリーグでコーチと交わした約束で、試合に勝てたらご褒美にマクドナルドを奢ってもらえるというものだった。

それがある日突然、人生も金も、チーズバーガーを遥かに超えた大きなものになる。今も貧しい環境の出身ながら、超高額の給料をもらうようになった選手は大勢いる。自分はこんな大金をもらうほどいい選手なのか。こんな大金を稼げるなんて信じられない。好成績を残せば、もっとたくさん稼げる、といった言葉が、頭の中でこだまする。

子供の頃に刻まれた自分に対するセルフイメージと、メジャーに上がるまでの戦いと、メジャーにいる現在の自分とは、なかなか結びつかないものだ。

現場であれ職場であれ、どこかの時点で人々は、自分のセルフイメージのレベルで仕事をするようになる。それはゴルフでもよくあることだ。

ゴルフではプレーヤーのハンディキャップと関係なく、前半九ホールがすごくよかった時は、必ずといっていいほど後半の九ホールで大きく崩れ、大体最終スコアは自分のハンディ前後に落ち着くものだ。

もちろんその逆の場合もある。

だからこそ、オーレル・ハーシュハイザーが一九八八年に達成した五九イニング連続無失点の記録は驚異的なのだ。

彼はどこかの時点で、「もう一九イニングか。そろそろ十分だろ」とか、「いいぞ、これで三〇イニングか。もう少しいけるかな」などとは考えなかった。彼はあのようなとてつもない数字になるまで、目の前のこと、つまり次の球や次の打者や次のイニングにのみ集中し続けることができた。だからこそ私たちにとってあの時の彼の投球は、あれから三〇年近くが経った今も、シャガールやレンブラントの傑作のように、色褪せることのない一流の芸術であり続けるのだ。

自分自身に制約を課してしまうセルフイメージは、いろいろな物事から影響を受けながら、長い年月をかけて醸成されるものだ。中でも社会的、経済的な要因と環境的要因、そして親の影響が大きい。

そうしたものに影響を受けながら、私たちは自分自身に対する何らかのセルフイメージを持つようになる。そこには肯定的なものと否定的なものが混じっていて、それが自分のセルフイメージに一貫性を与える。

人は今手にしているものだけで満足してはいけないという教えがある。しかし、それは誰かから教わるか、自分で学習しなければわからないことだ。私はそれを一九九三年五月のあの日に、トーリのオフィスで学んだ。

私が「成功を受け入れる」と表現する考え方を、トーリは黄金時代のヤンキースの監督時代、デレク・ジーターやマリアノ・リベラら主力メンバーに対して、こんな言葉で表現していたそうだ。

「信頼」

トーリはこう語る。

「結局は信頼というところに帰結します。その選手が状況をちゃんと把握できていると信頼できるなら、多少プレッシャーがかかるような場面を迎えても、その選手が焦って取り乱してしまうようなことはありません。例えば、テュクシーがそうでした。彼が重要な場面でも対応できるピッチングができたのは、自分がコントロールできるペースで試合を進めることができたからです。そこには、一定の信頼があります。私の考えでは、投手を交代すべきかどうかを決めなければならない局面で、それまで投げていた投手に対する信頼があれば、仮にその投手が七割か八割の力しか残っていなかったとしても、続投させた方がいいときがあります。データも重要ですが、監督にとっては自分の選手を知ることの方がはるかに重要です。どんなに多くのデータを並べてみても、すべてがわかるわけではないからです」

時には、低めに投げたつもりの速球が、思ったところに行かないこともある。時には大統領の車列のせいで、妻や子供たちの球場への到着が遅れることもある。

小さいことも大きいことも、思考は形になる。

フィールドでも職場でも教室でも、後先のことを考えず、集中力を切らす原因となり得るすべてのものを頭の中から排除するのは、決して容易なことではない。

一九九〇年にカージナルスの監督になったとき、トーリの前職は野球の解説者だった。その時のトーリは、一九八四年にアトランタ・ブレーブスの監督を辞めて以来、六年近くも現場から離れていた。

「監督業から長年離れていたので、セントルイスの監督就任直後は私にとって重要な時期でした。そんな時期に最初に私を勝たせてくれたのが、彼でした」とトーリは語る。

それは、八月二日木曜日、フィラデルフィアで、ニック・レイバ監督率いるフィリーズと対戦した試合だった。

トーリはこのシリーズ最終戦で、監督代行を務めていたレッド・ショーエンディエンストからチームを引き継いでいた。私はその試合で五回を投げ、フィリーズを二点に抑えて四対三で勝利した。

それ以来、トーリ監督の下、私はこのチームで四シーズンプレーし、トータルで六一勝したことに加え、肉体とメンタルの両面で飛躍的に成長することができた。

また、私はできるだけ時間を無駄にせず投げた。

「長時間の試合が嫌いだった私にとって、だらだら投げない彼はありがたい存在でした」と、現在ＭＬＢのチーフ・ベースボール・オフィサーとして試合時間の短縮に取り組んでいるトーリは笑いながら言う。

「彼はボールが返球されると、間髪を入れずにまた投げます。彼には明確なゲーム・プランがあり、とてもコントロールがいい。彼が職人タイプの投手であることは知っていましたが、私にとって彼はそれ以上の存在でした。私が野球がユニークだと感じるところは、選手一人一人をよく知ることができることです。そして、選手のことを知ることができれば、何が彼らのプラスになるのかや、自分はどのようにしてその手助けができるのかをより良く理解できるようになります。テュクシーは性格はおおらかですが、熱意がありました。それは、野球に不可欠なものです。もし野球なんてどうでもいいと思っている選手がいたら、それは相手からも見抜かれてしまいます。そうした内面は外から透けて見えてしまうものです」

今、野球界の重鎮となったトーリは、私が第二の人生で、選手として学んだ教訓を活かしてメンタルスキル・コーチになったことについて、私に合っていると感じていると言う。

「テュクシーはとても思いやりのある人間です。彼は理知的で、スケッチが得意な芸術家タイプでもあります。しかも、彼はどんな時も理由を知りたがります。彼は準備の仕方などについても、自分の考えを持っています。だから彼がそういう仕事をすることになったことを知った時も、私は驚かなかったし、嬉しく思いました。選手というのは現役を引退すると、心に大きな穴が空いたように感じるものです。特に、成功した選手にとって、突然まったく別の仕事に就くのは決して簡単なことではありません。野球選手のライフスタイルは、他の職業とは大きく異なります。その一方で野球選手の選手生命は長く、試合数も多いので、もはやそれは単なるゲームというよりも、人生そのものです。週に二、三試合しかしないアメリカンフットボールやバスケットボールやアイスホッケーと違い、野球は毎日プレーするものだからです」

だからこそ野球は、実に多くのことを考え、理解しなくてはならないスポーツなのだ。

第8章　鳥の餌から心の栄養へ

マイナーリーグのクラブハウスに入ると、見慣れた景色が目に飛び込んでくる。汗臭いロッカールームのフロアには、選手たちが移動用によく使うダッフルバッグが散らばり、カーペットの上にはスパイクから落ちた土のカスがあちこちで粘土のような塊になっている。

ゴミ箱のまわりに散乱しているつぶれた紙コップは、選手たちがバスケットボールのシュートを真似してカップを投げ入れようとした際に外した分だ。テーブルの上にはポテトチップスやプレッツェルやピーナッツバターとゼリーのサンドイッチが置かれている。

ここには希望に満ちた目とハングリーなハートを持った一八歳から二七歳までの選手たちが集まっている。

この日、私はニューハンプシャー州マンチェスターにあるノースイースト・デルタ・デンタル・スタジアム内のビジター・チーム用のクラブハウスにいた。やはりここもピーナッツ・バターの匂いがした。

私は、トロント・ブルージェイズ傘下の2Aニューハンプシャー・フィッシャーキャッツと対戦するためにマンチェスターに来ていた、ボストン・レッドソックス傘下のポートランド・シードッグズの選手たちに会いに来ていた。

それはシーズン半ばの時期で、マイナーリーグの単調でつらい日々が選手たちの心理に影響を及ぼし始める頃だった。そこで私は、試合前の打撃練習の前に、選手たちに話をするように頼まれていた。

私は選手たちがどのような心理状態にあるのかを知りたかったので、「君たちの中で、自分が持っているポテンシャルをフルに発揮できていると感じている人は何人いるかな？」と尋ねてみた。

誰も手を挙げない。

そこで私はパフォーマンスにおける三つの重要な柱について説明をする。

一つはフィジカル。言うまでもなくウェイトトレーニングや有酸素運動で鍛えるものだ。

もう一つは基礎。打撃や投球、守備など、グラウンドで練習することだ。

そしてもう一つがメンタル。

それを説明した上で、私はもう一度、挙手を求めた。

「自分がポテンシャルを発揮できていない原因が、フィジカルにあると思っている人は何人いるかな？」

誰の手も上がらない。

「ＯＫ。それじゃ、自分のポテンシャルを発揮できていないのは、基礎に原因があると思う人は？」

二人の選手が躊躇いがちにゆっくりと手を挙げた。

「わかった。それじゃ、これはどうかな。自分がポテンシャルを発揮できていないのは、メンタルなことに原因があると思っている人は何人いるかな？」

すると全員の手が挙がった。

これこそが、野球というスポーツの腹立たしいほどつかみどころのない部分だ。ある日突然、物事が当初の計画通りに行かなくなる。突如として、視界不良に陥るのだ。メンタル以外は、ほぼすべての領域で、自分がやらなくてはならないことを定量化することができるのに、メンタルだけはそうはいかない。

バッティングがスランプに陥っただって？　明日早めに出てきてバッティングケージに入り、一〇〇本の特打をして、打撃コーチに丁寧に指導してもらえばいい。

思い通りにシャープな守備ができないって？　今日の午後の打撃練習の前に、内野守備コーチに一〇〇本のノックをお願いすれば、きっと丁寧に個別指導してくれるだろう。

シーズン終盤に疲れが溜まってくると、調子があがらなくなるって？　冬のオフのウェイトトレーニングで体重を増やし、有酸素運動を増やして体力を強化すればいい。

どの課題も、それを克服するために何をしなければならないかがはっきりしている。しかし、ポテトチップスやゲータレードのカップが散乱するクラブハウスの中で、これまでよりも格段に才能のある選手たちに囲まれてプレーしている選手が、ある日、長年の夢が自分の手の指の間からすり抜けていくような、言葉では説明し難い苦しい感覚を覚えた時、その選手はどうしたらいいのだろうか？

実はこれはほとんどすべての選手にとって、「もしそうなったらどうするか」という仮定の問題などではない。「そうなったときにどうするか」を問う、いたって現実的な問題なのだ。

どんな選手でも必ず逆風に晒されるときが来る。それはとても厳しい世界だ。

一八七六年のナショナル・リーグ創設以来、メジャーリーグで一試合でも出場したことのある選手は一万九〇〇〇人強(1)しかいない。統計によると、現在高校で野球をしている選手は約四八万三〇〇〇人(2)いる。そのうち、最高位のリーグであるディビジョン1の大学に進学して野球ができるのは四七人に一人、さらにメジャーリーグで野球ができるのは七六四人に一人しかいない。

マイナーリーグの1Aクラスからメジャーリーグにいたるどのレベルでも、プロになるような選手はそれぞれの過程で誰もがチームで一番の傑出した選手だった。そして誰もが皆、そんな状態に慣れている選手ばかりだ。

しかし、契約書にサインしてプロになり、テネシー州エリザベストン[1]やモンタナ州ビリングス[2]のような世界の最果てのような僻地にあるルーキーリーグのチームに入団すると、そこには自分と同じくらい才能のある選手がゴロゴロいることに、いきなり気づかされる。

彼らは誰もが自分と同じくらい祝福されてきた選手であり、そして同時に、彼らのほとんどが、自分と同じような不安を抱えているのだ。

これほどまでに競争が熾烈な世界では、誰もが何がしかの心配事を抱えている。その状態は永久に変わることはないだろう。単にそれが、傍から見て明らかなときもあれば、そうでもないときがあるだけだ。

何かに取り憑かれたようにいつもより長い時間バッティング練習をしていたり、何時までもビデオを見続けたりしている選手の多くは、自分のスイングの力学的な問題を改善したいのではなく、実は自分の不安を鎮めたいだけなのではないかと感じることがよくある。

他にも心配事はいくらでもある。

もしかするとその選手は生まれて初めて腕に痛みを感じ、不安でしょうがないのかもしれない。

二塁手のポジションを争っている競争相手が、この一〇日間、ヒットを打ちまくっていることが気になっているのかもしれない。

高校時代の彼女と初めて離れ離れになり、彼女との関係がギクシャクし始めていることに悩んでいるのかもしれない。

車のローンの次の支払いができるかを心配しているのかもしれない。

こういう問題はどれも、ノートパソコンを開いてビデオを見ればすぐ解決できるようなものではない。

私は選手たちに、あなた達の才能や自信は、ある日、誰かが突然注射器を持って部屋に入って来て、腕に針を突き刺して抜き取ったりできるものではないことをよく説明した上で（少なくとも三〇代後半になるまでこれは本当だ）、自分が才能を失う心配などしなくていいことを納得させるよう努めることにしている。

選手は自分と自分の周りで起きていることを大局的にとらえる視座を持ちにくい。自信には流動性があり、常に上下動を繰り返している。シーズン中、自信に満ちている時があったり、それを失っている時があったりするのは、そのためだ。

特に、野球は結果が物を言うスポーツなので、自信は「結果」にも左右される。

しかし、真の自信は結果になど左右されない。

そうだ。真の自信とは、結果の如何に関わらず、自分が自分の能力を信じていることを自覚することだ。

トップレベルの選手には、しばしば非現実的な期待がかけられるが、誰だって毎回ヒットを打ったり、毎回完璧なピッチングなどできるはずがない。三振したり、ど真ん中に投げてしまうことだって当然ある。

本当の自信とは、困難に直面したときに、それに対処するだけでなく、時間と努力と粘り強さによって、それを克服するための力が自分に備わっていることを知っているということだ。

自信は感情だが、それは気まぐれなものだ。非現実的な期待に応えられないと消耗していくし、良いことを考えたり過去の成功を思い起こしたりすると、改善されたりする。否定的な考えは決して肯定的な結果をもたらさない。

強打者のデビッド・オルティーズとは、彼が二二歳で私が三七歳のときにミネソタ・ツインズのチームメイトとして初めて出会い、その後、揃ってボストン・レッドソックスに移籍した仲だ。そのオルティーズが、私についてこんなことを言う。

「あんな球でよくあれほど長く投手をやれたなと彼をからかったこともあったけど、このジャングルで生き延びるには、飛び切り頭が良くなければいけないことは確かだよ。その意味で、彼は特別だといつも思っていたよ」

一九九八から九九年の冬、メジャーで一三シーズン投げ三八歳になった私は、もう十分やり切ったと思い、一つの決断を下した。

決断のきっかけは、九八年のシーズンの終わり頃に、子供の学校が始まったので、私一人をミネソタに残してローラと子供たちがニューハンプシャーに帰っていったことだった。

あれは辛いシーズンだった。私はシーズン半ばに五週間、故障者リスト（DL）に載り、チームは最終的に七〇勝九二敗に終わった。私の九月の成績も〇勝四敗、防御率八・四六と散々だった。

その年の冬、ボストン・レッドソックスとフィラデルフィア・フィリーズとの話し合いが不発に終わり、来シーズン私が自宅に近いボストンでプレーできる可能性はなくなっていた。そこで私は、セントレオ・カレッジで一八年前に中断していた体育の学位を取得するためのコースの履修を再開するために、ニューハンプシャー州ヘニカーにあるニューイングランド・カレッジに願書を提出した（ちなみにヘニカーという名の町はアメリカにはここしかない。しかもここは一九八一年に発案された「ペイントボール」というスポーツ発祥の地だ。ちょっとした雑学だけど知っておくとそのうちいいことがあるかもしれない）。長い年月が経つ中で、かつてのセントレオ・カレッジはなんとセントレオ大学（University）になっていた。ずいぶんと出世したもんだ。

その冬の日の午後、ボストンでローラとともに、当時レッドソックスのゼネラルマネージャーだったダン・デュケットと昼食をともにする機会を得た。デュケットは私に、１Ａのローウェルのピッチング・コーチの仕事をオファーしてくれた。申し出はありがたかったが、私には興味がなかった。

そもそも、家族と一緒に過ごす時間が欲しかったから引退したのだ。来年の夏、またあの辛いスケジュールに拘束されるくらいなら、もう一シーズン現役を続けた方がまだましだったし、少なくともその方がはるかに報酬はよかった。

ただ、その時、私はデュケットに一つ助言をした。

それは、少なくともマイナーリーグの選手たちには、何らかのアドバイザー役が必要なのではないかということだった。そして、私はそういう仕事に関わりたいと思っているが、引退した直後に未経験の難しい領域にいきなり飛び込むことには抵抗があることも伝えた。

それを聞いた彼は、私をボストン傘下の2Aと3Aのレベルで見込みのあるトップ選手の相談に乗るピッチング・コンサルタントとして雇ってくれた。

私は一九九九年から二〇〇三年にかけてこの仕事に就いたが、その中で私は、スポーツ心理コンサルタントとしてレッドソックスのマイナーリーグの選手たちを相手に働いていたダグ・ガードナーという人物と出会った。ダグはボストン大学で教育学の博士課程を修了していた。

彼は私のこの分野に対する関心に火をつけ、彼がボストン大学で発達研究やカウンセリングの学位を取得するまでの経緯などを教えてくれた。

なるほど。

何年も昔の話だが、私は *the Greatest Salesman in the World*（『世界一の商人』）をむさぼり読み、その著者に靴を売ったことがあった。その後に出会った呼吸や前向きな日常を生きるためのレッスンを扱った自己啓発本のオーディオブックによって、自分は内面から変わることができたと感じていた。

それに私は一三年もの長きにわたり、キャットフィッシュ・ハンターやテッド・シモンズ、ジョー・トーリ、ブルース・ボチー、そして、そうルー・ピネラなど球界でも屈指の教授陣から大学院さながらの教えを受けてきたし、自分自身でも積極的に（やや積極的すぎた時もあったかもしれないが）に学んできた。

その頃から私は、ボストン大学でスポーツ心理学とカウンセリングの修士号を取得することを真剣に考え始めた。

二つの問題を除けば、それはすばらしいアイデアに思えた。一つ目の問題は、それが一朝一夕で達成できるような簡単なものではないということ。それには少々時間がかかる。

そして二つ目の問題は、子供たちの大学の授業料や教育にもっともおカネがかかる時期が近づいている時に、自分の学位取得のために数千ドルを費やさなければならないのは、実に心苦しいことだった。

私がポータケット[3]にあるレッドソックス傘下の３Ａチームを訪れたのは、そんな時だった。家からわずか二時間ほど南に行ったところにある目的地へと向かう、ごく平凡なドライブで始まったその日は、その後、深夜にニューヨークまで車を運転して、翌朝にはまた車で戻ってくるという、予想外に異常なドライブで終わることになる。その理由は、私がその日に話をした選手の一人が、コカインを使っていることを私に打ち明け、助けを求めてきたからだった。

私は不意を衝かれた。

それを聞いた時の私の瞬間的な反応は、直ちにレッドソックスの人事担当者に連絡するように進言することだった。しかし、彼は球団には話したくないと言う。

そこで私は、メジャーリーグ・ベースボールの選手会でメディカル・ディレクターを務めるジョエル・ソロモン医師に助言を求めた。ソロモン医師とは長年、毎年一月に開催されるＭＬＢの新人発掘プログラムに一緒に関わってきた仲だった。

私はこの問題を球団ではなくジョエルに話した。なぜなら、当時の（そしてその後何年も続くことになる）私の仕事には、選手たちからの信頼が不可欠になると考えたからだ。その絆がなければ、私の仕事はまったく無意味なものになってしまう。

私から連絡を受けたソロモン医師は、その選手を翌朝八時にニューヨークのオフィスに連れて来ることができるかと私に尋ねた。私は「もちろんだ」と即答し、その日の夜の試合が終わると、その選手を連れて夜通し車を運転してニューヨークへと向かったのだった。

午前三時ごろニューヨークのホテルにチェックインし、七時半に起きて、八時のアポに間に合うようにソロモン医師のオフィスに入った。それが終わると、その日の午後の打撃練習に間に合うように、私は一人で車を運転して、その選手をポータケットまで送り届けた。

隣の席で選手が眠る車の中で、ロードアイランドまでの帰り道、車を運転しながら、妙に心がざわついたことを今でもはっきりと覚えている。

私はこの選手のことをチームに報告すべきだっただろうか？

もし私がそうしていたら、私と選手たちとの関係はどうなっていただろうか？

この選手はこの先、どうやって医師の診察を受けるのだろうか？

様々な考えがピストンのように発射され続ける中、高速道路がまだこの先延々と続くのと同じくらいはっきりしていることが、もう一つあった。

私の一八年にわたるプロ野球人生は、良い時もあれば悪い時もあった。手術も経験したし、戦略や希望、恐怖、成功、苦闘など、様々な経験を積んできた。だから恐らく私はフィールド内では、どんな状況についてもアドバイスをする十分な資格があるだろう。しかし、その一方で、今の私に、フィールド外で立ち向かわなくてはいけない難題を抱える選手を助けるために必要な力が、あるだろうか。これまでのすべての経験を足しても、自分にはそれが足りないのではないか。現場で学んだことを更に高次元に引き上げ、補完するために、ボストン大学に申し込む決断を下すべきときが来たのだ。

私は二〇〇三年にボストン大学に出願し、猛勉強の末、二〇〇四年にスポーツ心理学とカウンセリングの修士号を取得して、優秀な成績で卒業した。

二〇〇五年には、レッドソックス傘下のマイナーリーグのチームでメンタルスキル・コーチとして働き始めると同時に、二〇〇三年から、ケーブル・衛星テレビ局のニューイングランド・スポーツ・ネットワーク（NESN）での野球解説の仕事も楽しみながらやっていた。

次にやることが何であれ、野球解説は自分の現役時代とその後のキャリアの橋渡しにはぴったりの仕事だった。そしてある意味で、それはピッチングと似ていた。

テレビに出るときは、打者と対戦するときと同じように準備が必要だし、マウンド上と同じように、自分をオンの状態にもっていく必要があった。

私は二〇〇四年、レッドソックスが奇跡的な逆転優勝を遂げることになるヤンキースとのアメリカンリーグ優勝決定シリーズが放送されていたときも、テレビに出演していた（ボストン・グローブ紙のコラムニスト、ボブ・ライアンは、ヤンキースが三勝〇敗でリードしたとき、「間もなく終わるだろう。そして私たちは、あれこれ嘆き悲しみながら、またわびしい冬を過ごすのだろう」と書いていた）。私は八六年間続いた「バンビーノの呪い」をレッドソックスが打ち破った正に瞬間を、放送席から見ていた。

私は最高のタイミングで、レッドソックスに加わることができた。と同時に、修士号を取得した今、一つの選択をしなければならなかった。テレビの仕事は大好きだったが、人間の心を理解することは私のライフワークであり、情熱でもあった。その時の私にはそれがよくわかっていた。

サンフランシスコ・ジャイアンツのベースボール・オペレーション部長で、私と同じニューハンプシャー州コンコード出身のブライアン・サビーンは言う。

「テュークスは誇っていいと思う。現役引退後、あの歳で大学に入り直し、それまでとはまったく違う道を選び、新たな道を切り開いた。野球はあらゆるスポーツの中でメンタルスキルの側面を取り入れるのが最も遅かったが、その中ではボストン・レッドソックスが先駆者となった。そして彼はその先駆けの一人となった。彼は素晴らしい人間なので、野球の世界でやりたいことは何でもできた」

初期の頃の私の重要な任務の一つは、ボストン傘下のマイナーリーグ下部のチームで、ドラフトされたり契約したばかりの若者たちをよく知ることだった。

その頃、レッドソックス傘下には、レスター、リゾ、ジョナサン・パペルボン、ダスティン・

ペドロイア、ケビン・ユーキリス、クレイ・バックホルツ、ジャコビー・エルズベリー、ジェド・ラウリー、ジョシュ・レディック、ライアン・ケイリッシュなどの選手たちがいた。

なんと豪華な顔ぶれだろう。

彼らと会話をするたびに、信頼の大切さを痛感させられた。

人と人との関係は常に会話から始まる。そこに近道はない。家を建てるのも、人間関係を築くのも、強力な基盤抜きにはあり得ない。

アンソニー・リゾはこう言う。

「球団によっては、メンタルスキル・コーチが選手の情報を球団の上層部に告げ口しているなんて話も聞くが、テュークスは元選手だよ。投手として一〇〇勝以上もしているし、一〇〇敗以上もしている、素晴らしい経歴の持ち主だからね。しかもオールスターにも選ばれているし、メジャーとマイナーの間を七回も行ったり来たりしているだろ。これはメンタルスキル・コーチとしては十分すぎる経歴だよ。話しやすいし、野球という仕事が簡単なものではないこともわかっている。彼は選手の調子が悪いとき、それが選手自身にとっても最悪なことだし、まわりにとっても最悪なことを理解している。だから、そういうことについて話したり、コントロールしたりする上で、彼はすごく力になってくれるんだ」

二〇〇七年のドラフトで一七歳にしてレッドソックスから六巡目で指名されたリゾは、フロリダ州パークランドにあるストーンマン・ダグラス高校に在学中だった。二〇〇二年のドラフト二巡目でボストンから指名されたレスターは、ワシントン州タコマのベラミン・プレパラトリー・スクールに通う一八歳の高校生だった。

私は二人とは入団直後に出会った。

すぐに仲良くなる選手もいれば、メジャー六年目の二九歳のときに連絡してきたレスターのように、知り合った頃はそれほど親しくはなかったが、後にとても親しくなった選手もいた。

誰もが皆、違う道を歩んでいる。成功へ続く道は一つだけではないが、野球にも普遍的な真実はある。

先発投手が、登板が予定される日の朝、起きてトイレに行くために足を床に下ろした瞬間に、ネガティブなことを考えないように心をコントロールするのは極めて難しいことだ。野手の場合も、スランプだったり何日か出場機会がなかったりした後は、同じような状態に陥る。

野球史には、彗星のごとく現れ彗星のごとく消えていった選手が大勢いる。そして消えていった選手たちは残りの人生で、かつての栄光を追い求め続けることになる。どうしたって、その後の人生には落胆を禁じ得ないからだ。

子供時代のティーボール[4]から高校、大学を通じて、すべてのレベルでずっとスターだった彼らは、挫折にどう対処したらいいのかがわからない。しかし、プロの世界では、世界最高レベルの選手たちが鎬を削っているのだ。誰もがどこかの段階で壁にぶつかるのは当然のことだ。

かつてメジャーリーグで監督を務めたジム・リーランドは、試合で調子が悪かった投手について、よくこんなことを言っていた。

「相手のバッターだってキャデラックに乗ってるんだから、無理もないさ」

スポーツ心理学のパイオニアで、一九八九年のオークランド・アスレチックスと一九九七年のフロリダ・マーリンズのワールドシリーズ優勝に貢献し、チャンピオンリングを二つ持っているハーベイ・ドルフマンは、著書『野球のメンタルトレーニング』の中で、「自信の最大の障害は恐怖心である」と書いている。

恐れを抱きたくなる理由はいくらでもある。恥をかくかもしれない、負けるかもしれない、家族を失望させるかもしれない等々。あまりにもたくさんあるので、全部を挙げようと思ったら、今週いっぱいはかかってしまう。

しかし、それを一言で言えばこういうことになる。

「失敗に対する恐れ」だ。

恐れを意味する単語FEARというのは、“false evidence appearing real”（偽の証拠が現実に見えること）の頭文字を取ったものなのだ。

恐れはマウンドに向かう前、自分のパフォーマンスに不安を感じることから生じる。たとえばピッチャーは、いいピッチングができるかどうかわからない。勝てるかどうかもわからない。どんな結果が待ち受けているかわからないために、自信のない投手には恐れが生じる。恐怖が忍び寄ってくると、投手の関心は好投できなかった場合にどんなひどい事が待ち受けているかばかりに向けられてしまう。

「自分の成績がシュレッダーにかけたくなるほどひどいものになってしまうのではないか」とか「ローテーションから外されてしまうのではないか」などだ。

こんなことを考えている投手は、自分が自分の心をコントロールするのではなく、自分の心に自分がコントロールされてしまっている。そして、その結果、いいピッチングができなかった場合に起き得る破滅的な結果を、心が創り出してしまうのだ。

「自分はメジャーでは通用しない」

「戦力外通告されてしまう」

「大学の奨学金を失うかもしれない」

「父さんに叱られる」

次の一球や次のバッターや次のイニングに集中すべきときに、心はこんなにも多くの雑音に耳を貸してしまうのだ。

自信に満ちているように見える選手だって、実は恐怖心と戦っている。ただし彼らの違うところは、自分が恐怖心にコントロールされることを許さず、自分がそれをコントロールしているところだ。

そして、カギはそれが認識できているかどうかにある。

選手がこの問題に十分な注意を払えるようになれば、試合中にどんなことが起きると自分が落ち着かなくなるかがわかり、あらかじめそのような状況を避けるように努めることが可能になる。

中には十分なウォーミングアップができないと自信が持てないピッチャーもいるかもしれない。

四球を許すとそうなる人もいるだろう。

味方のエラーですぐ動揺してしまう投手もいる。

審判の微妙な判定に左右される場合もある。

得点圏の走者を背負うと恐怖心に襲われやすいピッチャーもいる。

寒い日のピッチングが苦手な人もいる。

他にもデイゲームが嫌いだったり、逆にナイターが嫌いだったり等々。

理由は何であれ、自信や落ち着きを失うと、選手の心の中の声は否定的で破滅的な方向に向かい始める。そしてそれが、まさに選手が回避したいと考えていたパフォーマンスを生んでしまうのだ。

　私がピーナッツバターとジェリーのサンドイッチが置かれているテーブルの横でマイナーリーグの選手と座って話す時も、より豪華なチキンパルメザンやサーモングリルが置かれている広い会場でメジャーリーグの選手と話す時も、最も重要なテーマはいつも自身の内なる声（セルフトーク）だ。

　しかし、本当に重要なのは私の話を聞くことではない。グランド上でプレッシャーを受け、試合が進むスピードが速くなったときに、選手自身がそれができるようになることが重要なのだ。

内なる声との対話では、その選手が何をしたいのかに集中することが必要なのであって、その選手がしたくないことや、実際には起きてほしくないことを考えてはならない。

たとえば、二〇一三年のシーズン序盤、ボストンのマイナーリーグのある選手は、打撃不振に喘いでいた。しかし、その選手、ホセ・イグレシアスは、今やデトロイト・タイガースのショートストップとしてオールスターにも選ばれる名選手になっている。

そんな彼でも、二〇一三年のシーズン序盤は、３Ａのポータケットでほぼ毎日のように私と話をしながら、二割台の打率を維持するのがやっとという状態だった。

私は彼に、人間には左右の肩越しに聞こえてくるネガティブとポジティブの二つの声があることと、ネガティブな声を打ち消し、ポジティブな声に焦点を合わせる必要があることを説いた。

私はこの声の主をリトルマン（小さな男）と呼んでいる。

ある年齢層より上の方は、覚えておられるかもしれない。映画「アニマルハウス」の中の、ピントがある決断を迫られるシーン[5]で、彼の右肩越しには悪魔が現れて彼にあることをするよう促し、左肩越しには天使が現れて別のことをするよう促す、あの場面だ。思い出していただけただろうか。

イグレシアスは言う。

「最初の頃は、変なことを言う人だなあと思い、彼の事を半分馬鹿にしていた。でも、彼の言うことは確かに当たっていた。彼は、人間には右肩の上に一人、左肩の上にもう一人のリトルマンがいて、一人は良い男で、もう一人は悪い男だと言っていた。そして、一人はこう言い、もう一人は違うことを言う中で、どっちの言葉に耳を傾けるかを決めるのは自分なんだ、という話だった」

当時、イグレシアスは苛ついていた。せっかくキャンプでメジャー昇格を果たしたのに、シーズンが始まって二週間もすると、レッドソックスは彼をマイナーに降格していたからだ。

さらにポータケットでも打てなかったために、彼はもう少しで悪魔に乗っ取られるところだった。

イグレシアスは言う。

「彼とは毎日のように話をしたよ。彼は僕に、今はたまたまこういう状態にあるけど、自分はとてもいい選手なんだと、何度も言ってくれた。彼はいろんな質問をしてきて、本当にうまくコミュニケーションをとってくれた。彼は前向きになるためのビデオまで送ってくれたんだ」

すべてはホセが優れた選手であることをホセ自身に確認させるためと、重要な局面で彼がそれを思い出せるようにするためだった。

彼は最初の頃は私を馬鹿にしていたが、やがて前向きな自己対話が大きな効果を生むことを理解し始めた。否定的な心の声を追い払うだけでも意味があった。

イグレシアスは続ける。

「たとえば、ライナー性の当たりが野手の真正面に飛んでしまいアウトになったために、がっかりしていたとしよう。すると、片方のリトルマンは『ほら見ろ、野球なんてつまんないだろ。最悪だよ。』みたいなことを言ってくる。しかし、もう片方のリトル・マンは『大丈夫だ、悪くない。次の打席で打てばいいんだ』と言ってくれる。そして自分はどちらの声に耳を傾けるかを選ばなければならない」

選手がこのメンタルな部分を理解すれば、その選択は決まりきっている。

二〇一三年序盤のスランプを乗り越えるために一緒に頑張っていた時、イグレシアスは二三歳だったが、二〇代後半の今も、彼は試合でこの教えを忠実に守りながらプレーしている。

「一日中、そういうプレッシャーの下で野球をしているんだから、ポジティブでいた方がいいに決まってるよ」と彼は言う。

イグレシアスはむしろそれを楽しんでいるようでさえある。彼はそれを考えるだけでは事足りず、自分の心の声を話すリトルマンの姿を絵で描いているのだ。

私もアーティストなので、これは嬉しかった。

イグレシアスは目を輝かせてクスクス笑いながら言う。

「悪いやつは当然醜いのだけど、もう一人の方は碧眼のイケメンなんだ。それでもって、いい方のやつはスペイン語を話すから僕と気が合うのだけど、悪い方のやつは英語で話すんだよ」

「いい方のやつは僕の利き手の右肩の上にいて、スペイン語も話すがバイリンガルなんだけど、悪い方のやつは英語なんだ。スペイン語も少し話すけどあまり上手くないんだよ。ちょうどテュークスのスペイン語と同じくらいのレベルかな。まるで彼がスペイン語を話してる感じなんだ」

　この最後の部分は、あまり嬉しくないな。

　セルフトークには、嵐が吹き荒れる中、地に足をつけて風雨に耐えるための錨（アンカー）の役目を果たす言葉が含まれていなければならない。

　クリーブランドが快進撃を続けてワールド・シリーズ進出を果たした二〇一六年に大活躍したクローザーのアンドリュー・ミラーが、二〇一一年にボストンに移籍してきた。当時、彼は二六歳で、ミゲル・カブレラとの大型トレードで一旦フロリダに移り、フロリダからダスティン・リチャードソンとのトレードでボストンに移籍するという二段階トレードを経てボストンにやってきたこともあり、少々頭が混乱していた。

　私はミラーと一緒に、彼のためのオーディオ・ツールとアンカー・ステートメントを含んだプログラムを作成した。ミラーはそれを現在も使っているそうだ。

　アンカー・ステートメントというのは、選手がネガティブな考えと戦っているときに、ポジティブなことに焦点を当てるのを支援するためのツールだ。選手はネガティブな考えに襲われた時、それが形にならないようにその思考を変える手立てを持っていなければならない。

　私はツインズ時代にメトロドームでアレックス・ロドリゲスと対戦したときのことを、今もよく覚えている。彼が相手だと綱渡りのようなピッチングをしなくてはならず、その日も慎重に投げていたが、A-RODを相手に「カーブがすっぽ抜けないように」と自分に言い聞かせて投げた一球がどうなったと思う？

カーン！

いくつかのアンカー・ステートメントを持っておくことで、選手は、(一) ある思考を認識し、(二) それを打ち消し、(三) 一呼吸置いて、(四) アンカー・ステートメントによってポジティブな方向に軌道修正することができる（ドジャースのベテラン、リッチ・ヒルは「信頼、自信、確信」というアンカー・ステートメントによって選手として復活した）。

これらの情報の中には、引退後にセカンドキャリアを始める時点ですでに頭の中にあったものもあるが、それ以降に考え出したものもある。

野球という迷宮は、競争に対する脳の化学反応や、溢れんばかりの感情や挑戦に満ちているが、私は既にその時、その多くをうまくかわす術を心得ていた。

しかし、長年のコカイン乱用をやめようとしていた選手と一晩かけてニューヨークを往復したことは、そんな私にとっても目から鱗が落ちるような経験だった。あの一件は、野球も人生も次に何が起こるかはまったくわからないのだから、いろいろなレベルで準備しておかなくてはいけないことを、あらためて私に教えてくれた。

ベテラン外野手のライアン・カリッシュはボストンで私と共に過ごした日々について、こう語る。

「彼は野球のすべてを理解しているんだ。もちろん彼はメンタルスキルに優れていたが、同時に実に多才だった。彼にはどんな問題でも相談できたよ。自分の場合、彼とは野球以外の話をよくしたね。他の選手たちは野球に対するメンタルなアプローチのことで彼に相談していたが、僕は精神的な面はそんなに問題はないと感じていたんだ。彼とはむしろ、ケガとのつき合い方や、女性のこと、生活のバランスなどについて、あれこれ話をしたな。彼のすごくいいところは、どんなテーマでもとても頼りになるところだった」

二〇〇六年にカリッシュが一八歳でチームに入団してきた時の経験を、彼は今、こう言って振り返る。

「高校時代に付き合っていた彼女と別れたんだ。高校時代の恋バナなんて、大した話ではないかもしれないけど、あの時はとにかく胸が張り裂けそうに苦しかったんだよ。そんな時に最初に電話をくれたのがボブだった。あの時の自分は若かったから、苦しい気持ちを野球にぶつければいいんだと気づかせてもらう必要があったんだ。それが重要なポイントだった。結局、自分の心を癒してくれたのは野球だった。彼はいつも、『いいかい、とにかくグラウンドに出て行って練習をすることだ』というメッセージを送ってくれた。そのこと自体は大したことではなかったし、彼がいなくてもそうしていたかもしれないけど、その時、自分の心の拠り所になる人がいたことはとても大きかった。ボブとは、ドラフトで指名された直後に、まだ右も左もわからない状態のときに出会ったんだ。だから、その数年後に彼にあることを相談したときは、既に彼との間に信頼関係ができていたので、大いに助けてもらうことができた。ボブの多才さの賜物だよ」

カリッシュは続ける。

「もし彼が野球の選手ではなかったら、一八歳の自分はあれほど心を開くことはできなかったと思うな。あれからもう一〇歳も歳をとったので、今なら高校野球くらいしかやっていない相手にも相談できるかもしれないけど、あの年齢では、もし相手が彼でなければ相談などできなかったと思うよ」

異なるタイプの音楽や様々な芸術作品から感じるものが人によって違うように、カリッシュのような傷心の選手の気持ちを上向きにしたり、イグレシアスのように有望なのに脱落しそうな選手の心の声をポジティブな方向へと導いたり、レスターのような経験豊かなベテランに視覚化の手引きをしたりする方法は、決して一つではない。

時間をかけて実践経験を積むうちに、ビデオによるポジティブ思考の補強や音声による肯定、イメージ化、セルフトークなどの中から、複数のツールを組み合わせる必要があることもわかってきた。

ストレスの多い状況下で自信とパフォーマンスの両方を高めるために、私は今、オリンピック選手やプロゴルファーやテニス選手らが取り入れているのと同じツールをいくつか導入しているが、その中で、最も重要な役割を果たしているのは、メジャーでの一三年間の投手経験と、スポーツ心理学とカウンセリングの修士号取得を組み合わせたものだ。

サビーンは言う。

「それが彼のユニークなところだ。彼は複数の要素を実にうまく融合させている。彼と関わった選手やスタッフはわかるはずだが、彼には長い野球のキャリアがあるため、より早く選手たちの信頼を得ることができ、結果的により多くのものを提供することができる。知っている人は知っていることだが、ピッチングはとても孤独なものなのだ」

第9章 マウンドに立つメンタル

一九八四年から八五年にかけての冬、当時のカリフォルニア・エンゼルス（現在のロサンゼルス・エンゼルズ）は、カリフォルニア州立大学フラトン校のケン・ラビザ教授を招聘した。大学で応用スポーツ心理学の授業を担当していたラビザは、一九八四年の全米大学野球選手権で優勝したフラトン校野球部の、特に投手のメンタルスキル向上に取り組んでいた。

当時、エンゼルスの投手コーチだったマーセル・ラチェマンが、フラトン校でコーチを務めるオーギー・ガルドと親しく、たまたま二人の会話の中でラビザの名前があがった際にラチェマンが興味を持ったのをきっかけに、ラビザは一九八五年のスプリングトレーニングに招待されることになった。

ラビザは慣れない場所に呼ばれることの緊張と興奮を胸に抱きながらやってきたが、ほどなくしてスプリングトレーニングのキャンプ地がある砂漠のサボテンのように刺々しい現実を思い知らされることになった。

ラビザが当時を振り返る。

「スプリングトレーニングの初日、マーセルからエンゼルスのジーン・モーク監督に紹介されました。その時、彼にはっきりと言われたんです。『あんたはマーセルが招待しただけで、俺が来て欲しかったわけではないよ。だから、投手以外の野手には近づかないでくれよ』と」

明らかに「よくいらっしゃいました。枕元にミントチョコを用意しておきましたから」といった温かい歓待ぶりではなかった。それが当時の野球の文化であり、それは変わらなければならないものだった。

チームの監督が、自分が使えるリソースを最大限に活用すべきことは言うまでもない。スマホやGPSと同じように、多くの選手にとってメンタルスキルはいまや野球の一部分になりつつあり、新しい啓発の時代の先陣を切っている。それが当たり前になると、それがなかった時代の人たちは、一体どうやってやりくりしていたのかが不思議になるはずだ。

「あの頃の野球には、全体的にそんな文化が蔓延していたからね。男は自分がタフであること以外は、自分の感情を表に出してはいけないという雰囲気があったと思うよ。当時は、「弱み」を見せることが、さらに自分を弱くすると考えられていたんだ。そこから、しっかり休むことや健康な食生活を送ることなど、いいパフォーマンスのために本当に必要なことが奨励されるようになるまでには、ずいぶんと長い時間がかかったね。野球がステロイドから抜け出せたのも、選手たちが自分の体をより大切にするようになったからだよ。だけど、いまだに昔のような考え方をする人たちも残っている。毎年少しずつ、よくなっているけど、いまだに『メンタルスキル・コーチに相談に行くなんて、お前は頭がおかしくなったのか？』みたいなことを言う人もいる。そんな考え方は、少しずつなくなっていくと思うし、テュークスのようなコーチを雇うチームも、メジャーのみならずマイナーリーグでも増えてきているよ。ただ、どんな事でも変化には時間がかかるものだ。例えば、選手たちが食生活を見直し始めた頃、『ステーキとじゃがいもを食べないで、朝の三時まで酒を飲まないやつは弱虫だ』なんて本気で言う人がいた。たしかに時間はかかるけど、スカウティングレポートと同じように、進んだ対応を取り入れるチームが増えれば増えるほど、選手たちはそれを自然に受け入れるようになると思う。僕にとっては、今やそれがルーティンの一部だし、試合の準備には欠かせないリソースになっているよ」とジョン・レスターは語る。

　現代の野球におけるメンタルスキル・コーチングの元祖は、二〇一一年に七五歳で亡くなったハーベイ・ドルフマンだ。ドルフマンはニューヨーク州立大学のブロックポート校から教育心理学の修士号を授与されているが、彼自身は心理学者ではなかった。彼は大学で教えたりフリーランスのライターとして何冊か本を書いていているが、その中には野球選手に野球のメンタルな側面についてインタビューしているものもあった。

　彼はそのような仕事をする中で、カール・キュールと出会った。キュールは野球界に籍を置く人物で、モントリオール・エクスポズやミネソタ・ツインズ、フィラデルフィア・フィリーズ、オークランド・アスレチックスなどで選手の育成とコーチングに取り組んでいた。

一九八〇年代にはストレングス＆コンディショニング・プログラムが導入され、筋肉を鍛えることに野球界の関心が集まる中、キュールはメンタルを磨くプログラムの最前線にいた。そして一九八四年、当時アスレチックスに籍を置いていたキュールがドルフマンを雇ったのだ。

ドルフマンについてラビザが語る。「ハーベイはユニフォームを着て選手たちと一緒にグランドに立ち、コーチや選手たちとの関係を築くのがとても上手でした。彼はとにかく話し上手で、いつまでもネタが切れることはありませんでした。彼はかつて、話すことがなかったら、その場ででっち上げればいいのだと、語っています。そんな彼はユーモアのセンスもあって、みんなに好かれていました。野球の世界によく馴染んでいましたよ」

ドルフマンとキュールの一九八九年の共著『野球のメンタルトレーニング』はとても影響力の大きかった本で、ドルフマンはロイ・ハラデイやボブ・ウェルチ、アル・ライター、リック・アンキール、ブラッド・リッジをはじめとする多くの選手にとって、ハーメルンの笛吹き男のような存在になっていた。

彼の貢献によって一九八九年にアスレチックスが、一九九七年にはフロリダ・マーリンズが、ワールド・チャンピオンの座に輝き、彼自身も二つのワールドシリーズ・リングを送られている。当時、ドルフマンはタンパベイ・デビルレイズの仕事もしていた。

私が初めてハーベイに会ったのがいつだったかははっきりとは覚えていないが、私自身は彼の存在は以前からよく知っていた。ドルフマンは彼自身の二〇一〇年の著書『ララの枝と針』

(*Each Branch Each Needle*) で、私とは共通の友人で私のチームメイトだった捕手のテリー・スタインバックを通して出会ったと記している。

その本の中で彼は私についてこんなことを書いている。

「オールスターに出場するほどの選手だったが、肩の故障で本来の力を発揮できていなかった彼は、メンタル面のアプローチを強化することで、身体的な不足を補っていた。彼がボストン大学を卒業した後、大学で彼のアドバイザーだった先生から手紙をもらった。そこには、彼のようなすばらしい人間を紹介してくれてありがとう、と書かれていた。多分、テュークスが教授に私のことを大袈裟に伝えたのだろう」

いやいや、ドルフマンのすごさはどんなに大袈裟に誇張しても足りないくらいだ。

私は彼の名著『野球のメンタルトレーニング』と『ピッチングのメンタルスキル・ハンドブック』(*The Mental ABC's of Pitching*) は、既に選手時代に読んでいたし、その二冊の本は、今でも選手たちにメンタルスキルを教える時、記憶をリフレッシュさせるために、たびたび手に取って読み返している。

私が修士課程を修了し、新しいキャリアを始めようとしていた頃、私はハーベイから、メンタルスキル・コーチとしては、私の投手としてのキャリアが「有利になることもあるだろうが不利に働くこともあるかもしれない」と言われた。

有利になるのは、投手としてのキャリアがあるおかげで、選手から信用されやすいし、より多くの機会を与えられやすくなることだ。その一方で、不利に働きかねないのは、選手を指導する時、本来はメンタルスキルのコーチとして指導しなければならないのに、元選手として接してしまう危険性があることだ。投手としての経験があるので、元選手として助言をしたり相談に乗るのは簡単なことだろう。しかし、メンタルスキル・コーチは心理学の専門家の立場から選手を指導しなければならない。

　ハーベイ自身が、その険しい道のりを、身をもって経験してきた。彼が仕事を始めた当初は、メンタルスキル・コーチングに対して懐疑的な意見が多かったからだ。

　その頃、スポーツ心理学者は、「クラブハウスに入ることさえ許されませんでした」と一九八〇年から七つのメジャーリーグチームを指導してきたリッチ・ドネリーは話す。「ハーベイ・ドルフマンは選手にやる気を起こさせる素晴らしい指導者ですが、そんな彼でさえ当初は変人扱いされていました。何と勿体ない話でしょう」

　過去一〇〇年、実に多くのメジャーリーガーたちが、時代さえ違えばドルフマンから得られたはずの有益なアドバイスを聞き損ねてきたのだ。

　ドルフマンが登場するはるか昔の一九三八年、アメリカで最初のスポーツ心理学者と言われるコールマン・グリフィスが、シカゴ・カブスのオーナーだったフィリップ・K・リグレーからコンサルタントとして雇われた。しかし、アメリカ心理学会のオンライン・マガジンによると、当時カブスの監督だったチャーリー・グリムはあからさまにグリフィスをバカにし[1]、彼には協力しないよう選手に命じたという。

ところがそのシーズン中にグリムはクビになり、キャッチャーのギャビー・ハートネットがその後釜に座った。グリフィスは新監督の下で状況が改善することに期待をしたが、その年のワールドシリーズでカブスがニューヨーク・ヤンキースに四連敗したことで、その希望は打ち砕かれた。

その後の二シーズン、カブスの監督を務めたハートネットも、グリフィスには協力的ではなかった。結局、グリフィスは一九四〇年にカブスを去り、野球界では彼とカブスの関係は失敗例と受け止められた。その後一九八〇年代にドルフマンが現れるまで、野球界でメンタルスキルが再評価されることはなかった。

試合の終盤になると、ランナーが得点圏にいる時の主審のストライクゾーンが広くなるというドルフマンのアドバイスは、私にとってはとても貴重なものだった。また、メンタルスキル・コーチとしての仕事を始めたばかりの頃、私はドルフマンをとても頼りにしていて、問題のある選手がいると、私はその選手をどう指導すべきかなどについて、いつも彼に電話で相談していた。

また、私は個人的にも、彼にとてもお世話になった。

多くのアスリートが、選手から選手でなくなる時に起きる生活の変化に苦しむ。私は自らの意思で引退したが、それでも最初の数年は変化への適応に戸惑う時があった。そんな時ハーベイと電話で話すと、必ず気分が楽になった。

そして会話の最後に彼は決まって「自分を大事にしろよ」と言ってくれた。これは誰もが肝に銘じておくべき言葉だ。

ハーベイはいつも思いやりと情に満ちていた。私は、率直で厳格さも兼ね備えた彼のしわがれた声を、今も忘れられない。多くの人たちが、野球界で偉大な存在となっていた彼の死を惜しんだ。

サンフランシスコに移る前年の二〇一五年から一六年のシーズン、私はボストン・レッドソックスのメンタルスキル・コーチを務めていたが（二〇一四年シーズンはメジャーリーグベースボール選手会で働いていた）、レッドソックスには二〇一五年まで選手のメンタル面を管理する部門は存在しなかった。

二〇一五年のシーズン中に、シカゴ・カブスがレッドソックスの元ゼネラルマネージャーだったセオ・エプスタインの指導のもとで、独自のメンタルスキル・プログラムを起ち上げた。カブスによると、そのプログラムは「メジャーとマイナーリーグの選手を野球のメンタル面で支援するために設計[2]」されたそうだ。

当時、カブスにはジョー・マドン監督と一九八〇年代以来の長い付き合いがあるラビザが、コンサルタントとして雇われていた。今日、ラビザがクラブハウスを訪れたり選手と話したりする時の様子は、一九八〇年代半ばとはまるで違うものになっている。一九八〇年代、彼がクラブハウスに入ってくると、まるで見慣れないエキゾチックな鳥が空から舞い降りてきたかのような目で見られたそうだ。

ラビザが言う。

「あの頃は、確かにそんな感じでした。マーセルからスプリングトレーニングに呼ばれたあの日、ジーン・モーク監督と会って彼とやりとりをした後、マーセルにこう言われました。『三〇分あげるから、あんたが考えた練習メニューを投手たちに説明してくれ。三〇分経ったら、選手たちに渡したインデックスカードにイエスかノーかを書いて貰うことにしよう。『イエス』は『ラビザに残ってほしい』、『ノー』は『こんなやつは要らない』という意味だ』

あの話は今も鮮明に覚えています。その日、キャンプ地のメサでは雨が降っていたので、私は古いクラブハウスの裏で、選手たちを肥料や石灰が入った袋の上に座らせて話をしなければなりませんでした。三〇人の投手を相手に話をするのに、私は極度の緊張を感じていました。話の途中でシャワールームのボイラーが点火して轟音が鳴り響きましたが、私はその音に気づかないほど緊張していたようです。それほど話に集中していたんです。私が話し終わると、三、四人の選手たちが私のところにやって来て、『ボイラー音に気づかなかったの』と聞いてきました。私が『うん、気づかなかったよ』と答えると、彼らは、『あなたからは学べることがありそうだ』と言いました。そういう些細なことが重要になるのが、野球の特徴なんです」

ラチェマンが選手たちからインデックスカードを集めると、ノーと書かれたカードが二枚だけあった。ラビザは自身の集中力の強さを見せることで、エンゼルスの投手の心を掴んだのだった。

その春の終わり頃には、不愛想なモークまでが、ラビザに多少なりとも興味を持つようになっていた。

「時間はかかりましたが、スプリングトレーニングが終わる頃には、私は誰とでも話すことができるようになっていました。モークは私が何者なのかを見極めようとしていました。野球では実に多くの人が選手と関わっているんです」と、長年にわたり大学の野球チームの他、アメリカの男子と女子のバレーボールチームやフィールドホッケーチームを指導し、野球やソフトボールのオリンピックのアメリカ代表チームのコンサルタントを務めた経験のあるラビザは言う。

三年後の一九八八年には、シカゴ・ホワイトソックスのオーナーのジェリー・ラインズドルフが、ラトガーズ大学の応用心理学教授のチャーリー・マーを雇ったが、当時、その役割はとても曖昧だったので、マーは大いに戸惑った。

マーは、つまるところ彼らは、何でも相談ができるコンサルタントが欲しかったのだろうと考えた。しかし、ゼネラルマネージャーとして当時球団を運営していたラリー・ハイムズは、そうではないと彼に釘を刺した。あくまでホワイトソックスはルーキーからメジャーリーグまでをカバーするメンタルスキル・プログラムを開発できる人が欲しかったのだ。

ラインズドルフはＮＢＡのシカゴ・ブルズのオーナーでもあったので、マーはＮＢＡとも関わるようになったが、それは言葉で言うほど簡単なことではなかった。理論は揃っていても、選手たちの関心を勝ち取れるかどうかは別問題だったからだ。

マーが語る。

「選手たちは『俺たちには何も問題はないよ』と言いたげでした。彼らは皆、『俺たちを精神分析するつもりなのか知らないが、俺たちの頭は何も問題ないぜ』といった雰囲気で、私を頭から疑ってかかっていました。コーチたちも同様でした。『われわれはもう二〇年もこれをやってきているんだから、選手に何が必要かはわれわれが一番よく分かっている。彼らに何が必要か、あなたに教えてもらう気はないよ』といった感じでした」

その頃の野球はまだ西部劇のようで、ジェイク・ギレンホール[1]というよりクリント・イーストウッドに近い感じだった。

マーが続ける。

「選手たちの話に耳を傾けているうちに彼らから信頼されるようになると、彼らは自分から助けを求めてくるようになりました。そこで私はいわゆる『教育的アプローチ』という手法を採用しました。それはどんな時に問題が起きてパフォーマンスに支障をきたすのかや、逆に何がパフォーマンスを向上させるのかなどを、メンタル面から見ていくというものでした」

初期の頃、マーは選手らとグループミーティングを行い、モチベーションや集中力を高める要因やそれを低下させる要因などについて話し合った。

それを選手たちはどのように受け止めていたのだろうか？　実はグループディスカッションという形にしたのは、選手たちが精神科医の診断を受けているように感じないようにするためだった。

マーが語る。

「まずはその壁を乗り越えなければなりませんでした。その壁は今でも多少は残っていますが、状況はかなり改善されています。今の選手たちは、自分が上達するために何をしなければならないかについて、以前よりも聞く耳を持っています。と同時に、彼らは野球のメンタルな側面を学ぶことの重要さを理解し、自分が何をしなければならないかを認識できるようになってきています」

一九九五年、クリーブランド・インディアンズはマーをシカゴから呼び寄せて、組織全体のメンタルスキル・プログラムの作成を依頼した。

当時のインディアンズはＧＭのジョン・ハートと彼のアシスタントを務めるダン・オダウドとマーク・シャピロによって運営されていた。マーがインディアンズに加わったシーズンは、たまたまあのマニー・ラミレスがメジャーリーグ・デビューを果たした年でもあった。

「インディアンズで働き始めた初期の頃、マニー・ラミレスを指導する機会がありましたが、私は彼には強い印象を受けました。彼は『最小限の学校教育』しか受けていませんが、とても強い自制心を持っていて、どうすれば投球と投球の間に集中力を切らさずにいられるかなど、野球のメンタルな面を学びたがっていました。皆さんが彼に対して抱いているイメージとはちょっと違うかもしれませんが、実は彼はメンタル志向がとても強かったんです。彼は私の指示を忠実に実行に移すだけの知性も持ち合わせていました」とマーは語る。

マニーとマーはインディアンズのクラブハウス近くの小さなオフィスか、ダグアウトのベンチに座って、試合前に一対一で話をしていたが、それは必ずしも正式なセッションと呼べるようなものではなかった。

「彼はあらたまってセッションをしようと言い出すようなタイプではありませんでしたが、いつも多くの質問をしたし、自分のパフォーマンスについてもとても正直でした。彼は打者にとって基本中の基本となる、ボールをバットでしっかりと捉えるためには、打席でリラックスしている必要があることを理解していました。そのため、リラックスすることを可能にしてくれるプログラムを欲しがっていました」

今日、マーはインディアンズで、スポーツ心理学プログラムと従業員支援プログラムとビジネス心理学プログラム部門の責任者を務めている。また、野球とビジネスの両方にまたがる役割として、彼はフロントオフィスのスタッフに対しても啓発プログラムを実施している。マーは今もラトガーズ大学の応用心理学の名誉教授を兼務しているが、全体の約七五％の時間をクリーブランドで過ごしているという。

一九九九年から二〇〇九年までの間、彼はＮＢＡのキャバリアーズとＮＦＬのブラウンズでもスポーツ心理学者を務めていたが、三つのスポーツを同時に扱うのは時間的に難しいし、そもそも負担が大きすぎるので、今は野球以外の仕事からは手を引いているそうだ。

「もし誰かが一九九〇年代に今のような状態を予言したら、私はそいつは頭がどうかしていると思ったにちがいありません」と語るマーは、一九八〇年代に初めてホワイトソックスに雇われたとき、彼自身が自分の役割をコンサルタント程度にしか考えていなかった事を覚えている。当時の彼は、寒いニュージャージーの冬から逃れて、暖かいフロリダ州サラソータのスプリングトレーニングのキャンプ地で二か月間過ごせるだけでもラッキーだ、くらいに考えていたそうだ。

それが今では彼が作成したプログラムは、クリーブランドのポストモダンなプログラムへと発展した。そのプログラムは選手とコーチとスタッフの精神的・感情的状態を解析した上で、彼らが選手やスタッフとしてだけでなく、人間として成長することを目指している。

この完全没入型のプログラムには、グラウンド内におけるメンタルスキルから、グラウンド外でのライフスキルのほか、薬物乱用や教育、栄養カウンセリング、金銭管理から個人の住居管理にいたるまで、野球に必要なすべての要素が含まれている。特に最後の部分は、ルーキーや若いマイナーリーグの選手と、アメリカに移住したてのラテン系の選手たちのために設計されたものだ。

さらに、選手とその家族の精神衛生や家庭内暴力、家族関係、職業上のストレスなどのテーマもカバーしており、もちろんその中には予防教育も含まれている。そして、それらのプログラムはすべて匿名を前提に実施されている。

現在、マーは三〇あるメジャーリーグ球団のうちメンタルスキルやその関連のサービスを提供する二三の球団から構成されている、プロ野球パフォーマンス心理グループ（ＰＢＰＰＧ）の代表を務めている。

現時点ではＰＢＰＰＧの会員資格がない七つの球団も、何らかのメンタルスキル担当者を雇っている。ちなみにＰＢＰＰＧの会員になるためには、応用スポーツ心理学の修士号かそれ以上の学位を有し、プロ野球で最低一年の就労経験があることが求められている。

この状況は、チャーリー・グリムの苦い経験や、ラビザがモークから、投手以外には話しかけるなと命じられた頃と比べれば、まさに隔世の感がある。

今日、先進的なチームは、手と目の協調性を高めるハンド・アイ・コーディネーション・トレーニングや筋肉量を増やすウェイトトレーニングだけに集中せず、完成された選手を育成することこそが、誰にとっても有益であることを十分に理解している。

ボストン時代に同じ釜のメシを食った、インディアンズのテリー・フランコーナ現監督は、二〇〇二年にテキサス・レンジャーズのベンチコーチだった時、こうした取り組みの重要性をドン・カルクスタインという人物から初めて聞かされた。そのシーズン、レンジャーズの選手を指導していたカルクスタインは今、ＮＢＡのダラス・マーベリックスのスポーツ心理学ディレクターとレンジャーズのコンサルタントを務めている。

「彼からは、相談できる人がいることの重要さを教わりました[3]」と語るフランコーナは、かつてメンタルスキルに関することはすべて選手の弱みの反映だと見做されていた、彼の父親でメジャーリーグ選手（一九五六–一九七〇）だったティトや彼自身が選手だった古い時代（一九八一–一九九〇）のこともよく知っている。テキサス、ボストン、クリーブランドで監督を務めてきて、若い選手たちとの関係構築に長けた古いタイプの野球人の彼も、メンタルスキルの価値は十分に理解している。

「フィールディングやスローイング[4]やバッティングがうまくなるためには練習が必要ですが、メンタルもまた重要な要素になります。それを選手の弱みだなどと思うのはばかげています。なぜならば、メンタルはいくらでも改善できるからです。それを試さないことは、改善のチャンスをみすみす逃していることになります。選手はいつでももっと上手くなる方法があるんです」とフランコーナは言う。

　年間売り上げが一〇〇億ドルを超える極めて競争が激しい今日の野球という産業では、他者に対する僅かな優位性が大きな価値を持つ。だからこそ二〇〇〇年代初頭に、「マネーボール」のようなものが、あれほど爆発的な関心を集めたのだ。

　ビリー・ビーンとオークランド・アスレチックスは野球市場の非効率性を特定し、それを最大限有効活用したが、今日、すべてのチームが強力な虫眼鏡を使って、市場のどこかに隙間がないかと探し回っている。先駆者たちが野球をポストモダン時代へと推し進める中、彼らは新しい動きを何一つ見落とすまいと必死だ。

　そのような動きに呼応して、時代とともに進化している野球選手独特のニーズが、例えばアルペンスキーの滑降選手のニーズとは違うことを理解しようと懸命に努力している人たちがいる。そして、栄養科学がライバルよりも優位に立つことを可能にする上で必須の分野であるように、今やスポーツ心理学も同様のものとして捉えられるようになってきている。

今日、野球チームを運営する経営陣なら誰でも、シーズン中の平日夜七時の時点で、心と体の調子がいい選手は、いい結果を残せる確率が高いことを知っている。そして、コンディショニングは最終的には選手自身の責任だとしても、毎晩の試合で第一球目の球が投げられる時、的確なコーチングによって選手が基本的に気分がよく、メンタル面も整っているようにするために、チームも必要なリソースを提供する責任があることを理解しなければならない。

例えば、カブスは「メンタルスキル・プログラム・ディレクター」のほか、「メンタルスキル・プログラム・ラテン系コーディネーター」、「メンタルスキル・プログラム・コーディネーター」などのポストを設けている。

エプスタインによると、まず何といってもチームのために全身全霊を傾けることができる監督がいることが必須条件で、いつも時代の先頭を走ってきた博識なマドンは、まさにうってつけの監督だという。フランコーナもそうだし、そのような監督が増えてきている。

ボストンが二〇一五年に行動保健部門を設立した時、ゼネラルマネージャーを務めていたベン・チェリントンはこう語る。

「チーム同士はグラウンドで競っていますが[5]、競争が激しくなると、チームは他に優位に立てる分野がないかを探すようになります。当然、どれだけ有能な選手を確保できるかが、どのチームにとっても最優先になります。それが成功への一番の近道だからです。これまでもそうでしたし、それは今後も変わることはありません。しかし、それだけでは不十分です。他にも、一％の何分の一の確率で、自分たちを優位な立場に押し上げてくれるかもしれない小さな要素を見つけなければなりません。それはもしかしたら一年に一つの勝利しかもたらさないかもしれませんが、たった一つでも勝利は大切です。今日、各球団は、自分たちに有利に働くものであれば、何でも見つけようとしています。また、社会も同じように変化しています。何年か前まで野球界には多くのタブーがありましたが、一般の社会でも、かつて工場で働くごく普通の人々にとっては、心理学者に会うことは不名誉なことでした。社会と同じように野球もまた進化しているのです」

その昔、ピッツバーグ・パイレーツにスティーブ・ブラスという投手がいた。一九七二年のシーズン、彼は一九勝八敗で防御率二・四九の好成績を残し、秋のナショナルリーグ優勝決定シリーズ（ＮＬＣＳ）でシンシナティ・レッズと戦うところまでパイレーツを導いた。結局、「ビッグ・レッド・マシーン」の異名を取るレッズには敗れ、ワールドシリーズ進出は逃したが、ブラスはそのシリーズでもレッズ相手に二試合で投げて、一勝をあげている。

ところが翌年、彼は不可解にもまったくストライクが入らなくなってしまい、三年後の一九七五年には野球界を完全に去ることになる。彼を襲った野球版のイップスは[2]「スティーブ・ブラス病」と呼ばれた。

確かに、ここまで明快な精神的チック症[3]はかなり極端な事例だ。しかし、当時はブラスのような選手が出ても、「病気」に自分の名前がつけられるだけで、何もせずに放置されていた。そんな時代から、野球は大きく進歩している。

実際、放置されていたのはブラスだけではない。最近の代表例では、セントルイスのリック・アンキール投手が、同じ理由で前途有望なキャリアを棒に振っている。

二塁手のスティーブ・サックスとチャック・ノブロックは、なぜか突然、ゴロをキャッチした後、一塁に正確な送球ができなくなってしまった。ノブロックに至っては、彼が投げた球が一塁手の頭のはるか上を超えて、ヤンキースタジアムのスタンドまで飛んでいったかと思ったら、たまたまスタンドにいた著名な政治評論家のキース・オルバーマンの母親に当たってしまったために、国中の笑い者になってしまった。

多くの野球ファンがご存じの通り、レスターは一塁に正確な送球をすることが苦手だったため、相手チームに走られたり、バントで攻められることが多かった。

二〇一三年ワールドシリーズでセントルイスに向かうチームのチャーター便の中で、当時のレッドソックスの球団社長のラリー・ルキーノがわざわざ私のところにやって来て、レスターの一塁送球問題を解決するように頼んできた。

「テュークスと少し話をしたけど、その問題はカブスに来るまでは、そんなに大きな問題ではなかったんだよ」とレスターは語る。

つまり、アンキールのケースのように、満員のスタジアムで起きている問題であろうが、より些細なことであろうが、社会やスポーツが進歩し、私たちがあらゆる面でより進んだ教育を受けるようになった今、現代の野球ができる限りすべての方法で選手をサポートしなければ、無責任の誹りを免れなくなっているということだ。そして、それは特にメンタルスキルの分野において顕著になっている。なぜならば今日、利用しようと思えば利用できるリソースが、いくらでもあるからだ。

チェリントンが語る。

「メンタルスキルは練習で鍛えられるものではありません[6]。強化するための訓練方法が可視化されていないからです。遊撃手がバックハンド・トスを鍛えたければ、そのための決まった練習があり、それを反復すれば、そのうち上手くなります。グラウンドで選手のメンタルスキル強化に取り組む人々は、時間とともに進化してきました。選手たちも、自分たちが上達し長いキャリアを築くためには、できることは何でもしなければならないことを理解するようになってきました。それはある選手にとっては、体を鍛えることかもしれないし、別の選手にとっては、特定の技術を磨くことかもしれません。野球心理学を学ぶ必要がある選手もいるかもしれません。また、それらのすべてをやる必要がある選手もいるかもしれません」

ドルフマンがオークランドでメンタルスキル・コーチとしてハーメルンの笛吹き男のような孤独な戦いを繰り広げていた頃は、ロイ・ハラデイや他チームの選手たちは冬のオフシーズンにチームには内緒でドルフマンと連絡を取り、相談に乗ってもらっていた。その頃と比べると、野球は大きく進歩した。

エンゼルズの監督としてモークの後釜にダグ・レイダーが就いた時（一九八九―一九九一）、レイダーはまるでメジャーの選手をマイナーに降格するかのように、ラビザを降格させた。

「もうあなたはメジャーリーグには要らないと言われました。でも嬉しいことに、一年後、ダグから電話をもらい、自分は間違っていた。後悔している。翌春戻ってきて、存分に仕事をしてほしいと言われました。嬉しかったですね。おかげで私は再契約することができました」とラビザは話す。

しかも、ラビザはその夏マイナーリーグの選手たちを相手に仕事をする中で、新たに学ぶことがたくさんあったという。

「あの頃に比べると、今はカブスのようにメンタルスキル関係のスタッフが三、四人もいるチームもあります。彼らは日々の意思決定プロセスにも関与しています。ドラフト用に心理テストを導入しているチームもあります。中にはバイオ・フィードバックや脳波を計測する機器を導入するなど、より多くの科学技術を導入する方向に向かっているところもあります。同時に、これはより大切なことですが、私が見る限り、コーチや他の関係者たちが新しいものに対してよりオープンになっていて、それが試合のメンタル面と技術面を結びつけることを可能にしています。メンタルは重要ですが、ただリラックスし、心の中で次のプレーをイメージするだけでは問題は解決しません。実際に次に何を投げるのかが本当の問題なのです。私はよく選手に、『どこで前の投球が終わり、次の投球が始まると思うかい？』と尋ねます。それがわかれば、考えるべきタイミングと反応すべきタイミングの境界線がわかり、両者をうまく組み合わせられるようになります。そうやっていくうちに、選手は各々が自分自身のシステムを作り始めるんです。答えは一つではありません。それぞれの選手が独自のやり方を開発しなければならないのです」とラビザは言う。

　今も仕事で問題が発生したり疑問が湧いてきたりすると、私はラビザやマーに相談している。

「ボブは自分がやったことを話してくれます。彼は現場でキャリアを積んできた男なので、彼がメンタル面について話す時は、私はもっぱら聞き役です。だって、彼はずっとその道を歩んできているんですから。私は彼をとても尊敬しています。彼は現役を引退してからボストン大学でしっかりと勉強をして、十分に知識をつけていないと取れない難しい学位を取得しています。私がわからないことがあれば、躊躇なくボブに電話して彼の意見を聞いています」とラビザは話す。

　確かに、人から教わることのできない、経験を通してしか得られない知識というものもある。私にとって特に嬉しいことは、選手時代にグラウンドやクラブハウスで私が常々感じていた、マネジメントも選手ももっと啓発される必要があるという問題が、ここに来て良い方向に向かっていることだ。

「もうメンタルスキルに対する関心が冷めることはないでしょう。これまで身体面を野球の基本的な要素と位置づけ、そこに多額の投資を行ってきたインディアンズを含む多くの球団は、メンタル面とそのサポートを野球の次の進化の過程と位置づけ、多額の資金を投資するようになっています」とマーは言う。

ラビザは、かつてアリゾナ州メサにあるロードウェイ・イン・モーテルでエンゼルスの選手たちと行ったミーティングのことを思い出して笑う。

「当時のその選手たちと今、会うと、びっくりします。彼らは必ずといっていいほど、あそこで行っていたミーティングの話を持ち出すんです。この仕事をやっていて本当によかったと思うのは、選手たちは私の話なんてあまり真面目に聞いていないような顔をしていながら、実はみんなとても真剣に聞いていたんですね。でも、クラブハウスのあの雰囲気の中では、みんな自分がタフでマッチョなところを見せないとならないので、メンタルの話に興味があるところを他の人に見せるわけにはいきません。でも、その後、かつて指導したことのある選手と会うと、『ケン、今、人生で選手時代以上に〝あれ〟を使っているよ』と言ってくる人が実に多いことに驚かされます。中にはわざわざ私に電話をしてきて、『ケン、私の息子に話をしてやってくれないか』なんてことまで頼んでくる人もいます。ダリン・アースタッドは、彼が率いるネブラスカ大学のチームに話をして欲しいと言って、私を招聘してくれました」とラビザは言う。

第10章 強い心を掴んだ二人のサウスポー

あご髭をたくわえた長身の男は、一人熱いシャワーの中で、勢い良く出るお湯に打たれながら物思いにふけっていた。

彼はやがてブルペンから呼ばれ、重要なポストシーズンの試合で、満員の観客が熱烈な声援を送る中、全米に中継するテレビカメラの前でスポットライトを浴びることになる。

二〇一六年のワールドシリーズへ向けてクリーブランドが快進撃を続ける中、アンドリュー・ミラーはマウンドでいつものように、ムーキー・ベッツやエドウィン・エンカーナシオンには無慈悲なスライダーを投じ、ホセ・バティスタやクリス・ブライアントには剛速球を見舞い、ラッセル・マーティンやメルビン・アップトン・ジュニアやカイル・シュワーバーからは三振を奪っていった。

その年、アメリカンリーグ・チャンピオンシップ・シリーズ（ＡＬＣＳ）のＭＶＰに選ばれた彼は、二〇一六年のレギュラーシーズンに対戦した打者一〇三人の四五％を三振にとり、三・三％しか歩かせなかった。

そして、それはすべて、試合前のある儀式から始まっていた。

ミラーは登板の前に、蒸気が立ち込めるシャワー室のタイルの床の上に立ち、彼が毎日唱えているアンカー・ステートメントの最初の部分を、自分に向かって繰り返し語りかけることを習慣にしていた。

シャワーから出た後は、ダグアウトからブルペン、そしてマウンドに向かって歩く間にも、どこでアンカー・ステートメントのどの部分を唱えるかのタイミングまで、細かく決められていた。

一〇月のポストシーズン・ゲームの大活躍で全米に有名になる前から、シーズン中に何度か微調整は加えたものの、ミラーは基本的には同じルーティンを守り続けてきた。

ミラーが言う。

「国歌斉唱で起立している間も独り言のようにぶつぶつ言っていたから、あいつ頭がおかしくなったんじゃないかとか、お祈りでもしているんじゃないかなんて思われていたかもしれないね。でも、実はあれは、試合が始まる前に頭に入れておきたいポジティブなことを繰り返し復唱して、自分に言い聞かせていたんだよ」

ミラーは二〇〇六年にドラフト一巡目（全体の三位）でデトロイトから指名され、その年の夏にタイガースでメジャーデビューした。彼が二一歳のときだった。そして、その一年後、彼はマイアミの主砲ミゲル・カブレラとの二対六の大型トレードでマイアミに移籍してきた。

その後、マーリンズは二〇一〇年にミラーをボストンにトレードし、さらにレッドソックスは二〇一四年七月のトレード・デッドラインの日に彼をボルチモアに放出した。そして、そのシーズンの後、彼はニューヨーク・ヤンキースと四年で三六〇〇万ドルのフリーエージェント契約を結んだ。

　インディアンスは二〇一六年七月のトレード・デッドラインの日に彼を獲得していた。その年、インディアンズの投手陣は故障者が続出してローテーションが崩壊状態にあったが、ミラーの縦横無尽の活躍がテリー・フランコーナ監督率いるインディアンズのブルペンを見事に復活させ、チームを一九九七年以来のワールドシリーズ出場へと導いたのだった。

　多くのリリーフ投手と同じように、ミラーもプロ入り当初は先発ピッチャーだった。しかし、六フィート七インチと長身の彼のワインドアップは体の動きがバラバラなことに加え、背中がぎこちない角度で曲がっていたため、フォームが乱れやすいという欠点を抱えていた。

　その結果は誰もが予測できるだろう。彼は四球が多く、いつも自滅してしまうのだ。

「メジャーにあがってから多くのチームを渡り歩いて苦労しているうちに、いろいろな悪い癖を身につけてしまったんだ。それがネガティブな考えやマイナスな思考を生む原因となっていたんだよ」とミラーは言う。

　私がアンドリューと最初に出会ったのは、彼が二六歳のときだった。その年、彼は九試合に登板して（うち先発が七試合）一勝五敗、防御率八・五四の成績だった。その時、彼はマーリンズからトレードされて来て、先発投手ローテーションの一角を狙っていた。ちなみに、その時のトレードで彼の代わりにマーリンズに出されたのは、ダスティン・リチャードソンという左投手だったが、その投手がその後、メジャーの試合で投げることはなかった。

ミラーは言う。

「ボストンに来た時は、これまでの自分のやり方を変えなければならないと感じていたんだ。明らかにうまくいっていないところがあったからね。そこでテュークスと二人で時間をかけて対策を考えていったよ。すると次第に状況が変わり始めたんだ。彼がまとめてくれた音声ツールを使ったり、先発した日は試合後に彼としばらく話をしたりしながら、一緒に計画を立て、いろいろなことに取り組んでみたよ。そうしていろいろ試しているうちに、今の定番のルーティンに行き着いたんだ」

私がフロリダ州フォートマイヤーズにあるレッドソックスの春季キャンプ地で彼に会ったとき、彼が最初に私に言ったことは、「昨シーズンは一勝しかできませんでした。そんなピッチャーほかにいますか?」だった。

アンドリューはプロ入り後の早い段階から、登板する度に打たれ、繰り返しトレードに出されている間に、かなりの時間をネガティブ思考の悪魔との戦いに費やしていた。

確かに彼は自分で思っていたほど、そして他の人たちが期待していたほどの成績をあげることができていなかった。その結果、彼が既に相当の怒りとフラストレーションを溜め込んでいたのは明らかだった。だからこそ、彼は自分のパフォーマンスを向上させるために必要なことなら何でもする用意ができていた。

二〇一一年の春季キャンプ中、私たちは彼のピッチングに関して三つのことに取り組む計画を立てた。

まず第一に、彼はネガティブ思考を断ち切る必要があった。試合でデキが悪かったときに、少しばかり残っているちっぽけな自信にしがみついて言い訳などせず、自分のセルフトークを改善する必要があった。

第二に、初球にストライクを取る率を上げる必要があった。

過去一三五年間、野球でもっとも不変な法則の一つは、ピッチャーがカウントで有利になれば、打者をアウトにできる可能性が高まるということだ。特に、六フィート七インチも上背のあるピッチャーが、九五マイルから九七マイルの速球を難しい角度から投げ込んでくるとなると、打者にとっては不利な〇—一のカウントで打つよりも、一—〇で打つ方が、はるかに有利になることは明らかだった。

第三に、彼が試合の早い段階から、勝負に集中できるようになる必要があった。

ベース上にランナーが「出てから」ではなく、ランナーを「許す前」により強い緊張感を持つこと。彼はこれを「チェックイン」と呼んでいた。その意味では、今にして思えば、中継ぎは彼の天職だったのかもしれない。

アンドリューは二〇一一年のシーズンを3Aのポータケットでローテーション投手としてスタ

ートし、そこで開幕から六五イニングで六一個の三振を奪い、防御率二・四五の好成績を収めたことによって、六月にメジャーに呼ばれた。しかし、ボストンではまたコントロールに苦しみ、先発した一二試合で四一人を歩かせてしまった。

彼にとっては九月八日のトロント（・ブルージェイズ）戦がメジャーでの最後の先発登板となった。

その直前、彼はテキサスで先発し、一・一イニングを投げて六失点を許して一〇対五で負け、その六日後のブルージェイズ戦でも五イニングで五点を失いチームは七対四で負けていた。

残りのシーズンに彼は三回登板したが、いずれもブルペンからだった。リリーフとしての彼は三・二イニングを投げて、奪三振七、与四球三、被安打三で失点二と、リリーフ・エースとして生まれ変わる予兆を感じさせる成績を残していた。

一方、ミラーが所属するレッドソックスはこの二〇一一年のシーズン、球団史上最悪の結末を迎えていた。

レッドソックスはワイルドカード争いをしていたタンパベイ（・レイズ）を、九月三日の時点で九ゲーム差でリードし、ポストシーズン進出を九九・六％手中にしていた。にもかかわらず、九月に入ってから急に負けが込み始め、シーズン最終戦でレイズが地元タンパでヤンキース相手に劇的な逆転勝利を収めたのに対し、ボストンはボルチモアのカムデン・ヤーズで行われた雨中のナイトゲームで負けてしまい、最後の最後でプレイオフ進出を逃していた。

その結果を受けて、シーズン終了後、ボストンはティト（テリー）・フランコーナ監督を解任した。

二〇一一年から一二年の冬、レッドソックスはフランコーナの後任としてボビー・バレンタインを雇った。バレンタインの明るい性格こそが、二〇一一年シーズン終盤にフランコーナが統率しかねていたチームの雰囲気を「修正」するのに必要なものだと考えられていた。

ところがその結果はどうだっただろう？

翌年、レッドソックスは六九勝九三敗でアメリカンリーグ東地区の最下位に終わり、ボビー・バレンタインは僅か一シーズンでクビになった。

しかし、散々だった二〇一二年のシーズンにあって、数少ない明るいニュースの一つが、ミラーが十分にメジャーリーグで通用するリリーフ投手として復活したことだった。

そのシーズン、アンドリューはリリーフとして五三試合に登板し、三勝二敗で防御率三・三五の成績を残した。しかし、より重要なことは、彼の与四球率が自己最少の四・五に減少したのに対し、奪三振率（一試合あたりの奪三振数）が一一・四に急増したことだった。

この長身の左腕は翌年の夏も飛躍を続け、奪三振率を一四・一まで上昇させた。

しかし、残念ながら、七月上旬にアナハイムで起きた珍しいアクシデントで足を怪我してしまったため、残りのシーズンにわれわれは彼の圧倒的なピッチングを見ることはできなくなってしまった。ヒットを打たれてホームベースのカバーに入るため走っている途中でつまずいた際に膝の靭帯を損傷し、残りのシーズンを棒に振ってしまったのだ。

私は彼が気の毒でならなかった。ようやく自分の実力が発揮できるようになったところで、こんな怪我に見舞われるなんて。

あご鬚をたくわえた大きな男が、怪我をしている方の足にサポーターをつけ、もう一方の足でスクーターを操作しながら、レッドソックスのクラブハウス周辺を走り回っている姿が、私の目に焼き付いている。不運な怪我に見舞われながらも、彼はその年のポストシーズン中、懸命にチームをサポートしていた。

二〇一四年、ミラーは奪三振率を一四・九まで引き上げるとともに、与四球率を二・五まで押し下げたが、彼がその年の冬にフリーエージェントになることから、レッドソックスは有望な若手の左腕、エディ（エドゥアルド）・ロドリゲスと引き換えに彼をボルチモアに放出することを決定した。

その後、二〇一六年にクリーブランドに移ったミラーはフランコーナ監督とインディアンスにとって、あらゆる場面で頼れる存在となり、野球における投手起用法に新たな革命を引き起こした投手として、全国的な話題を呼ぶまでになる。

ミラーは言う。

「いろいろなことに取り組んできたけど、ボストン時代に二人で考え出した方法は、今も使っているよ。それは僕が立ち直り、成功をおさめる上でとても重要な役割を担ってくれたんだ。僕はそれに真剣に取り組んでいるし、それは僕の投球に大きな影響を与えたと思っているよ」

ミラーのメンタルを良好な状態に保つのに最も役立ったツールは、私が「アンカー・ステートメント」と呼んでいる、ポジティブなセルフトークだった。それはネガティブな思考を置き換えるための、短いポジティブなステートメントだ。

私は選手たちにはこれを、ボートの比喩を使って説明している。

選手が湖の上で錨のないボートに乗っているときに嵐が来て強風が吹き荒れれば、ボートは風に吹かれるまま流されてしまう。

心もそれに似ている。

試合で「嵐」に襲われたとき、自分の心を固定する方法がなければ、その選手のパフォーマンスは風が吹くままに流されてしまう可能性が高い。放っておけば勝手に自己不信が増殖していくこの職業では、できるだけ早くネガティブな思考を排除し、ポジティブなものに置き換えることが重要となる。

そもそもネガティブな考えは、どこから来るのだろうか？

心理学者のジュディス・ベック博士はこれを「自動思考」と名付けたが、私はその声を「リトルマン」と呼んでいる。それは特に自分に自信や落ち着きがないときに、常に自分の心の中で鳴り響く、ネガティブで疑い深い、自虐的な内なる声だ。

この不愉快な声は、誰の中にもある。

ゴルファーもウォーターハザードを越えなくてはならない時、その声を聞く。

「ボールを池に落とすなよ！」

セカンドサーブをネットにかからないように打たなくてはいけないテニス選手も、その声を聞く。

「ダブルフォルトにするな！」

その声は運動選手だけのものではない。

ビジネスのプレゼンテーション中にも聞こえてくる。

「失敗するなよ！」

「上司はどう思ってるんだろうね」

私もあるとき、サンフランシスコでの試合の前に、リトルマンに捕まったことがある。

試合前のウォーミングアップ中、私はあまりいい気分ではなかった。古いキャンドルスティック・パークのブルペンが、ヤジを飛ばすジャイアンツ・ファンがいる観客席に隣接していたからだ。おかげで一五分間のウォーミングアップ中に、それまであった自信のかなりの部分が、彼らによって打ち砕かれてしまった。彼らのヤジが私の脳の中に注がれ続けたために、私の中では反射的にマイナス思考が私を攻撃し始めていたのだ。

心理学者のベック[1]が言うように、こうした思考は「熟考や理論に基づいた結果によるものではない。それはむしろ、自動的に生じるもので、しばしば急激で短い。あなた自身はその存在にほとんど気がつかないかもしれないが、それに続いて沸き上がる感情には気づく可能性が高い。その結果、あなたはほとんど無批判にあなた自身の自動思考を受け入れてしまうのだ」

それらは短い単語や画像に記号化されていて、省略形で現れる。それがどんなにばかげた考えであっても、その時はそれが信じられてしまう。それが信じられる理由は、それらが自然に生じたもののように見えるからだ。

それは常に最悪のシナリオに焦点を当て、常に「すべき」「するな」「できない」「ねばならない」といった否定的な視点から表現される。

また、それはしばしば公式の発言とは異なる。

たとえば、試合後に記者から満塁で打ちやすい球を投げてしまった理由を、「打者を歩かすのが怖かったからです」とは決して言わない。恐らく、「カウントが不利になり、インコースに投げようと思ったところが失投になった」などと言うだろう。

でもそれは全部嘘だ。

キャンドルスティック・パークに話を戻そう。ウォーミングアップを済ませた私が、ビジター側のダグアウトまで歩いて行き、ベンチに座って一回裏が始まるのを待っていると、さっきのジャイアンツ・ファンの野次が、リトルマンの声となってふたたび私の心に響いてきた。

今夜お前は一イニングも持たないよ！

お前には何も決め球がない！

体育の先生にでもなっておけばよかったのにな！

私は思った。

「何だこれは？『好投できない』から『もう投げられない』に自分の考えが変化しているではないか。おれはどうかしてるぞ」

そのような嵐を寄せ付けないようにするために、ミラーが日々取り入れているアンカー・ステートメントには、自分自身に対して自分が何者なのかを問いかける言葉が、かなりの比重を占めている。

強風が吹き荒れても、彼の心は湖のあちこちに流されたりはしない。彼が自分のプログラムに沿って準備を怠らないのはこのためだ。試合前のシャワーに始まり、自分自身に繰り返し言い聞かせ続けるのだ。

「自分の投球を信じ、信頼する」

「自分がいつもストライクを投げている姿が見える」

そして、彼は最後にこうつぶやく。

「以前にできたことだから、またできる。今晩それをやる。今すぐやる」

トロント（・ブルージェイズ）と戦った二〇一六年のア・リーグ優勝決定シリーズ（ＡＬＣＳ）の最初の二試合で、ミラーは対戦した打者一二人のうち一〇人から三振を奪った。しかも、そのうちの五人は連続三振だった。

彼はまた、メジャーリーグ史上初めて、連日で五人以上の打者から三振を奪った他、二〇一六年のポストシーズンには、登板した最初の四試合で七・二イニングを投げて打者一七人を三振に打ち取っている。トロント相手に七・二イニングをヒット三本、無四球、無失点に抑え、一四人から三振を奪った彼は、ＡＬＣＳのＭＶＰに選ばれた。

初めてのプレーオフでの登板で、彼はリリーフ投手のＡＬＣＳ三振記録を達成し、一セーブ三ホールドがついた時点で、二〇イニング無失点だった。

その間、彼はずっと、私と一緒に設定した一連のアンカー・ステートメントを繰り返していた。ミラーのルーティンにはネガティブな思考を変えるためのフィジカルなトリガーは含まれていないが、たまたまどこかで聞いた話からヒントを得て、マイナス思考を止めるための手段として、彼は一時停止の標識を思い浮かべることにしているそうだ。

「肝心なのは、『ＯＫ、今、自分の頭に浮かんでいる考えは生産的ではないし、自分のパフォーマンスの助けにもならない』と認識することなんだ」と彼は言う。

「どうすればそれをコントロールして立ち直ることができるか。これはテュークスや他の人たちと話す中で習得したことだけど、人は皆、『これはうまくいかないだろう』とか『今日はついていないや』といった否定的な考えを持ってしまうものだ。そこで僕は自分にストップをかけ、考えをポジティブなものに変えようと試みるんだ。『今日はこれはできないと思う』から、『いや、できる。圧倒してみせるぞ』に頭を切り替えるんだよ」

私自身は若い選手時代に、このネガティブな内なる声をコントロールする方法を知らなかったので、マイナス思考に支配されるような状態になることが度々あった。

私は時間をかけて自分自身でリトルマンをコントロールする能力を身につけようと努力した。時間はかかったが、大抵の場合はそれができるようになった。

セントルイスでオールスターに選ばれたシーズン、私は二三三イニングで九一五人の打者と対戦し、二〇人しか歩かせなかった。

翌一九九三年の夏、私は二一三・二イニングで九〇七人の打者と対戦し、ふたたび二〇人しか歩かせなかった。

ＭＬＢの公式記録機関であるイライアス・スポーツ・ビューローによると、一九二〇年以降の先発投手（一五〇〇イニング以上登板）の中で、私の与四球率（九イニングあたりの与四球数）一・四二は、歴代二位の記録になるそうだ。私よりも少なかったのはグローバー・クリーブランド・アレクサンダーだけで、その記録は一・二六だったという。

また、私は二〇試合以上に先発したシーズンで、一試合の平均与四球が一以下だったシーズンが六回あった。これには二五試合に先発して二〇人しか歩かせなかった現役最後の一九九八年のシーズンも含まれる。イライアスによると、一九〇〇年以降、同様の記録を達成した投手は、殿堂入りしたグレッグ・マダックスだけだ。彼は二〇試合以上先発登板したシーズンで、一試合あたりの平均与四球が一以下だったシーズンが七回もあった。

この記録では、マダックスと私のすぐ後にデビッド・ウェルズとバートロ・コローンとブラッド・ラドキーの五回が続く。

しかし、私がこのような記録を残せたのは、一度も不利なカウントにならなかったからではない。それは、いつでもどんなカウントからでもストライクを投げられる能力を磨き、自分の投球術の向上に余念が無かったからだ。

ほどなく私は自分の思考や自分の考えが、しばしば自分の最大の敵になることを理解するようになった。それ以来、私は自分のパフォーマンスが風に吹かれるままに制御不能になる前に、自分の気持ちを落ち着かせるための戦略を生み出すことに努めた。

やがて私は、ネガティブなリトルマンを自分の頭から追い出し、ポジティブなセルフトークを取り戻すためのフィジカルなトリガーを考え出した。それは、リトルマンの声が聞こえてくるたびに、グローブをつけた手で左足を叩くことだった。それが私の、ネガティブな考えを消し去る方法だった。

リトルマンの声が聞こえると、私はマウンドの後方に降りて内野の芝生の上で鼻から深く息を吸い込み、空気で肺を満たしたら息を止めて一拍置いてから、ゆっくりと口から息を吐き出す。そして、これからしなくてはいけないことに焦点を合わせて、ネガティブな声をポジティブな指令へと置き換えるのだ。

「OK、いいストライクを低めに投げるんだ」とか「ブルペンの時と同じように投げるぞ」とか。

ミラーが言う。

「僕は悪い考えが侵入してきたとき、それをできるだけ早くシャットダウンして、それを考えないようにするように自分に言い聞かせることが重要だと思っているんだ。それは、自分で作ることができる習慣だと思う。悪い考えをできるだけ早く排除することは有益だし、ポジティブな考えを自分に言い聞かせると、良い結果を生むことが多い。野球選手は習慣にとらわれがちなところがある。この言葉は病気のような印象を与えるのであまり使いたくないんだけど、野球の選手は誰もがある種の強迫性障害を抱えているようなところがあると思うんだ。僕自身もどうやって一日を過ごすかについてかなりいろいろなところにこだわりがある方だけど、それも日々の習慣からくるものだからね」

ミラーのお好みのツールはセルフトークだが、二〇一六年のワールドシリーズで彼が戦った相手チームの投手だったレスターと同じように、ミラーは視覚化の手法も用いている。

ミラーは言う。

「もちろんだよ。それが自分のためになろうが、自分を傷つけることになろうが、僕たちは皆、それをやっているはずだよ。自分で自覚しているかどうかにかかわらず、皆、絶対に視覚化しているだろ。どうせ視覚化するなら、ポジティブなことを視覚化した方が試合で良いパフォーマンスができるのは当然のことだよ」

このやり方でミラーはトップレベルで成功し続けることができているが、状況は絶えず変化している。彼はこれからも、常に自分の集中力とアンカー・ステートメントが通用しなくなる可能性に注意を払い続けなければならない。

「現時点での僕の課題は、アンカー・ステートメントをただ形式的に唱えるのではなく、それを確信を持って言えるようになることなんだ」とミラーは言う。

人生における他の多くのことと同じように、彼のプログラムも今、発展途上の段階にある。

「心理学の博士でさえ全部理解できないのだから、全部が理解できる選手なんて一人もいないと思うよ。今は、僕にとってルーティンがマンネリ化してしまい、本来の意味を失ってしまうことがないように気をつけなければならないと思っているんだ。だから僕のアンカー・ステートメントも、二年前から現在のものへと変化してきている。これはこれまでもやってきたことだけど、これからも続けていくつもりだよ」

その言葉通り、ミラーはアメリカンリーグのディビジョンシリーズ第三戦で、フランコーナ監督の慣習にとらわれない投手起用法によって再登板し、二イニングを無失点に抑え（五回と六回を投げて二奪三振）、クリーブランドが全勝でボストンを下す流れを作ったが、その試合の前日、ナショナルリーグのディビジョンシリーズ第二戦で先発したロサンゼルス・ドジャースのリッチ・ヒルもその試合で、トレイ・ターナー、ブライス・ハーパー、ジェイソン・ワースの三人から連続して三振を奪っている。メジャーで「おはよう、こんにちは、おやすみ」と表現される三者連続三振だ。

結局、ヒルはその試合で負け投手になったが、その九日後にはシカゴ・カブスのエース、ジェイク・アリエータに投げ勝ち、ナショナル・リーグ・チャンピオンシップ・シリーズでドジャースが二勝一敗とリードするのに貢献した。

この試合、ヒルは見事なピッチングでカブスを六回二安打無失点六三振に抑えた。

野球の世界でこの二つのニュースが話題になるのを見ながら、私はこの二人が皮肉にもここで立場を逆転させたことに感慨を覚えていた。

二〇一一年に3Aのポータケットでミラーとヒルがチームメイトだったとき、先発を希望していたヒルはブルペンに回されていた一方で、ミラーはブルペンで活躍するようになる前は先発としてローテーションに組み込まれていた。

私が初めてリッチに会ったのは、そのシーズン、ポーソックス[1]がニューヨーク・メッツの3Aバイソンズと対戦するためにニューヨークのバッファローを訪れていた際のクラブハウスでのことだった。

二〇〇二年、ミシガン大学在学中にシカゴ・カブスから四巡目で指名されたヒルが、カブスからボルチモア、セントルイス、ボストンと移籍していった理由の一つは、故障が続いたためだった。

その間、彼は二〇〇七年のシカゴ時代の、三二試合に先発して一九五イニングを投げ、一一勝八敗で防御率三・九二という好成績を残したシーズンを再現しようと務めていた。開幕をメンフィスのカーディナルスの3Aで迎えた彼は、その時、ポーソックスに移籍してきたばかりだった。私はリッチのことはよく知らなかったが、彼がマサチューセッツ州ミルトン出身であることだけは知っていたので、それなら彼はいいヤツに違いないと思っていた。ヒルは私のユニークな経歴を知っていて、私たちはお互いがとてもピッチングに詳しいことがわかっていたので、すぐに親しくなった。

二〇〇五年にハーベイ・ドルフマンにコンタクトをとっていたヒルは、それまで彼と取り組んできたことや、それが自分のメンタル・ゲームにどれほど役立ったかについて、とてもオープンに話してくれた。

それを聞いた瞬間、私は彼とは気が合うことを確信した。

「彼ははっきり物を言ってくれるタイプだったので、とても話しやすかったよ」とヒルはドルフマンについて語る。「テュークスも同じで、単刀直入に話をしてくれる。自分で見て思ったことをストレートに教えてくれるし、私の中からいろいろなことを引き出してくれるんだ。選手として経験を積む中で、彼は私をより良い選手にしてくれたと思う。そして何よりも私にとって最大の発見は、選手がアドバイスや助けを求め続ければ、その選手の可能性を最大限に引き出す手助けをしてくれる人たちがいるということだった」

われわれはみな最終目標に到達するために、さまざまな異なるルートを辿るが、遅咲きだったヒルの探求と自己発見の道のりは長く、また決して平坦なものではなかった。

彼は『シンキング・ボディ、ダンシング・マインド』という本がきっかけで、ドルフマンの存在を知ったという。

ヒルは言う。

「あの本で僕は目が覚めたんだ。その前年まで僕は、呼吸や思考をコントロールしたり、大事な場面で集中力を高めることができずにいた。二〇〇四年のことだよ。それが二〇〇五年のオフシーズンにあの本を読んでスプリングトレーニングに臨んだところ、完全に集中できるようになったんだ。オープン戦でもいい成績を収めることができたし、開幕から二か月目にメジャー昇格を果たすこともできた。あの本があいう考え方に対して僕の目を開かせてくれるきっかけとなった。その年から僕はハーベイと少しずつ話をするようになり、彼は他の分野でも僕の目を開かせてくれたんだ」

しかし、二〇一一年のポータケットでは状況が違っていた。そこでは彼は、中継ぎという慣れない仕事をさせられていたからだ。慣れない場所や落ち着かない状況は、リトルマンの出現を促す主要な要因となり得る。

リトルマンについては、他にも重要なことがある。この小さな悪魔は、いつも「するか」とか「できない」とか言って選手たちにネガティブなイメージを抱かせているだけではない。こいつは選手が考え過ぎたり、自分自身に対する自身を失わせたりすることで、ますます選手を深みにはまらせることもある。

肘の位置はこれでよかったのかなど、フォームの細かいことをあれこれ気にさせたり、今投げた球のどこが悪かったのかを考えさせたりもする。そうしたことに心を奪われていると、集中力が削がれ、本来考えなければならないことが考えられなくなってしまうのだ。

先発投手にとってリリーフに回ることは、ダンスパーティの夜に親から外出禁止を言い渡された高校生の気分と似たところがある。いかした人たちが楽しそうな場所に大勢集まっているのに、自分だけ一人寂しく除け者にされているみたいな、そんな気分だ。

私もメジャーで初めてリリーフ登板させられたときのことは、よく覚えている。

それまで私はヤンキースのマイナーチームでも、一度もリリーフで投げたことはなかったが、その年はシーズン半ばにルー・ピネラ監督によって中継ぎに回されていた。カンザスシティでブルペン行きの連絡をもらった時、私はまるで二〇ポンドの金床を喉から突っ込まれたかのような息苦しい感覚を覚えた。

そういう感覚が危ないのだ。

リッチはもともと考えすぎるタイプだったことに加え、中継ぎへの転向という難しい変化を迫られていた。そこで私たちは試合前に、どのイニングで投入されても落ち着いて勝負に挑めるような状態を作ってくれるメンタル・プログラムを作成することに注力した。

このプログラムがうまく機能すれば、彼は目の前のことに集中し、次の球のことだけを考えられるようになる。そうすれば、いつも半信半疑な状態で投げるのではなく、確信をもって次の球を投げることができる。確信を持って投げれば自分は十分に良い球が投げられると信じるのだ。職人がレンガを一つ一つ積み上げていくことで基礎を築くように、投手も一球一球確信を持って投げることで、自信を築き上げていくのだ。

私は「考えすぎるな。ただ出て行って、勝負すればいい」と彼に言い続けた。

古風な野球用語で言えば、ヒルがしなければならなかったことは、「ただ出て行って、勝負すること」だった。

ヒルは言う。

「以前のような積極的なピッチングをして、全ての球でストライクゾーンを攻めるようなセルフイメージで自分のピッチングを見直そうということになったんだけど、それを実現する上で、テユークスが大いに助けてくれた。特に呼吸と、その時々で精神的に踏みとどまるために何をしなければならないかがポイントだった。試合前、グランドに出て行って投げ始める前に、勝負できるピッチングを可能にする冷静な心理状態を保つためには、基本的に目の前のことに集中することを可能にしてくれる呼吸ができるようになる必要がある。それができれば気が散ったり他のことを考えたりせずに、その一球に集中することができるようになるんだ」

私は彼のために、弱気になったときにいつでも自分の呼吸やイメージに関する重要なポイントを再確認できるようなオーディオ・プログラムを作成した。

ヒルは言う。

「それを何度も何度も繰り返すんだ。そのうちそれが習慣になれば、自分の一部のようになる。そのルーティンを身につければ、調子がすごくいい時もあまり良くない時も、いつも同じ状態を保つことができるようになるんだ」

心の準備さえできていれば、あとはすべてがついてくる。

イメージトレーニングは、あらゆる面で選手のパフォーマンスの助けになる。

まず、楽な姿勢をとり、リラックスして呼吸に集中することから始める。

「鼻からゆっくりと大きく息を吸い込み、四つ数え、口からゆっくりと全部吐き出す。それを繰り返し、首と肩がリラックスしていくのを感じながら、更に繰り返す。顎や顔の筋肉がリラックスしていくのを感じたら、イメージトレーニングを始める準備完了だ」と、私がリッチのために作成したオーディオ・プログラムの中で、私は彼にこんな風に語りかける。

「プレートを踏みながら、キャッチャーのサインを覗き込んでいる自分の姿を想像してみよう。

プレートの上に乗せたスパイクの先が食い込んでいるマウンドの土の感触を感じる。

両腕は胸の前にある。

グローブの中にあるボールを直球の握りで握ってみると、指先にボールの縫い目の感触が伝わってくる。

キャッチャーのサインを確認し、あらためてキャッチャーミットに注意を向ける。

心の中に雑念はない。心配事も懸念材料もない。

すべてはこの一球のためにある。

右足をプレートの前方に出し、プレートに載せた左足に体重を乗せる。

左足がプレートの前の土を掴むのを感じながら、膝を曲げながら右足を挙げ、その足を巻き込むように体を捻りながら、右足に体全体の動きをリードさせる。

タイミングは完璧だ。

腕と体のバランスがうまく取れていて、あとはホームベースに向かって投げるだけだ。

ホームベースに向かって体を回しながら、両手を開くタイミングと足の上げ下げのタイミングはぴったり息が合っている。

グローブの中で組まれていた両手が離れていく。

ボールはしっかり握られているが、余計な力は入っていない。

大きく旋回した腕が投球の軌道を辿る。

しっかりと閉じた右肩が、左肘と標的となるホームベースの間を一直線で結ぶ。

視線を標的から逸らさないために、頭は微動だにしない。

足と腕が体の周りを完璧なタイミングで回っていく。

静かに、しかししっかりと着地した右足が、球に力を与える強靭な土台となる。

ボールを握った手が前方へ向かって加速する。

完璧な軌道を辿って投じられた球が、ホームベースへと向かって進んで行く。

投球モーションの最後は、自分の方に打球が飛んできてもさばける体勢をつくるために、勢いよく回ってきた左足を着地させる。

自信を持って勝負できる球を投げるのに完璧な体勢だ。

ボールが標的に向かっていくのを見ながら、最高の球だったことをあらためて確信する。

では、ここまでイメージしてきた流れに少し色を加えて、逆回ししてみよう。

キャッチャーのミットに収まったボールが真っ赤になってミットから出て来る。

そのボールがスローモーションで自分の手元に戻ってくるのを想像してみよう。

投げた時と同じ軌道でそのボールをホームベースの方から自分の方に引き寄せてみよう。

ボールが手を離れる直前のところまで戻ってくるのを想像する。ボールの上に乗せた指の感触がある。

ボールが指先に触れ、手の平の方へ戻ってくるのを感じる。

ボールが手の中に収まり、リリースの時に振り上げた腕が下がってくる。体もさきほどの投球モーションを逆走する。

左足がピッチャーズプレートの上に戻る。

右足が高い位置へ戻る。

ひざが少し上がり、両手が一緒になってバランスのとれた姿勢に戻る。

さらに、ワインドアップからサイドステップまで、一連の投球動作を逆回しする。

このように細部まで感じ取りながら、投球モーションをさかのぼっていく時間を持ってみよう。ゆっくりと」

ポータケットで一〇試合に登板して順調に調子を上げたヒルは、ほどなくボストンから招集されメジャー昇格を果たした。メジャーでもリリーフで九試合に登板し、八イニングを投げて一二奪三振と安定したピッチングを見せて前途有望に見えたのだが、肘の怪我がすべてを台無しにしてしまった。

ヒルは五月にトミー・ジョン（肘内側側副靭帯再建）手術を受け、その後は気の毒なことに、ＧＰＳで探さなくてはならないほど、次から次へといろいろなチームを転々とする羽目になった。

怪我から復帰したヒルは二〇一二年に一旦ボストンに戻り、そこで三八イニングを投げたが、その後はまるで弾むボールのように方々の球団を転々とさせられた。二〇一三年にはクリーブランド、二〇一四年にはボストンとロサンゼルス・エンジェルス、ニューヨーク・ヤンキース、そして二〇一五年シーズンの開始時はワシントン・ナショナルズと、実にあちこちの球団への移籍を繰り返している。

それから彼は独立リーグ、アトランティック・リーグのロングアイランド・ダックスに入団するという厳しい回り道を経て、ボストンと再び契約した後、オークランドに移り、最終的にロサンゼルス・ドジャーズに移籍することになる。

そうして彼が球団を渡り歩く合間の二〇一四年のある日、私はポータケットの懐かしいマッコイ・スタジアムのダグアウトで、彼と座って話をする機会があった。私がＭＬＢ選手会で働いているる時のことだ。その時の会話の中で、リッチは「もう一度先発に戻れると本当に信じているんだ」と私に語っていた。

それを聞いた私の率直な反応は「こいつは頭がどうかしたんじゃないか」だった。

当時、彼は三四歳で直近の五年間、リリーフ投手として方々の球団をたらい回しにされてきた選手だったからだ。それなのに彼は未だに先発投手としてメジャーに復帰するつもりでいた。

私は理性的になって、今彼が先発に転向することの意味とその可能性についての私の考えを率直に伝えなければと考えた。

私の印象としては、彼の年齢と彼がここ何年も先発登板していないことを考えると、メジャーリーグのチームは彼をせいぜい左のワンポイント・リリーフくらいにしか見ていないのではないかと感じていた。

実際、ジェシー・オロスコやハビアー・ロペスのように、左のワンポイント・リリーフは息が長い。

「そういうピッチャーのニーズはあるだろうね」と私は彼に言った。

そのために彼は、リリース時の腕の角度を確定させて、左打者をアウトにできる可能性が最も高いアングルで投げることに専念すればいい。

その時、私は、彼が先発投手としてメジャーに戻る唯一の方法は、一旦マイナーリーグを離れてどこかの独立リーグで先発として使ってくれるチームを見つけるしかないということと、それが大きなリスクを伴う選択になることを伝えた。

いや、私は何もわかっていなかったのだ。

その翌年の夏、二〇一五年シーズンの早い時期にナショナルズが彼を放出すると、彼は本当に独立リーグのロングアイランド・ダックスに入団した。そして翌年の夏、オークランドが試しにヒルを獲得すると、本当に彼の時代が到来したのだ。

私はなんというヤブ医者だったのだろう。

そのシーズン、ヒルは一四試合に先発し、九勝三敗で防御率二・二五という好成績を残した。アスレチックスは彼のこの好成績を材料に、七月のトレード期限直前に彼をドジャーズにトレードした。

ドジャーズに移ったヒルは、八月から九月にかけて先発投手として六試合に登板し、三勝二敗防御率一・八六の成績を収めたほか、カブスとNLCS（ナショナルリーグ優勝決定シリーズ）の第三戦に先発登板して勝ち投手になっている。

二〇一六年から一七年の冬、リッチがドジャーズと三年で四八〇〇万ドル（約五〇億四〇〇〇万円）のフリーエージェント契約を結んだことを知ったとき、私は自分のことのように嬉しかった。

今も呼吸とイメージトレーニングを自分のピッチングに取り入れているというヒルにとって、そのプログラムは試合でマウンドに立つはるか以前から始まっている。

彼は言う。

「思考は行動につながるからね。もし自分の思考プロセスや投球前のルーティンをコントロールしたり制御したりすることができれば、自分で自分を訓練してそれをルーティン化することで、いつでもそれを同じようにできるようになる。そうすれば、試合でもその流れに沿って投げ続けることができるようになるよ。試合中に呼吸に集中することで、投げ急がないようにテンポを抑えたことはこれまで何度もあったよ。もちろん時にはテンポが遅すぎて、もっと早くしなければならないときもあったけどね」

時々、投手コーチやテレビのキャスターなどが、ピッチャーの「投げ急ぎ」について話すのを耳にすることがある。テンポ良く投げることは良いピッチングのための重要な要素の一つだが、それは速すぎても、遅すぎてもいけない。野球においてピッチャーとキャッチャーが調和を保ち、ピッチャーが良いリズムを保ち、野手が気を抜かずに注意力を保てるような生産的なペースを維持することはとても重要だ。

しかし、それは魔法のように自動的に起きるものでもなければ、偶然起きるものでもない。

ヒルは言う。

「どんな分野でも、同じ経験を共有し共感できるような、その分野におけるメンターのような存在を持つことはとても重要なことだと思うよ。テュークスは自分の実際の経験を元に、学校では学べないようなことを教えることができる人だし、実際、私にもそうしてくれた。野球は表面的には単純なスポーツに見えるかもしれないし、時として僕らは野球を必要以上に難しく考えてしまうこともあるかもしれない。でも、だからこそ、テンポを抑え、その一瞬一瞬に集中する必要があるんだよ」

もし、ある局面で何らかの迷いが生じても、ヒルはミラーと同じように、その瞬間に気持ちを切り替えることができるようになった。

この二人のサウスポーは、強い心を獲得したのだ。

息を吸って、息を吐く。

そして、他の投手たちがマウンド上でロジンバッグに手を伸ばすように、アンカー・ステートメントを唱えるのだ。

「この球を自信と確信を持って投げるぞ」と。

第11章　アンソニー・リゾという男

アンソニー・リゾのパソコンには、彼がネクストバッターズ・サークルからバッターボックスへ向かう間に彼が考えていることのすべてが、保存されている。

それは全一一編からなる音声ファイルで、彼がボストン・レッドソックスに所属していた一〇代の頃から録音してきた音源をファイル化して、ダウンロードしたものだ。

このツールのいいところは、持ち歩きが可能なことだ。

どこへ行く時も、どの町にいても、彼はパソコンをクリックするだけで、いつでもこれを聞くことができる。

リゾはこれまで三度オールスターに選出され、二度ナショナルリーグの最優秀選手賞の投票でトップ五に入ったほか（二〇一五年と二〇一六年に四位）、ゴールドグラブ賞（二〇一六年）やシルバースラッガー賞（二〇一六年）も受賞している。そして、シカゴ・カブスではワールドシリーズ優勝（二〇一六年）も果たしている。彼の選手としての実績は皆さんもご存じのことだろう。そして、彼の行くところには常に、この音声プログラムがあった。

リゾはこのプログラムについて、「行き先が見えなくなった時に自分を導いてくれる灯台の光のような存在」と表現する。

「すべてメンタルな事です。中身はイメージ化や自分自身へのポジティブな語りかけや、打席に入った時に自分のパフォーマンスを支えるアンカーステートメントなどです。あとはしっかり呼吸をして、肯定的な言葉を自分にかけます。例えば、『僕はいいバッターだ。ボールがピッチャーの手から放たれた瞬間に球筋が見えるんだ』とね。そしてそれを二、三回繰り返します。『僕は最高の選手なんだ』と」

私が選手に対してメンタルスキルのコーチングをする時は、簡単にiPhoneにダウンロードできるオーディオプログラムを作成するようにしている。そのプログラムを通じて、優れたパフォーマンスの手がかりとなるヒントを与えたり、思い出させたりするためだ。ジョン・レスターやアンソニー・リゾ、アンドリュー・ミラー、リッチ・ヒルのようなベテランになっても、こうしたプログラムを日々活用している選手は多い。

リゾ用に作ったプログラムは、呼吸法や自分自身への語りかけや物の見方、アンカーステートメントなどの合間に、彼が選んだ元気な曲が挿入されている、彼専用のカスタムメイドだ。ちなみに彼のアンカーステートメントは、「球をよく見て打て」だ。

リゾがボストンで活躍し始めた頃、私は若手の打者向けに一一編から成る二つ目のプログラムを作成した。その中には新たに、緊迫感やフェアネス、目標、期待、リラックス法、イメージ化、アンカーステートメントなどの項目が含まれていたが、リゾ用にカスタマイズされたプログラムには、上記の一一編を要約した上で、その中から重要なポイントや基本的なフレーズを抜き出してまとめた、さしずめ「ヒット曲集」のような内容になっていた。

アンソニーが言うように、選手にとって一八歳から二二歳にかけての期間は、人生における最も重要な時期だ。その年齢で重要な概念を学び、いい習慣を身につけておけば、それは一生の財産となる。

リゾは話す。

「今でも聞いていますよ。飽きてきたら一編から一一編までが自動的にリプレイされるようにセットして、それを聞きながら寝落ちするんです。繰り返し聞いていると、体に沁み込んできます。ポジティブな言葉を聞いていると、本当にそういう気持ちになります。野球はメンタルなものです。メジャーリーグのレベルに達している選手は、これまでの人生で誰もがチームで一番の選手でした。そんな彼らにこの先、差がつくとすれば、メンタルな面だけです」

しかし、シカゴの目抜き通りとして知られるラッシュ・ストリートの土曜夜の人通りのように、バッターの頭の中も混雑すると、時として大渋滞を起こすことがある。

クレイトン・カーショウの目の回るような変化球や、クリス・セールの角度のついた速球、ノア・シンダーガードの威圧的な内角攻め等々、メジャーリーグのバッターは毎晩異なる課題を突きつけてくる先発投手の挑戦を受ける準備をしておかなければならない。そこに、これまで対戦したことのない初対面のルーキーが加わる。しかも、最近の野球はブルペンの扉が開くと大量の救援投手が、まるで工場の製造ラインのように、次々と送り込まれてくる。

バッターは変化球にもスライダーにも高目の速球にも対応しなければならないし、運、不運にも左右される。審判のひどい判定に晒されることもあるし、エージェントから来年の契約について何を言われるかも心配だ。メジャーでは素早く解決しなければならない課題が山ほどあるのだ。

昨今の豪華で近代的なスタジアムには、室内にバッティングゲージが完備されているし、ほとんどのチームに打撃コーチとは別にアシスタント打撃コーチがついていて、バッターはいつでもバッティング練習ができるようになっている。それ自体はいいことかもしれないが、チームの誰かがバッティング練習をしているのが目に入ると、自分ももっとやらなければならないと感じるようになる。その上、クラブハウスにはバッター用にたくさんのビデオが用意されている。それもある程度までは役に立つかもしれないが、常にバッティング練習をしなければならなくて、クラブハウスに置いてあるビデオも全部見なければないなんてことになると、選手にとってはそれ自体が重圧になってくる。下手をするとあれこれ考えすぎて、分析麻痺の泥沼にはまりかねない。

ピッチャーマウンドとホームベースの間の六〇フィート六インチの空間では、実にいろいろなことが起きている。そこには、マディソン・バンガーナーやノーラン・ライアンの激しく威圧的な投球以外にも、打者の頭を混乱させるものが山程ある。

私のようなあまり威圧的ではないピッチャーでも、マイナーリーグの試合でうっかりバッターの頭にボールを当ててしまったりすると、打者を混乱させることが可能だ。

2A時代、私は後にモントリオール・エクスポズで恐怖のスラッガーに成長したアンドレス・ガララーガに当ててしまったことがある。それは意図的なものではなかったが、その後、メジャーに上がった後、彼は私に対して打率・一五八（三八打数六安打）出塁率・一七九しか打てなかった。あのガララーガが、私から三八打席でホームラン二本、打点三しか打てなかったのは、マイナーリーグ時代に私から当てられた経験が最後まで尾を引いていたからではないかと、私は考えている。メジャーリーグにおける最初の一一打席、彼は私から一本もヒットを打つことができなかったのだ。

一度、私に当てられてしまったことで、彼は私と対戦するたびにそれを思い出し、余計な事を考えるようになり、それが私に有利に働いたのかもしれない。しかし、それこそが内角攻めの極意だ。バッターに、本来は考えなくてもいいことを考えさせるのだ。

その意味でボールは武器にもなり得る。なぜなら、これは誠に申し訳ないことだが、バッターは時々ピッチャーにボールを当てられることがあるからだ。

バッターに当ててしまった場合のほとんどは、意図的ではない単なる事故だという主張に、私はまったく異論を挟むつもりはないが、実際のところ事故と故意の境界線はとても曖昧だ。

ピッチャーが生き残るためには、内角を攻めなければならない。ホームベースの内側半分を捨てることは、投手生命をドブに捨てるも同然だ。

しかし、速球を投げたとき、ピッチャーの手元が狂うこともあるし、カーブがうまく曲がり切らないこともある。かと思えば、スライダーが曲がりすぎることもある。どうしてもボールが打者に当たってしまうことはあり得るのだ。

かつては、二〇一四年にマイク・ファイアーズの速球がジャンカルロ・スタントンの顔面に当たり、スタントンの口から流れ出た大量の血がホームベースを赤く染めるという、恐ろしい事故もあった。一九八四年にはマイク・トーレスの速球がディッキー・ソンの顔面を直撃している。スタントンは顔面を複雑骨折した上に歯に重症を負い、左目を眼窩骨折したソンは、その後視力障害に悩まされ、選手として期待されたほど活躍できなかった。

他にも、昔ながらの暗黙のルールに基づいて、バッターが報復として当てられることもある。例えば、おたくがうちの選手に当てたから、おたくの選手にも当てさせてもらうよ、というのもある。

また、ホームランを打ったバッターがダイヤモンドを回る時にピッチャーをバカにするような仕草をしたり、ランナーがホームや二塁で、キャッチャーや内野手に対して悪意のあるスライディングをしたり体当たりした時なども、後に報復として当てられる場合がある。

そんな時は、バッター側もある程度は報復を覚悟しているものだが、分かっていてもピッチャーはやっぱり仕返しをせずにはいられない。そして、それがわかっていても、バッターはピッチャーに殴りかかってくる。

ところが、最近のピッチャーは次第に内角攻めをしなくなってきている。理由はいろいろあるが、一つにはプロ入りする前は金属バットの使用が認められていることの影響で、若いピッチャーが内角攻めの練習をしなくなっていることがあげられる。

しかも、最近のピッチャーは昔より変化球を多投するようになっており、内角攻めが減ったことでバッターがボールを怖がらなくなったことと相まって、バッターは基本的に外側の球に山を張るようになっている。そのため最近は打席から身を乗り出すように構えるバッターが多い。結果として、内角球が必要以上に内角寄りに見えるため、バッターが腹を立ててエキサイトしやすくなっているのだ。

最近のバッターの中には、防具としてアームガードを装着する選手が増えている。それがバッターに安心感を与え、打席で落ち着きやすくなっているようだ（もし、私の書き方に元投手としての不満が表出しているように見えたら、それは恐らく私が罪の意識を感じているからだろう）。

これは何を意味しているのだろうか。要するに、最近はバッターにボールを当てるべき状況になっても、意図的に当てる方法を知らないピッチャーが増えているということだ。

ここで再び試合の暗黙のルールを思い出そう。これは大事なルールだが、投手が当てる必要がある時は、打者の腰より下に当てなければならない。

私は殿堂入りしたクレイグ・ビジオの内角を攻めるのが大好きだったが、それに対する彼の主たる攻撃の武器は球に当たることだった。

彼はキャリアの中で二八五回当てられ、ヒューイ・ジェニングス（二八七回）に続く歴代二位の死球記録を持っている。きっと痛かったに違いない。

ある時、私の彼への投球が思わぬ方向に、しかも高目に行ってしまったことがあった。

「内角攻めはいいが、頭はやめろよ！」とビジオが打席から大声をあげた。

単純なミスだったが、ビジオの言う通りだ。われわれはスタントンやソンなど多くの選手を襲った悲劇を教訓にしなければならない。

ボストンのマット・バーンズはいいやつだが、二〇一六年に彼が、マニー・マチャドがダスティン・ペドロイアにスライディングで接触したことの報復として投げた危険球は容認できるものではなかった。頭にボールを当てるのはとても危険だ。万が一、球が頭に当たってしまったら、それがその選手の将来にどう影響するかは誰にも予想がつかない。

これは選手の性格に左右される部分も大きいが、球が頭に当たった後、上手く快復する選手もいれば、二度と元の感覚を取り戻せない選手もいる。

バッターの立場からすると、そんなことは相手投手に関する大量な情報の、ほんの一部でしかない。バッターはその他にも、これまでの対戦成績、投手の投球パターン、スカウティングレポート、その試合のそこまでの状況、スコア、イニング、アウトカウント、前打席の結果などをすべて念頭に置いて打席に入らなければならない。

これはものすごい情報量だ。

だが、いざ打席に入った時、こうした外形的な思考を頭の中から取り除くことが、とても重要になる。そして、それを実現する上で有益な方法の一つは、打者に何か別に聞くものを与えることだ。

リゾは二〇〇七年、ドラフト六巡目でボストンに指名された。

その年、私は初めて、メンタルスキルのオーディオプログラムを作った。まるで大学一年生がオリエンテーションのパッケージでもらうかのように、リゾはレッドソックスの中で私の教材を最初に受け取った「クラス」の一人だった。

あれから一〇年が経った今も、彼が自分の立ち位置を確認するためにその教材を使ってくれていることは、私にとっては嬉しい限りだ。

ざっとその内容を紹介しておこう。

トラック1：メンタルスキルを磨くことを選択したことに関する包括的なイントロ。まずはあなた自身がそれを選んだことを確認しよう。それは単純明快な事実だ。多くの選手は、身体的なことや技術的なことには時間を割くが、パフォーマンスにおけるメンタルの重要性を軽視するという間違いを犯しているが、あなたはそれとは異なる選択をした。

アスリートは日々、自分のパフォーマンスに影響を与える選択をしている。それは何時間の睡眠を取るか、何を食べるか、何を頭の中で考え、自分がコントロールできないことにどう対処するのか（天候などのゲームコンディションの悪さや審判の誤審など）などだ。

怒るという選択をすると苛立たしくなるが、苛立ったアスリートは失敗を引きずることが多い。それが自信喪失につながり、結果的に解決策ではなく問題点ばかりに注目してしまうようになる。毎日最高の状態を維持するのは難しいし、物事が上手くいっていない時、現実と向き合うのも容易ではない。長いシーズン中に、そのようなことが必ず何度となく起きる。そこで必要になるものにはちゃんと名前が付いている。メンタル・タフネスだ。

トラック2：ものの見方・公平性・緊迫感。

選手の頭を曇らせる要因として、リゾは認識をあげている。つまり、彼らが物事をどう捉えているかということだ。

野球においても人生においても、一つの出来事をどう捉えるかは人によって異なる。

例えば、コップの半分まで水が入っていると見るか、半分は空っぽだと見るか。ランナーが得点圏にいる時、自分に打順が回ってきて欲しいと考える打者がいる一方で、ロッキングチェアに尻尾を踏まれることに怯える猫のように、その状況に不安を覚える選手もいる。

その認識を決定づける一要素が、フェアネスという概念だ。

それはつまり、ある人間がそれまでの人生でどれだけ騙されたり、捨てられたり、拒まれたり、無視されたり、見過ごされたり、価値を否定されたりしてきたか。そんな経験を数多くしてきた人は、家族や友人から何度も「人生はアンフェアなものだ」と言われて慰められてきただろうし、自分自身もその言葉を受け入れてきたにちがいない。

では、ここでもう一つ質問だ。

野球はフェアなスポーツだろうか。

バッターなら、いい当たりをした打球が野手の正面に飛んでアウトになってしまった経験が何度もあるはずだ。そんなことが数試合か続いた時、その選手は「こんなのアンフェアだ。なんで私にばかりこんなことが起きるんだ」と思ってしまうかもしれない。

その通り。そもそも人生はアンフェアなものだ。そして野球は人生の一部だ。だから、野球も当然アンフェアだ。ただし、一つだけはっきりしていることがある。それは「アンフェアだ！」などと叫んでみても、結果は何も変わらないということだ。それは余計に自分を苛立たせることになり、結局、エネルギーを浪費するだけで、何のメリットもない。くよくよ考えても、かえって問題を悪化させるだけだ。

一旦ボールがバットを離れたら、もはやバッターにできることは何もない。ピッチャーにも同じことが言える。一旦ボールが自分の手を離れたら、その結果はコントロールできないのだ。

ある選手がいかにアンフェアなことに対応するかは、その選手がどれだけの労力をメンタルスキルに費やすかと似ている。彼には選択肢があるのだ。

最後に、認識とフェアネスが緊迫感に繋がる。これは建設的にもなり得るし、破壊的にもなり得る。多くの選手は自分自身のキャリアに対して常に緊迫感を持っているので、そのために必要な努力は惜しまない。しかし、その緊迫感が「今すぐ何かをやらないとならない」という誤った認識を生むようになると、それは一瞬にして破壊的になる。

既に述べたように、これは脅威に対する反応の場合が多い。

ノーアウト、ランナー二、三塁で打席に立つバッターは、必ずランナーを返さなければならないと考えるだろうし、前打席、満塁の場面で三振したバッターは次の打席では、前回のようなみっともないところは見せたくないと考えるだろう。

あるいは、直近の一〇打席で凡打が続いているバッターは、まるで自分ひとりで世界の重荷を背負っているかのような感覚で打席に入るが、その時、彼は、球団が彼の直近の一〇打席ではなく、シーズン全般で彼を評価していることをすっかり忘れてしまっている。それは彼がどう認識しているかとは関係がない。彼は必要以上に緊迫感を覚え、実際より状況がより深刻だと捉えている。しかし、直近の打席が一〇のゼロだろうが一〇の一〇だろうが、実は彼が打者としてすべき事は毎回全く同じなのだ。

彼はたった一つのことに集中すればいい。それは「よくボールを見る」こと。ただそれだけだ。そして、その次はまた次の球に集中すればいいのだ。

誤った緊迫感は筋肉を硬直させ、本来自分が持つ以上の力を出させようとしてしまう。

ある時、私がホテルの部屋である選手を指導していた時のことだ。私は彼に向かって次々と枕を投げ始めた。ほどなく彼がベッドの上で枕に埋もれてしまった時、私は彼に言った。

「これが今、君が背負っている重荷の量だよ。人間は誰もが重荷を背負っているものだけど、それが重くなり過ぎないように、賢く荷を下ろせるようにならないとだめだよ」と。

そして私は彼にこう指導した。「まず一つ枕を投げ捨ててみよう。それができたら、もう一つ。そうやって今背負っている重荷を下ろしてみた時、どれだけ自由が感じられるかをイメージして見ようよ」

選手を縛るのではなく、緩めるべきなのだ。野球は試合開始の時、「仕事開始」ではなく「プレイボール」と言うだろう。これはゲームなんだ。

選手として出世していくにつれて、楽しむことが難しくなっていくのは確かだが、それでも彼らはリトルリーグや高校時代と同じように、野球を楽しむ視点を持ち続ける方法を見つける必要がある。いい選手というものは得てして、野球を楽しんでいる場合が多いからだ。

そのために私は「不真面目」を勧めている。

笑いは医学におけるコルチゾン注射と同じくらいの効果がある。私はいつも、他人を元気づける機会を探せと教えているし、もちろんスティーヴ・マーティン[1]やルイ・C・K[2]みたいなわけにはいかないが、私自身もできるだけそれを実践しようとしている。

二〇一三年七月のある猛暑の日、ボストンの2Aのポートランド・シードッグスが八連敗していたので、私は選手たちを激励するために巨大なリスの着ぐるみを着て、彼らの前に登場したことがあった。その着ぐるみは、一年前に閉店した地元の貸衣装屋さんからローラが入手し、クリスマスに私にプレゼントしてくれたものだった。

彼女も私たちの娘のジェナも二人とも誕生日がハロウィンのシーズンなので、我が家ではいつもハロウィンは盛大に祝う習わしがあり、私は毎年そのリスのコスチュームを借りていた。お店が閉店することになったので、ならばいっそのことその衣装を買い取ってしまおうとローラは考えたのだ。

そんな訳で私は、笑い顔のリスの巨大なかぶり物姿でポートランドに登場し、シードッグスの選手達に「よーし、勝ってこい！」と気合いを入れたのだった。

残念ながら彼らはその日は勝てなかったが、翌晩レッドソックスの投手マット・バーンズが七イニングを投げて一〇三振を奪う好投を見せ、連敗の流れを断ち切った。きっとリスの気合いに励まされたんだろう。そうだろ、マット？

トラック3：目標と期待。

たいてい誰もが目標は設定するものだろう。

もちろん、目標は一般的には健全で建設的なものだ。

しかし、非現実的な目標を掲げると、逆のことが起きる。そうなると自分自身に余計なプレッシャーをかけることになるため、かえって成功の足枷になる場合がある。

野球選手は数字で計測される。打率、防御率、ホームラン、打点、奪三振、勝敗等々。これらは長期的にはいい指標だが、バッターは一旦ボールがバットを離れたら、基本的にもう何もできないことを忘れないでほしい。

だから、野球においては「プロセス」が最大の目標であるべきなのだ。

バッターはホームランや打率などの数値より、自分でコントロールできる毎日のルーティンに集中すべきだ。例えば、ティーバッティングだとか、打席に入る前のルーティンだとか、ネクストバッターズ・サークルでのルーティンだとか、打席に入ってからのルーティンなどだ。

そうすればボールがよく見えるようになるし、よりリラックスすることができるし、打席に入った時により良い思考を持つことができる。それは雑念を追い払い、ボールを見ることだけに集中するための、すっきりとした自由なマインドを作るためのプロセスなのだ。

ここでは、洗練された自己認識が大事なツールになる。

数年前、私が指導していたあるマイナーリーグの三塁手がいた。彼はとても調子がよく球団からも高く評価されていたが、その選手がある日突然、よりパワーをつけることに執着し始めた。「球団の誰かからもっとパワーをつけろと言われたのか」と私が少し困惑しながら尋ねると、彼は「いいえ、誰かに言われたわけではありませんが、私は三塁手なのでもっとホームランを打たないとならないと自分で思ったんです」と答えるのだ。

メジャーリーグの査定担当者のほとんどが、バッターがメジャーリーグで通用するために必要な条件はパワーではないと考えているにもかかわらず、なぜか彼は自分で勝手にそう考えるようになってしまったようなのだ。これは、メジャーに上がるための条件を選手自身が過って認識したために、自分にとって非現実的な目標を作ってしまった事例だ。

最も良い目標はプロセスの目標だ。「どうやってそこにたどり着くか」の目標と言い換えてもいい。なぜそれが重要かと言えば、それが自分でコントロール可能なものだからだ。

結果を目標にしてみても、それは自分ではコントロールができないし、実際に達成できることは少ないため、目標に集中しすぎることは選手のパフォーマンス全体に悪影響を与える。

そしてそれが達成されないと、選手はまた少し自信をなくし、落胆したり不満を感じたりするようになる。それがさらに悪いパフォーマンスを生み、選手が絶望のあまり考えたり頑張ったりするのをやめた途端に、突然パフォーマンスが改善したりする。

それはなぜか？

それはその選手が結果を気にするのをやめて、コントロールできることとできないことがあるという現実を受け入れたからだ。

その現実を受け入れることは、プロセスの目標の非常に重要な部分を占める。

ドルフマンはいつも選手に三つの質問をして、今起きたことを論理的に理解して正しい方向に思考を仕向ける手助けをしていた。それは選手が「アウトになってしまった」とか「申し訳ない」といった単純な気持ちに囚われないようにするためのものだった。三つの質問とは以下のようなものだ。
一問目が、選手は何をしようとしていたのか？（例えば、走者を二塁に進めるために右方向に打とうとした）
そして二問目が、何が上手くいかなかったのか？（遅い球におよがされ、ひっかけてしまい、ショートゴロになったために、ランナーを進めることができなかった）
そして三問目が、では次は何をもっと上手くやればいいか？（次は同じ状況で変化球には手を出さない）
これは目標や目的を達成できない選手にとって、最高のエクササイズだ。
私もゴルフをする時、いつも使っている。これを自問自答することで、自分の目標（意図）を明確化し、何が上手くいかなかったのかを確認し（これは、もしあればだ。すべてを正しく実行しても目標に達しないこともある）、最後の第三ステップで次にどうするかを言葉にすることで、その状況から前進し、将来同じ状況になったら何をするかについて、ポジティブな期待を抱くことができるようになる。
そして、ここには書かれていないが、最後にもう一つ、「本当に自分を大切にしているか？」という問いかけがある。それは失敗を嘆いて自分を責めるより、はるかに建設的なことだ。

トラック4：自分へのポジティブな語りかけ。

ここでシロアリのように頭の中を侵食してきてはネガティブな思考を持ち込み、メンタルの弱点を見つけてポジティブな考えを壊していく「リトルマン」が登場する。

そんな考えは空に浮かぶ雲のように聞き流し、アンカーステートメントと手元のタスクに集中し直すことが重要だ。選手が「リトルマン」をコントロールできれば、あらゆる状況や試合に自信を持って向き合えることに、すぐに気付くはずだ。

トラック5：呼吸とリラクゼーション。

プロの選手にとって究極の課題は、究極のパフォーマンス状態を作れる身体とメンタルの適切なバランスを見つけることだ。

それはまず正しい呼吸から始まる。

これによって状況に左右されず、状況をコントロールできる確率が劇的に上昇する。

よくコーチやアナウンサーが、いい選手は必ず落ち着いていると話しているのを聞いたことがあるだろう。ラリー・バードやアンソニー・リゾのレベルまで落ち着ける選手はそうはいないが、呼吸法こそが自分をコントロール可能なレベルまで落ち着かせる最善の方法だ。

トラック6：イメージ化入門。

飛行機やバスで移動する時間や、試合前にクラブハウスで過ごす時間など、野球というスポーツは実に待ち時間が多いので、これを有効活用してみてはどうだろう？

タイムマネジメントの一環として、そんな空き時間を活用してイメージ化を実践することで、その技術を習得することができる。

それはシンプルに頭の中で、自分が練習したいことを思い浮かべることから始まる。

バランスのとれた美しいスイング。

フォロースルーのある完璧なスイング。

キレのあるスライダー。

塁上にランナーを置いた時のバッティング。

プランが決まったら、座れるか横になれる快適な場所を見つけ、まず何回か深く息をすることから始めてみよう。

パターンに気づいたかな？

そう、全ては正しい呼吸から始まるのだ。最高のイメージ化のためには、五感の全てが必要になる。

投手のことは細部まで思い描く。ユニフォームの色もだ。さらにバックスクリーンもイメージの中に入れよう。

そこで自分のテーマ曲がかかり、打席に入る自分の名前を呼ぶ場内アナウンスが聴こえてくる。

バッターボックスに入り、スパイクで地面を均し、いい足場を作る。

澄んだ空気と売店から漂ってくるホットドッグの匂いを吸い込む。

その光景がスクリーンに映し出される。

投げ込まれてくる真ん中高めの球を一つひとつ捉え、バランスよくスイングして、完璧にフォロースルーする自分をイメージする。

それが待っていた球でなければ、もう一球待つ。

そのようなことをしながら自由時間を上手く使っていけば、きっと試合中に、以前に経験した場面に遭遇しているような感覚を覚えることが多くなるはずだ。なぜならば、それはあなたが実際に経験したことがあることだからだ。

トラック7：誘導イメージ療法。
これはトラック6の続きだが、より具体的だ。初めから終わりまでが高度に具体化されたイメージ化プロセスのガイド付きツアーだ。

トラック8：アンカーステートメント入門では、その定義とあらゆる活用法を解説する。
本書の第10章でアンドリュー・ミラーが、いかに試合前や試合中の不安を覚える状況で、アンカーステートメントを使ってネガティブな考えを別の角度から捉え直すことで、自分の焦点を目の前のプレーに集中させてきたかを紹介した。

トラック9：パフォーマンスを支えるアンカーステートメント。

ここでは、私が深夜ラジオのパーソナリティのような優しい声で、様々なアンカーステートメントの実例を繰り返し読み上げ、選手たちに自分自身のアンカーステートメントを作成することを促す。

ここでは「繰り返し」がキーワードだ。私はそれぞれの実例を三回ずつゆっくり繰り返した。その内容は例えばこんな感じだ。

「私はアグレッシブで自分をコントロールできている」
「私の動きはスムーズだ」
「私のスイングは力が抜けていてシンプルだ」
「塁に走者がいる時に打席に入るのが好きだ」
「自分のゾーンに来た球を打つ」
「私はいいバッターだ」

トラック10：打者にとって究極のタスクとは何か？

ボールを強く打つことか？　しっかりボールを捉えることか？　ヒットなり四球なりで出塁することか？

これは全て正しく、いずれも打撃という技術と関係している。

しかし、何よりもまずボールを「見る」ことが打者にとって究極のタスクだ。殿堂入りしたテッド・ウィリアムズは言った。「ヒットを打つことに集中していると、ボールがよく見えなくなる。しかし、ボールを見ることに集中すると、上手く打てる。あとはヒットの方が勝手にやってくる」

世界一の完璧なバッティング技術を持ったバッターでも、目隠しをされてしまえば何もできないのだ。

コメンテーターが当たっている選手について、「彼は今、ボールがよく見えていますね」という話をするのを、一体何度聞いただろうか？

そんなバッターには、野球のボールがまるで「ビーチボール」のように見える。

そして、バッターが打てない時は、その逆が起きる。

「ボールが見えていない」という話も、聞いたことがあるだろう。

そんな時はバッターにとって野球のボールが、赤いM&Mのピーナッツチョコのように見える。

ボールをよく見るためには、まず周囲を広く見るところから始まる。

バッターはネクストバッターズ・サークルにいる間に、自分が打席に入った時にどんな状況になっているか、そしてその時、自分は何をすべきかを考えておかなければならない。

走者を進塁させることか？

エンドランか？

犠牲フライか？

バントか？

そしていざ自分が打席に入り、投手が投げるのを見たら、打者は視野を狭めてボールに焦点を集中させなければならない。

ここでの目標はボールをよく見て、その回転と高さとコースを見極め、そして打つことだ。

トラック11：打者のパフォーマンス・チェックリスト。

これは、自分ができる限りのことをやっているかを確認するために、打者が繰り返し参照すべきもので、内容的には身体面とメンタル面の両面の準備だ。

休憩をとれているか？

ウェイトトレーニングやっているか？

フリーバッティングは？

同じルーティンを維持できているか？

試合前の打撃練習のルーティンを守れているか？

呼吸は？

結果をコントロールできないことを受け入れているか？

集中できているか？
ボールが見えているか？
感情をコントロールできているか？　感情が邪魔をしていないか？
手元のタスクに集中できているか？
打てないことで自分を責めていないか？
ボディーランゲージはどうか？　ポジティブで建設的か？
自信を持った振る舞いができているか？

古い格言に「うまくいくまでは、うまくいっているふりをしろ」というものがある。自信を失うことは簡単だが、優れた人や優れた選手はそんな感情には負けない。プロセスを守れば、結果はついてくる。十分に能力はあるのだから、それを邪魔せずに活かしてあげよう。球場の中でも外でも、われわれの多くにとって最大の敵は自分かもしれない。

リゾにとって打席に入るための準備は、毎回同じところから始まる。

彼はこう語る。

「僕たちは常に呼吸しているだろ。物事がスピードアップし始めても、落ち着いていないとならないんだ。そして、落ち着くための最善の方法は、正しく呼吸をすることだよ。試合前は、誰もが、気分が高揚するもんだ。だけど僕自身は気分を上げすぎず、できるだけ落ち着くようにしているんだ。何があっても落ち着くようにしてるよ。もちろん、感情の高ぶりは感じるけれど、それを一定のレベルに保とうとしてるんだ」

彼の言う通りだ。「呼吸が最も大事なんだ。呼吸を整えれば、心拍数が下がる。そうすると、自分の身体をコントロールしやすくなるんだよ」

ボストン（・レッドソックス）とサンディエゴ（・パドレス）にいた頃の、先行き不透明な若手選手時代から、シカゴ（・カブス）で自信に満ちたオールスター選手になるまで、過去一〇年間のリゾの成長を記録すると、このオーディオプログラムに含まれている課題とその解決策が見えてくる。

例えば、緊迫感はリゾが二〇一一年後半に二一歳でパドレスからデビューした後、四九試合に出場し一五三打席で打率一割四分一厘しか打てていなかった時、彼が間違いなく感じていたものだ。

特に身分が不安定な状況に置かれている若い選手たちは、自信どころか、自分の弱さを思い知らされる。私のヤンキースのルーキー時代、当時ホワイトソックスの捕手で後に殿堂入りしたカールトン・フィスクが、接戦だった試合の中盤に出塁した。

私はキャッチャーのサインを見ながら、素早く回転して二度、一塁に牽制球を投げた。しかし、フィスクはまったくリードせず、ベース上に立っていた。フィスクに出塁を許してしまったことで、私は得点させまいと考えるあまり、落ち着きを失い、考えすぎていたのだ。

歳を取り経験を重ねるにつれて、私はいつでも走者はいるもんだし、審判が誤審をすることもあるし、時には野手がゴロを捕り損なうこともあるもんだ、と思えるようになった。また、毎試合、二〜三回は「危機的」な状況が訪れることもわかった。

リゾは二〇一四年のナショナルリーグ最優秀選手の投票で一〇位に入り、その次の二年間は四位まで順位を延ばした。

二五歳になった二〇一五年、彼は出場試合数（一六〇）と打席数（七〇一）両方でナショナルリーグのトップだった。二〇一六年、二六歳になった彼はワールドチャンピオンとなった若いカブスのリーダーになっていた。

その頃までに彼は、緊迫感という風船の空気を抜くための最善の防御策である呼吸とイメージトレーニングで落ち着く方法を習得していた。正にラビザが一九八〇年代に選手らに教えていた、パフォーマンスで大事なのは「不安を感じることに不安を覚えなくなる」ことをリゾはマスターしていたのだ。

アンソニーとは彼が一八歳の時、かつてレッドソックスがスプリングトレーニングを行っていたフォートマイヤーズのエジソン通りにある球団施設で初めて会った。その年私は教育リーグで球団の若手選手の育成に当たっていた。

私はスカウトではないが、リゾの打撃練習を初めて見た時、彼が大リーグに相応しいスイングの持ち主であることを直感した。

彼は何度かバッティングスタイルを変えてきたが、皆さんご存じの通り、この男はとにかくよく打つ。

そして実生活でも人格者だ。彼の立ち居振る舞いを見ればそれほど驚くべきことはないが、彼は家族との絆がとても強い。それは外から見てもわかる。

また、アンソニーはとても真面目な選手だった。

リゾがセイラムの１Ａ[3]でプレーしていた頃、私に電話をしてきて、この一週間、毎試合一ヒットしか打てなかったことに不満をこぼしたことを覚えている。

その時、私は「こいつはマジで言っているのか？」と思った。

ほとんどの選手は一本もヒットを打てなかった時に初めて文句を言うものだが、リゾは既にその時、もっと上を目指していた。

セオ・エプスタインが二〇一二年に、リゾをパドレスから獲得したことを知った時、私は当然だと思った。その二年前にボストンのＧＭだったセオは、リゾをボストンからエイドリアン・ゴンザレスとのトレードでパドレスに放出した張本人だったからだ。

私はリゾがボストンにいた時、リゾの成長をもう一～二年待てば、その後向こう数年はレッドソックスの一塁手は安泰だと感じていた。ボストンだろうがサンディエゴだろうがシカゴだろうが、私はリゾはどこに行っても成功すると確信していた。それは彼の優れた身体能力は言うに及ばず、彼の人生と野球に対する考え方がとてもしっかりしていたからだ。

リゾが一八歳の時に飛びついたメンタルスキルのテクニックは、その後、彼がジョー・マドン監督率いるシカゴ・カブスの大黒柱に成長し、カブスのワールドシリーズ優勝に貢献する上でも大いに役立った。

オールスターの常連となった今、リゾは最早、メンタルスキルのテクニックを特に使わなければならない状況はなくなっている。なぜならば、それは既に彼の体と行動の一部になっているからだ。彼は意識しないでもそれを常に使っているのだ。

「ネクストバッターズ・サークルで緊張した時は（そしてだいたい私はいつも緊張しているのですが）、いつもそれを使っています」と彼は言う。

おかげでリゾは、ネクストバッターズ・サークルにいる時よりも落ち着いた状態で、安定した呼吸を保ったまま打席に入ることができる。しかし、この一連のルーティンは既に、彼自身の一部として刻み込まれているため、彼は打席で地面を均らしている時の呼吸パターンがどんなものかを教えてくれなどと言われると、困ってしまうそうだ。

彼は言う。「よく分からないんだ。ただ普通にそれをやってるからね。ただ深呼吸をするんだ。そしてその時の投手の状態やアプローチを観察すると同時に、自分のアプローチを確認し、ただそれをやり通す感じだね。もう一つテュークスが重視することが、一球ずつ受け止めること。使い古されたフレーズだけど、本当のことだよ。一球ずつ、一打席ずつ受け止め、それ以外のことは考えないようにしてるよ。そうすれば、きっとうまくいく。正しく呼吸をすれば、何でもできるよ。そして頭の中でイメージするんだ。そうすれば本当に落ち着くことができる。

イメージすることは呼吸と同じくらい大事な事だよ。自分の思考をコントロールしないとならないからね。呼吸が深ければ深いほど、もっと息ができるようになり、過去の失敗なんて考えずに、呼吸だけに集中すればいいんだ。時々、上手くいきすぎじゃないかなんて考える時もあるけど、そんな時も、ただ流れに任せるようにしてるんだ」

二〇一六年ワールドシリーズ第七戦の五回、満員のプログレッシブ・フィールドでカブスがクリーブランドをリードしている場面で、過去四半世紀、アメリカで最大のテレビ視聴者数を記録し、デフコン1[4]並みの緊迫感が漂う中、FOXテレビでリゾと彼の仲良しのチームメイト、デビッド・ロスの間のこんなやりとりが全米に生放送された。

リゾはダグアウト前でロスの隣に歩み寄り、映画ファンのリゾがコメディ映画『俺たちニュースキャスター[5]』のロン・バーガンディの真似をしながら、こんな台詞を吐いたのだ。

リゾ：「もう気持ちをコントロールできない。一生懸命やってるんだけどダメなんだよ」

ロス：「わかるよ」

リゾ：「今にも壊れそうだよ」

ロス：「わかるよ」

リゾ：「感情を抑えられないんだ」

ロス：「これからもっと大変になるから、しっかり呼吸をしろよ。それしかないぜ。これからもっと大変になるぜ」

リゾ：「心が破裂しそうだよ」

ロス：「そんなことで、三点リードのまま九回を迎えたらどうなるんだよ。」

野球の世界では愛されキャラになっているリゾは、ユーモアと大袈裟なジェスチャーでその時の気持ちを表現していた。

二〇一七年春、彼はその時のやりとりについて、こんな話をしている。

「僕らはいつもはベンチではふざけてるんだ。あの時はワールドシリーズの第七戦で、そこまで焼けるような厳しい四週間を勝ち抜いてきて、そこからは一球一球が致命的に重要なこともわかっていたからね。でもそんな試合でも僕は、グラウンドや打席では、試合の流れに身を委ねるようにしているよ」

極度のプレッシャーと緊張感の中で飛び出した、ユーモアに満ちたそのやりとりからは、ワールドシリーズ中の「今にも壊れそう」な状況下で、彼らが意識して呼吸に集中しようと努力していたことをテレビの画面からうかがい知ることができた。

リゾにとって呼吸とイメージ化は、今も日々の大切なルーティンとなっている。しかも、自分がそれをやっていることに気づかない時もあると彼は言う。

「大変な事態になったら、基本に立ち返らないとね」とリゾは言う。

リゾは二〇一七年カブス本拠地開幕戦の優勝旗を揚げる式典で、クラブの一〇八年ぶりのワールドシリーズ優勝トロフィーをセンターから内野まで運び、満員のリグレー・フィールドで歓喜に沸く観客の声に包まれながら感情的に優勝トロフィーを高く掲げる大役を担った。

リゾは今やそれほどの大選手だが、それでも彼は今日も心地よくベッドに横たわり、翌朝起きた時に自分があるべき状態を再確認するために、再生ボタンを押していつもの一編から一編までの音声トラックを聞きながら、眠りにつくのだった。

第12章 投球学

二〇一三年ワールドシリーズ第一戦と第五戦の試合前、フェンウェイ・パークを包み込んだ耳をつんざくような喧噪を、ジョン・レスターは今も忘れない。しかし、ボストンのクラブハウス内に人工的につくられたレッドソックスの「昼寝部屋」の中は、その名の通り本当に寝付けるほど静かで穏やかだった。

人生最大の大一番となるシリーズで、セントルイスのトップバッターで曲者のマット・カーペンターとの対戦が迫る中、レスターは私が作成したイメージ・トレーニングの音声プログラムをiPodで聴きながら、次第に呼吸を深めながら、すやすやと寝息を立て始めていた。

シーズンの中盤にオークランドでレスターを悩ませていたあの問題は、徐々にではあるが解消されてきていた。それと呼応するかのように、彼のフラストレーションも改善してきていた。シーズン後半から新たに導入した試合前の呼吸法とイメージ・トレーニングのルーティンに慣れてきたことで、彼はこれまでになく自分の考えを整理し、心をコントロールできるようになっていた。彼にとっては、それが再ブレークのきっかけになった。

その年の後半、レスターの防御率は二ポイントも改善し、オールスター戦前は四・五八だったものが、オールスター戦後は二・五七まで下がっていた。元々、潜在的に持っていながらここまで発揮できずにいた安定性を、レスターは取り戻したのだ。

二〇一二年から二〇一三年前半にかけてのシーズンは、レスターのキャリアの中では最悪の一年半だった。二〇一二年に彼が許した二五本塁打は、彼にとって未だにシーズン最多被本塁打数だった。

しかし、レスターは今、持ち前のバランスとキレを取り戻していた。

その年の秋、彼はチームの大黒柱としての地位を確立し、ポストシーズンの五試合に先発して四勝一敗、防御率一・五六、二九奪三振、与四球わずか八という圧巻の投球内容で、レッドソックスをワールドシリーズの勝利へと導いた。彼の活躍は、その後、彼がカブスへ移籍した後も、何年も続くことになる。

オークランドのビジター用クラブハウス内に設置された小さな革製ソファや、二〇一三年にレッドソックスが雇った睡眠専門のコンサルタントの進言に基づいてクラブハウスの上の階に設けられた一四五平方フィートの小さな昼寝室で、レスターははっきりとした目的を持って横たわり、集中しながら深い呼吸をすることで、長いスランプから脱したのだ。

オールスターブレークの間、ジョージア州の自宅でリフレッシュしていたレスターは、私がオークランドで彼に伝授したイメージ・トレーニングが、彼にとって貴重なツールになることに気づき始めていた。

特に、試合で登板した際に、以前に同じ場面で投げたことがあるかような感覚を覚えることが何度かあったことに、彼はとても驚かされた。みなさんも、以前に夢で見たことのある場面が現実の世界で起きた時、どことなく懐かしいような不思議な感覚を覚えた経験があるのではないか。

ただ、レスターの場合、それはただの夢ではない。

オールスターブレークが終わり、再びチームに合流すると、レスターは早速、私に電話をかけてきた。

「他にどんなプログラムがあるの？　別の場所でも同じトレーニングを受けられないかな？」

そこで私たちは話し合い、複数のパーツから成るレスター専用のプログラムを作ることを決めた。レスターは今もそのプログラムを、ルーティンの一環として利用している。

例えば、試合が定刻の夜七時五分に始まる場合、レスターは通常、その二時間ほど前に、足首にテーピングをしてもらった上で、キャッチャーとピッチングコーチとの間でその日の対戦相手のラインアップを確認する。

そして、五時半から六時の間、集中力を養うコンセントレーション・グリッド・トレーニングを独りで行った後、横になって彼のスマートフォンに保存されているイメージ・トレーニング・プログラムの再生ボタンをタップするのだ。

コンセントレーション・グリッドというのは〇〇から九九までの数字がクロスワードパズルの

ようにごちゃまぜに並べられた、集中力を高めるためのドリルのこと。インデックスカード・サイズ（一二七×二〇三ミリ）の四角い枠が格子状に一〇〇のマスに区切られていて、それぞれのマスの中にバラバラに数字が入っている。選手は一回のドリルに通常三〇秒か六〇秒をかけて、一から順番に番号を見つけていく。

一つのドリルが終わり選手がカードを裏返すと、そこにはまた別の数列パターンが用意されている。制限時間を決めて、また同じことを繰り返す。

カードの裏に書かれている数字の並びのパターンが、表と同じ場合もあるし、まったく違う場合もある。ただし、数字は毎回〇〇から九九までで共通している。

私はジョンがよりトレーニングに集中しやすくするために、このグリッド・トレーニングに合わせた音声プログラムも作成した。そのプログラムは一本あたり一分の長さで、全部で五、六種類あり、それぞれに異なる指示が録音されている。

その指示内容は、例えば、グリッド一では、所定の時間内に数字の「〇〇」から「〇二」、「〇四」、「〇六」と、数字を二つずつ増やしながら次の番号を見つけていくというもの。

そして、一分経つと私の声で「ストップ」の号令が掛かる。

そして、グリッド二へと移っていき、また一分後に「ストップ」がかかる。

グリッド五からは指示の内容が変わる。

ここからはジョンの集中力を妨害する目的で、音声プログラムに雑音が追加される。

私の声で「五番グリッドの準備をしましょう。ここからは邪魔が入ります。今回は数字を五つずつ増やしていきましょう。それでは用意、スタート！」

彼が数字を探す間、車のクラクションや電車の音などの雑音が、イヤホンを通して彼の耳に断続的に飛び込んでくる。

グリッド六も同じだ。

そういうことをしながら、グリッドごとに指示内容も変えていく。例えば、九九から三ずつ引いていくなんていう指示の場合もある。

「僕は昔からついつい先走りしてしまうところがあって、それは今でも僕の欠点なんだ」とレスターはマウンド上で毎晩繰り広げられる自分との戦いについて語る。「例えば試合でカウントが○―一になった時、本来なら次の球、つまり二球目に何を投げるかに集中しなければならないのに、僕はつい『まずツーストライクにした上で、次はこうしよう』と先走って考えてしまうんだ。本当は、次の次の球や、そのまた次の球のことなど考えず、『さて、カウント○―一だ。次は何を投げるか？』と、次の球のことだけを考えていなくてはならないのに、前に打たれたことのある球や、主審にストライクを取ってもらえなかった球なんかのことまであれこれ考えてしまうんだよね」

だとすれば、私が何をしなければならないかは明快だ。レスターの思考を日常から引き離し、彼が試合で次に投げる球だけに集中できるように、彼をゆっくりと試合モードに移行させることだ。グリッドで一つずつ数字を見つけていくのと同じように、試合でも一球ずつ集中して投げられる手助けをすればいいのだ。

　数字を見つけるという課題に、数字が増えたり減ったりするバリエーションを加えることで、彼の思考をその日の登板に集中させることができると私は考えた。

　そして、それをオーディオ・プログラムにしてスマホで聴けるようにすれば、ジョンは自宅でも遠征先でも、いつでも好きな時にこのトレーニングに取り組むことができる。

　野球の世界では、投手が投げ急いでしまうという話はよく耳にするだろう。このプログラムは、そんな投手をスローダウンさせる一つの方法だ。自分の目の前のことに集中させる。焦点を一分後、三分後や未来のことではなく、今この瞬間に合わせられるようにするのだ。

　レスターは言う。

「このプログラムはとてもシンプルだからこそ、一球ずつ物を考えることを可能にしてくれるんだ。これは試合の中の試合のようなもんだね。試合に勝ちたければ、まず投げ勝たなければならない。このトレーニングではまず○○から始めて次に○二を探しにいくんだけど、その途中で○四が目に入ると、ついつい人間の本能として○二を探しながらも、『○四がここにあったことを覚えておこう』となってしまう。でもそれは二球目を投げる前に三球目のコースを心配しているのと同じことなんだよ。つまり、○四が三球目だとすると、まだ二球目の○二を投げていないのだから、本当はまだ○四のことを気にしてはいけないんだ。だから、まずは○二、○二、○二……と心の中で念じて、〇二を見つけることだけに集中する。そして、それが見つかってから初めて〇四、〇四、〇四……と切り替えるんだ」

二〇一三年シーズンの後半、先発する度に調子を上げていったレスターは、毎回必ずこの集中グリッドを終えると、ホームゲームのときは二階の昼寝部屋へと姿を消し、ベッドに気持ちよく横たわりながらイヤホンをつけ、オーディオ・プログラムを聴くためにスマホの再生ボタンを押す。そうしてプレーボールの時間が迫る夕闇の静寂の中、彼は独り目を閉じ、あらゆる状況に対応したピッチングができるように私が作成したオーディオ・プログラムに耳を傾けるのだ。

「よーし、カウントは〇—二、バッターは右打ちで速球に強い。君が投げた球は外角低めの完璧な速球だ。おっと、ところが主審はボールの判定。あれはストライクだろ。でも判定はボール。本当なら三振のはずが、カウントが一—二になってしまった。君が次にやるべきことは何だ。君はこの状況にどう対応すべきか……」

レスターが言う。

「プログラムは一本が一三分くらいだけど、いつも二〇~三〇分くらい聞いているうちに寝落ちしてしまうんだ。だから僕は毎回、目覚ましをセットしておくようにしてるよ。僕が眠ってしまうことについては、テュークスもいいことだと思っているみたいだよ。彼は僕をリラックスさせようとしているのだからね。すべてはリラックスと呼吸から始まるんだ。そして、僕が寝ている間も、オーディオ・プログラムの中では試合が続いているんだ」

では、ゆっくりと呼吸をしながら、目を閉じて、頭の中で思い描いてみよう。

「二〇一三年一〇月二三日、ワールドシリーズ第一戦は三万八三四五人の観客がフェンウェイ・パークを埋め尽くし、さらに何百万人ものファンがテレビで今、この瞬間を見ています」

そしてレスターは、プレーボールの九〇分前にアラームをセットした上で、今日これから対戦するカーペンター、カルロス・ベルトラン、マット・ホリデイと続くカージナルス打線の最初の三人に対する投球をイメージしながら、静かなクラブハウス内の昼寝部屋で眠りにつくのだった。

あの年の七月に取り組みを始めた時は、どちらかと言えばメンタルトレーニングには懐疑的だったレスターだったが、今はそれが彼のパフォーマンスを向上させる上で、明らかに有益であることを認識できるようになっていた。

二〇一三年のオールスター・ブレーク明けの最初の二試合の先発登板で、ジョンはかつての自分のピッチングを完全に取り戻していた。

後半戦最初の先発試合で彼は、その年のシーズンを九二勝七一敗でアメリカン・リーグのプレーオフにワイルドカードとしての進出を決めることになるタンパベイ・レイズを相手に、六・一イニングを七安打二失点に抑え、六対二で勝利投手となった。

次にボルチモアのカムデン・ヤーズで、その年八五勝七七敗でシーズンを終えることになる手強いオリオールズに対し、七回を四安打無失点に抑えた。

八月一九日にはベイエリアに戻ってサンフランシスコの美しいAT&Tパークで、ジャイアンツを相手に八・一イニングを投げ六安打無失点と、またもや好投を見せた。

シーズン終盤の九月に入ってからは、五回先発して三勝〇敗、防御率二・五七で三二奪三振、与えた四球はわずか七つだった。

その年の夏、調子を取り戻したジョンの活躍には目を見張るものがあった。それはレッドソックス・ファンは言うに及ばず、チームの一翼を担っていた私にとっても、とても嬉しい光景だった。

野球に熱心に取り組んでいる選手のパフォーマンス向上に私が何かしら貢献したと感じてくれたのなら、それはもちろん嬉しいことだ。しかし、二〇一三年のシーズン中に復活したレスターのことで私が何よりもよく覚えていることは、彼がマウンド上でしたことではなかった。

それはトレーニングの初期の頃、私たちが何度も繰り返し話し合っていた頃の、会話の内容だった。

その頃、私は新しいプログラムがうまくいっているか、そして何か話し合いたいことがあるかどうかを確認するために、定期的に彼と会ったり連絡をとったりしていた。

その頃、私たちはよく野球に関係ない話もした。彼の子供たちのことや、ジョージアにある彼の牧場の建設計画のことや、私がゴルフで中々飛距離を伸ばせないことについてなど、実にいろいろなことを話した。

私のゴルフについて彼はご丁寧に、私はレディースティーから打つのがちょうどいいなどと提案してくれた。もし私がこんなにいいやつじゃなかったら、仕返しに彼のギターの腕前をばらしてやるところだ。つい最近、私がドライバーで会心の一撃が出たことを自慢するメッセージを彼に送ったら、すぐさま彼は「でも二〇〇ヤード以下でしょ？」などと返信してきた。

私には今も、私を呼ぶ彼の声が聞こえる。

「テュークス、ちょっとこっちに来てくれないか」

その頃、ポストシーズンにデトロイトやセントルイスへと向かうレッドソックスのチャーター便の中で、後ろの方の席で酒を飲みながら談笑する選手たちから呼ばれたり、ジョン・ラッキーやジェイク・ピービーらとポーカーに興じたりしながら、「ワールドシリーズに勝つぞ！」なんて叫んでいた時代が懐かしい。

ワールドシリーズに勝つために、われわれはジャスティン・バーランダー、マックス・シャーザーの二枚看板を擁する強敵デトロイト・タイガースと、アメリカンリーグ・チャンピオンシップを争って勝ち抜いた。この勝利の大きな要因となったのは、デビッド・オルティーズの活躍だった。

第二戦の八回二アウトで彼がホアキン・ベノワから放った最高の満塁ホームランを捕ろうとしたトリー・ハンターが、外野フェンスの反対側に頭から落下した映像は瞬く間に拡散され有名になった。

そして、次はいよいよ、九七勝六五敗のナショナルリーグでトップの成績を誇るセントルイス・カージナルスと対戦しなければならない。

その第一戦、レスターの相手投手は、その年、三四回の先発で二四一・二イニングを投げて一九勝九敗、防御率二・三四という圧倒的な成績を残しているアダム・ウェインライトだった。そのシーズン彼は、勝利数、先発登板数、投球回数、そして対戦打者数（九五六）でナショナルリーグでトップの成績を残していた。

その時点で三一歳のウェインライトは、幾何学の原理に逆らうほど鋭く曲がるカーブを武器に、選手としての最盛期を迎えていて、ワールドシリーズの直後に行われたナショナルリーグのサイ・ヤング賞の投票でも、ロサンゼルス・ドジャーズのクレイトン・カーショーに次いで二位に入るほどの選手だった。

レスターはシーズン後半に調子を取り戻していたが、下馬評ではウェインライトが有利と見られていた。

しかし、レスターは「昼寝部屋」を出ると、粛々と残りの試合前ルーティンを行った上で、ブルペンでウォーミングアップをしてマウンドに登り、二〇〇七年のレッドソックスのワールドシリーズ制覇の立役者だった自分を、決して甘くみてはならないことを相手に思い知らせた。

彼は、ジョイスティックをマウンド上で自由自在に動かすかのように、速球をストライクゾーンの四隅に投げ込んだ。彼のチェンジアップは躍動し、カーブは思い通りに曲がった。しかし、この忘れられない試合で彼の最も強力な武器となったのは、カットボールだった。

彼は自分の思考も味方に付けていた。

初球から主導権を握っていたレスターは、トップバッターのカーペンターを平凡なショートゴロに打ち取ると、続くベルトランは四球で料理した。鋭く落ちるカットボールになすすべもなく手を出したベルトランは、あえなく空振りの三振に終わった。

マット・ホリデイのゴロは内野手の間を抜けてヒットになったが、次のダスティン・ペドロイアを平凡なセカンドフライに仕留め、このイニングの三つ目のアウトを取ると、その後も、その流れはほとんど変わらなかった。

レスターは、内角、外角、高め、低めへと、ストライクゾーン周辺に球を散らすことでカージナルスの打者に球を絞らせず、最初の三イニングで四つの三振を奪った。

四回には少し打ち込まれる展開になった。先頭打者のジョン・ジェイを歩かせ、続くホリデイからは七五マイルの緩やかなカーブで三振を奪ったが、アレン・クレイグとヤディエル・モリーナからは連打を浴びた。

だけど何の問題もなかった。

二回の前打席で外角へのカットボールで三振を奪っていた次打者のデビッド・フリースは、今回もピッチャーゴロで一―二―三のダブルプレーに打ち取った。

第一戦はレスターにとって楽勝と言いたくなるような試合だった。実際は決して楽勝などではなかったのだろうが、見ている者をそう思わせるような見事なピッチングだった。

私やレッドソックスの関係者全員が、彼のことをとても誇りに思っていた。何せ四か月ほど前までオークランドで自分を見失ってもがいていた彼が、今やこうして堂々とワールドシリーズの初戦に先発登板し、相手打線を見事に抑えたのだ。

彼は七・二イニングを投げて被安打五、八奪三振、一四球、失点ゼロと好投し、試合はボストンが八対一で勝利した。

観客から総立ちのスタンディングオベーションを受けながら八回二アウトでマウンドを降りた時、レスターが残したワールドシリーズ第一戦で七回無失点という投球内容は、メジャーリーグで二四年ぶりとなる記録だった。一九九〇年にオークランドと対戦したシンシナティのホセ・リーホ以来、ワールドシリーズの第一戦ではこれだけの好投をした投手は一人もいなかったのだ。

その五日後、二勝二敗のタイで迎えたワールドシリーズ第五戦で、レスターとウェインライトは再び相まみえた。今度は場所はセントルイスのブッシュ・スタジアムだった。

そして、レスターはまた好投した。

第一戦を七・二イニングを無失点に抑えたレスターは、この試合も最初の三イニングで相手に点を許さなかった。

四回裏まで、試合はレッドソックスが一対〇の僅差でリードする際どい展開となった。その段階でレスターは、ワールドシリーズの連続無失点記録を一〇・二イニングまで伸ばしていた。

ところが、セントルイスのセンターのシェーン・ロビンソンを見逃しの三振でアウトにした後、マット・ホリデイに対する一―〇からの速球が真ん中に入り、ライナーでセンターオーバーのホームランを打たれてしまった。

この大舞台でスポットライトを浴びる中、彼はまさにエースとしての真価が問われる局面に立たされていた。並の投手だったら、弱気になったり動揺してもおかしくない場面だった。

二勝二敗のタイで迎えたワールドシリーズの第五戦、どちらが先に優勝に王手をかけるがかかった重要な試合で、スコアは一対一だ。しかも相手投手のウェインライトは第一戦よりも球にキレがあった。結局彼はこの試合で七回を投げ、一〇奪三振、与四球一の好投をする。こうなると、ブッシュ・スタジアムを埋め尽くした四万七四三六人の観客は、ここぞとばかりにレスターが崩れることを期待していた。

その時だ。マウンド上のレスターは深く呼吸をした。強い心を持つためだ。鼻から深く息を吸い、肺いっぱいに空気を満たして、それを口から吐き出した。

そうすることで彼は、ワールドシリーズの二度の先発で、たった一度だけ犯した一球の失投についてくよくよ考えず、気を取り直してその瞬間のことだけに集中するよう努めた。

その時のレスターは明らかに、七月にオークランドで何かを探し求めていた自信のない男とは別人だった。

レスターは次打者ベルトランへの初球に、キレのあるバックドア・カッターでストライクを取ると、一球外した後、三球目でベルトランをレフトフライに打ち取った。

続くモリーナには三球目を強打されたが、そのライナー性の打球をショートのスティーブン・ドリューがジャンプして掴み、このイニングを終わらせた。

ベルトランとモリーナには強い打球を打たれたが、この試合で大きな失投と言えるのはホリデイにホームランを許したあの一球だけだ。少なくとも、カージナルスがレスターを攻略できたと言えるのは、あの一度きりだった。

四回の投球を終えてダグアウトに戻ったレスターは、強固に磨かれたメンタルスキルと、捕手のデビッド・ロスの深い洞察に裏付けられたアドバイスに耳を傾けることで、気持ちを整理することができた。このシーズン、レスター専属のキャッチャーになっていたロスは、六フィート四インチと長身のレスターがピンチに陥ったとき、背筋を伸ばして上から投げ降ろすことを忘れないようアドバイスするのが、彼の重要なノルマの一つになっていた。

レスターは五回から七回にかけてカージナルスを三者凡退に抑えた。そしてレッドソックスが三対一のリードで迎えた八回二アウト、ランナー二塁の場面で、ジョン・ファレル監督がクローザーの上原浩治に最後のアウト四つを託すために投手を交代させるまで、レスターは一人で投げきった。

この日、レスターの記録は七・二回投げて七奪三振、与四球ゼロだった。結局、打たれたのはホリデイの一発だけだった。

最終的にワールドシリーズで二試合に先発登板したレスターは、二勝〇敗、防御率〇・五九の成績を残した。彼の圧倒的なピッチングが、レッドソックスをワールドシリーズ優勝へと導いたのだった。

シーズン中と同じように、喜びと疲労が混ざり合うチャーター便でホームに戻ったレッドソックスは、二日後の一〇月三〇日、ジョン・ラッキーの好投と、シェーン・ビクトリーノの四打点をあげる大活躍で、一〇年間で三度目のワールドシリーズ制覇を成し遂げた。

実は、私は選手としてワールドシリーズの優勝を経験したことがない。それに一番近い経験としては、一九九六年にパドレスにいたとき、ロサンゼルスでナショナルリーグ西地区の優勝決定戦に先発登板したことがあったが、その後、わがパドレスはナショナルリーグのディビジョン・シリーズでセントルイスにストレート負けしてしまった。

これは内情をよく知る人間としてははっきりと言えることだが、ワールドシリーズの優勝に多少なりとも関われるということは、とにかくとてつもなくでかいことだ。

第六戦の終盤、試合が最高潮に達する中、私はスタンドにいた。スコアは六対一で九回のマウンドには上原がいた。彼はジェイとダニエル・デスカルソを連続して軽々とレフトフライに打ち取ると、カーペンターへの七球目に八〇マイルのスプリッターを投げて空振りの三振を奪い、優勝を決めた。

私はみんなと一緒に優勝を祝うために、急いでクラブハウスに向かった。そのすべてが私にとっては忘れられない瞬間だったが、中でもジョンと私がその年、オークランド・コロシアムのあの小さな部屋で会ったときから築いてきた絆は、私にとっては最も貴重な思い出となった。あの時から私たちは、困難やプレッシャーや不安に打ち勝つための苦労に満ちた道を共に歩んできた。その努力に対して、これほど明白でこれほど騒々しいご褒美は他にない。

その日はボストンの町全体が輝いていた。

球場ではおなじみのスタンダード・ナンバー、スタンデルズの「ダーティ・ウォーター」（「♪あの汚い水が大好き、あぁ、ボストン、俺のホーム！」）と共に、地元で人気のドロップキック・マーフィーズの「アイム・シッピッグ・アップ・トゥ・ボストン」が流れていた。

同時に、パレード用のダックボートの準備も進んでいた。

既に大騒ぎが始まっていたクラブハウスに私が飛び込んで行くと、びしょ濡れのユニフォーム姿で、目にはオークリーのゴーグルをつけ、キャップを後ろ前反対に被ったジョンが、爆発寸前の火山のように泡立つシャンパンのボトルを手に、すごい勢いで私に向かって走り寄ってきた。あの時のジョンの姿は今でも強烈に私の目に焼き付いている。

彼がそのコルク栓を開けると、キンキンに冷えた緑色のボトルから泡がスプレーのように吹き出し、私は全身ずぶ濡れになった。シャンパンは服にしみ込んで肌まで濡らし、目にも入って痛かった。左手にあの大きなボトルを持って私と抱き合うジョンの姿が印象的だった。それから彼は私と別々に、次にびしょ濡れにする獲物を探しに行ったのだった。

当時の私たちは、二人がともに有終の美を分かち合えるのはこれが最後になることは知り得なかった。しかし、とは言え、お互いにとってこれが最後の成功ではないし、また私たちの関係がそれで終わるわけでもなかった。

　メジャーリーグのチームは毎年九か月もの間、とてつもなく長い時間を一緒に過ごす。チームメイト同士も、選手とコーチや球団関係者との間の絆は自ずと強まっていく。言葉ではうまく説明できないが、その絆は何年経っても色褪せることはない。

　私は次の二〇一四年のシーズンまでに短期間チームを離れ、メジャーリーグベースボール選手会でメンタルスキルを担当するという新たな機会を得た。そして、その年の七月三一日、契約交渉が行き詰まっていたレッドソックスはフリーエージェント目前のレスターの放出を決定する。その移籍先はなんと……あのオークランドだった。

　そう、野球ではたまにびっくりするようなことが起こる。本当にそんなことがあり得るのだ。

　その年の残りシーズンを、オークランド・アスレチックスで二か月間プレーしたレスターは、一一試合に先発し六勝四敗、防御率二・三五という記録を残した。オークランドはワイルドカードでプレーオフに進んだが、その最終戦、延長一二回で惜しくも九対八で敗退した（その試合でレスターの一塁への送球難が露呈し、それを知ったカンザスシティは足でレスターを揺さぶった）。そしてその年の冬、レスターはフリーエージェントとなり、カブスとサンフランシスコ・ジャイアンツ、レッドソックスなどが積極的に獲得に向けて動いていた。中でもレッドソックスはレスターにとって古巣ということもあり、獲得競争で頭ひとつリードしていると考えられていた。

私がレッドソックスに戻ることに同意したのもこの時期だった。レスターを獲得するために私がチームに戻ることは、まだ公にはされていなかったが、レスターにだけはそれが内々に伝えられていた。私はそのことを数か月後に初めて知ったのだが、それを聞いた時、私はとても嬉しかった。

しかし、そもそもレッドソックスは最初から彼を放出すべきではなかったのだ。それは大きな戦略ミスだった。彼らは、三〇歳になったレスターがもはや、何年も前に初めて雇ったときのような、シャイで他人の影響を受けやすい子供ではないことを理解できていなかった。彼のことを甘く見ていたのだ。

レスターは今や、自信に満ちた経験豊富なプロ選手で、結婚して子供も二人いた（そして二〇一六年から一七年の冬には三人目の子どもが生まれる予定だった）。

また、短期間とは言えオークランドでプレーしたことで彼は、この世にはボストン以外の街が存在することを知ってしまった。

一方、その頃、ボストンの元GMで、レスターをよく知り、彼に対して大いに敬意を表していたセオ・エプスタインが、シカゴ北部に本拠を構えるカブスで陣頭指揮を執っていた。

レスターはその時点ですでにワールドシリーズのチャンピオンリングを二つ持っていたが、最終的にウィリアム・ハワード・タフトがアメリカの大統領に当選した一九〇八年以降、一度も優勝していないカブスの中核メンバーの一人として、ワールドシリーズ制覇を狙うことの誘惑に駆られることになる。

投球回数二〇〇イニング以上を六シーズン記録するなどの実績に加え、今回、一〇月のポストシーズンのビッグゲームで投手として高い評価を確立したレスターは、カブスと六年で一億五五〇〇万ドル（約一六三億円）という空前の大型契約を結んだ。

それからわずか二年後、レスターはシカゴで旧知のリゾや才能豊かな若い選手たちとともに、後世までの語り草となる快進撃を見せ、それまでカブスがなかなか辿り着くことができなかったワールドシリーズ優勝を成し遂げるのだが、それは長年の苦闘の末、二〇〇四年にようやく優勝した私たちボストンの物語にも匹敵するほど劇的なものだった。レッドソックスのバンビーノの呪いは八六年続いたが、カブスのビリー・ゴートの呪いは一〇八年も続いていたのだ。

カブスが勝ち続ける中、レスターは一九勝五敗、防御率二・四四、勝率はナショナルリーグでトップの・七九二、ナショナルリーグのサイ・ヤング賞の投票では、ワシントンのマックス・シャーザーに次いで二位に入った。

そして、レスターは今日もシカゴで、以前からボストンでやっていたのと同じことを続けている。五日ごとに回ってくる先発登板の日、彼はたとえ審判がストライクをボールとコールしても、またバックを守る野手が痛恨のエラーをしても、マウンド上の自分はいい状態で伸び伸びと投げ続けることを可能にしてくれるイメージトレーニングを、入念かつ忠実に実行している。

二〇一六年にリグレー・フィールドが豪華に改装される前は、レスターはカブスの狭くて古ぼけたクラブハウス内のトレーナー室や、診察台のある暗いレントゲン室に忍び込み、いつものルーティンを行っていた。

彼はボストンの昼寝部屋でやっていたのと同様に、明かりを消して診察台の上に横たわり、二〜三〇分後にアラームをセットした状態でいつものルーティンを実行して試合に備えていた。

新しく改装されたカブスの新しいクラブハウスには、ボストンと同じように昼寝部屋が設けられたが、ボストンと違うのは、カブスの昼寝部屋にはベッドが二床しかないことだった。

常にチームプレーヤーであると同時に、登板日にそれほど神経質になる方ではなかったレスターは、他の野手のために昼寝部屋にある貴重な二床のベッドを空けておくために、彼自身はトレーナー室で集中グリッドや他のイメージトレーニングを行っていた。

レスターが言う。

「僕は登板日には『話しかけないでくれよ！』みたいなことを言うタイプではないんだ。音楽を聴くのが好きなので、それをバックグラウンド・ミュージックにしてイヤホンで聴いているけど、話しかけられた時に無視すると嫌なヤツだと思われてしまうので、音楽も人と会話ができるくらいのボリュームで聴くようにしてるよ。試合前は歩き回りながら音楽を聴いて、ルーティンを始める時間になったら、それができる場所を探しに行くんだ。チームメイトの中には登板日には野手とは話さないなんていうピッチャーもいたけど、僕はチームメイトには自分と一緒に試合ができることを嬉しく思ってほしいし、彼らの好みの音楽を聴かなかったり、挨拶もしなかったりして、彼らの反感を買うようなことはしたくないんだ。僕はいつもそんな風に考えてきたよ。チームメイトには、僕に対して不満を持ってほしくないし、僕のためにいいプレーをすることを厭わないでほしいと思っているんだ」

　ドジャーズと戦った二〇一六年のナショナルリーグ・チャンピオンシップシリーズで、レスターは二試合に先発して一勝し、苦しみながらも一三イニングを投げて防御率一・三八という投球内容で、二塁手のハビアー・バエズと共にシリーズのＭＶＰに選ばれた。

　一〇月のポストシーズンゲームを自宅で観ていた私にとって、ナショナルリーグではレスターがチャンピオンシップシリーズのＭＶＰに選ばれ、アメリカンリーグでもアンドリュー・ミラーが同じくチャンピオンシップシリーズのＭＶＰに選ばれたことが、どんなに嬉しかったことか。強いて言えば、アメリカンリーグのディビジョンシリーズで私のチームのレッドソックスが、ミラーが率いるインディアンスに敗退しなければ、もっと嬉しかったかもしれないが。

　苦労が報われるとは、まさにこのことだ。

　対インディアンスのワールドシリーズで、レスターは第一戦と第五戦に先発した。初戦はクリーブランドで、第五戦はリグレーが舞台だった。

　カブスにとっては一九四五年以来初めてのワールドシリーズとなる第一戦が始まる前、レスターはクリーブランドのプログレッシブ・フィールドのビジター用クラブハウス内にあるトレーナー室の一角に静かな場所を見つけ、横になり、頭からタオルをかぶり、耳にイヤホンをつけ、いつものように再生ボタンを押した。

彼は自分がしなければならいことが、よくわかっていたが、ロードでそれを実行するためには、工夫が必要になる場合もある。

「人が大勢いるところは避けたいし、かといって奥の部屋に閉じ込もっていて寝坊して遅刻するようなことも避けたいからね」と彼は言う。

ルーティンも同じなら、結果も以前と同じだった。

彼はクリーブランドを相手に第一戦では五・二イニングを投げて三点を許し六対〇で敗戦投手となったが、第五戦では六回を自責点二に抑えて勝利した。第五戦の勝利で、そこまで一勝三敗で崖っ淵まで追い込まれていたカブスは、とりあえず首の皮一枚つながった。

そして、三勝三敗で迎えたシリーズ第七戦は総力戦となった。この試合でレスターは、二〇〇七年にクリーブランドと対戦したアメリカンリーグ・チャンピオンシップシリーズ以来、九年ぶりとなるリリーフ登板も経験した。カイル・ヘンドリックスの救援で三イニングを投げ、カブズが延長一〇回、八対七で空前絶後の大試合を制するのに貢献した。

レスターにとっては、カッターやカーブやチェンジアップなどの投球がうまく噛み合うことと同じくらい、準備のメニューがきちんと実行されることが重要だった。そこには、六月のレギュラーシーズンのシアトル戦で先発登板するときと、一〇月の夜のゴールデンアワーに行われるワールドシリーズの試合で先発登板する時との間に、何ら違いはなかった。

レスターは言う。

「どうしても緊張はするよ。それは否定できないけど、その緊張をコントロールすることは可能だと思ってるよ。ルーティンがあるおかげで、自分の経験と勘に頼るだけの場合と比べると、もう少しうまく緊張と戦えるような気がしてるんだ。経験と勘だけに頼ると、ついつい投げ急いでしまい、いつもの感覚で投げることが難しくなってしまうんだ。その意味では、僕は最初にメジャーに上がった時からルーティンを持っていたので助かってるかもしれない。例えば、試合前のアクロバット飛行のショーがある時に、飛行機の通過が四五秒遅れたり、国歌斉唱が予定より二分押したりしても、ルーティンのおかげで平常心を保つことができるんだ。そしてそれを繰り返していると、そのうち『ウォーミングアップのための投球練習の球数も、必ず四四球必要というわけではないことがわかってくる。それが三五球になってもいいし、もっと増えても別に大丈夫だ』と考えられるようになってくるんだ。僕にはこのやり方が合っていたようで、『よし、これで準備万端だ』と感じられるルーティンは僕の心の拠り所となっているよ。その状態で試合に入ったあとは、チェック・アンド・バランスの確認作業をしっかりとやるようにしているよ。これは自分が何をしようとしていたのかを絶えずチェックしていくプロセスのことなんだけど、心が落ち着いてさえいれば、その確認も容易になるからね」

　カブスに入団してから、レスターはチームのコンピュータ担当者を定期的に訪ね、一度に五〇枚ほどの集中グリッドカードをプリントアウトしてもらっている。

そして先発登板する前に、毎回五枚のカードに目を通す。クロスワードパズルのように見える数字が並ぶカードだが、同じものを使うと配列を覚えてしまうので、毎回トランプのようにシャッフルした上で五枚を選んでいる。

集中グリッドの際にバックグラウンドで聴くオーディオプログラムは、クラウド上のドロップボックスに保存してあるので、クリックすればどこにいてもすぐに聴ける状態になっている。

集中グリッドは日によって、制限時間内に四〜五個しか見つけられない時もあれば、二〇〜三〇個も次々と見つかる時もある。人間の集中力のレベルは日々異なり、予測は不能だ。だからこそ、練習と準備が非常に重要なのだ。

ボストンではメンタルスキル・トレーニングに精通している選手が何人もいたが、シカゴにはまだほとんどいない。それでも時々、レスターがやっていることに興味を示すチームメイトはいる。

レスターが言う。

「インデックスカードを持って歩き回る僕の姿を見て、『いったい何をやってるんだい？』と聞いてくる人もいるよ。そこで、僕が詳しく説明すると、『面白そうだね』と言う人もいれば、『何だかよくわかんねえな』と言う人もいるよ」

そんなやり取りを聞くと、レスターが私とメンタルスキルに取り組み始めた最初の頃のことを思い出す。誰でも始めはそんな感じなのだ。

レスターが言う。

「テュークスはボストンでは多くの選手たちと若い頃から知り合いだったけど、彼は何も強制はしなかったね。彼は選手に対して、『もし話したいことがあれば話そうよ』という姿勢で臨んでいたと思う。『でも話したくなければ、話さなくてもいいし、ただここに座って、一杯飲んだり、夕飯か昼飯を食べたりしながら、軽く話すだけでもいいよ。試合についてでもいいし、マウンドでどんなことを感じているのかについてでも、何でもいいよ』というのが、彼のやり方だった。そのやり方が、彼がもう一度ボストンに戻ってきた時、本当に彼の力になっていたと思っている。その時、彼は既に大勢の選手を知っていて、彼らの多くと信頼関係を築けていたからね。だから選手たちはいつでも彼のところに行って、『ちょっと、家族のことで相談したいことがあるんだけど』なんて気軽に話すことができたんだよ。彼がそれを秘密にしてくれることも、決してその秘密が誰かに知られたりしないことも、わかっていたんだ。それがとても重要だったと思う。野球のことだけでなく、自分の人生のこと、例えば、夫婦のことや家族のことなど、彼には何でも話せるんだ。いつでも彼のところに行って相談ができたし、相談すればきっと彼は助けてくれるだろうし、その話がそこから漏れないことがわかっている。それがとても重要なことだったと思うよ」

こうした一連のことは、すべてつながっている。

仕事でも家族や人間関係でも、私たちは誰もが人生の中で対処しなくてはならない多くの問題を抱え、それにストレスを感じている。立ち止まり、理性的に考え、他の問題と切り離して、優先順位をつけた上で論理的に整理された形で対処できれば、成功する可能性はより高くなる。

レスターは言う。

「僕はいつもルーティンを楽しんでたよ。僕にとって、ビジュアライゼーション（視覚化）の作業は、自分の頭の中で思考をシャットダウンしてリラックスできる時間だったんだ。投手にとって登板日というのは、これから起きることに期待が膨らむ日なんだ。だけど、僕には子供の学校への送り迎えなど、父親として、また夫として、やらなければならないこともたくさんある。とはいえ、一旦フィールドに着いたら、そのスイッチをオフにして、野球選手のスイッチをオンにする方法を見つけなければならない。その時、これは本当に役に立つよ。二〇一三年のときは妻が妊娠していたので、僕にはいろいろとやらなければならないことがたくさんあって大変だった。しかも、プレーオフ期間中は、ただでさえあまり眠れないところに、新生児がいたのでほとんど寝られなくて、とても大変だったよ。だから、あの昼寝部屋での二〇〜三〇分は、試合に向けてリラックスするひとときだっただけでなく、僅かでも睡眠不足を補える貴重な時間だったんだ。このプログラムは、自分をリラックスさせるのに本当に役立つし、野球モードに入ってその集中力を切らさないようにしてくれるんだよ」

自分でも認めているように、彼はついつい投げ急いてしまう傾向がある自分自身と、ずっと戦ってきた。今では彼自身が、それを常に警戒しておかなければならないことを十分に理解できている。

野球というゲームで確信を持って言えることは少ないが、一つだけはっきり言えることがある。それは、何かがやっとわかったと思った途端に、実はあまりわかっていなかったことが明らかになるということだ。野球はそんなことの繰り返しだ。

隙あらば自分に取って代わろうとしている才能ある若い選手たちが、ドアの外にも、建物の外にも、その周りにも、通りを下った先までも、そしてそのずっと先までも、長い列をなして待っているのだ。

メジャーで活躍できるレベルに達し、そのレベルを維持するためには、選手は身体的にも技術的にも、そして精神的にも、自分の最高のパフォーマンスレベルに到達する道筋を見つけなければならない。特に近年、多くのスポーツ選手やチームが精神的な側面の重要性を理解するようになってきた。

それは、学生が必ず勉強をしてから試験に臨むことや、バンドが必ず練習やリハーサルをしてからコンサートに臨むことと、何ら変わりはない。賢いエリートアスリートたちは、誰もがそれを理解している。

メジャーリーグで一二年間の輝かしい実績を誇るレスターは、打ち込まれる日よりも好投する日の方が多いが、それは彼が自分のキャリアの中の一つの重要な側面を理解しているからだ。

レスターが言う。

「今年のレギュラーシーズン中、きっと僕はどこかの試合で投げ急いだり後れたりしてテンポを乱したり、自分でもわからないうちにルーティンを急いでしまい、痛い目に合うときがあると思うんだ。試合で突然、矢継ぎ早に打たれて、一球一球集中して投げることや、アウトを一つずつとることに集中できず、そのイニングが終わらないのではないかと心配になったりする時もあると思う。どんなに頑張っても、自分は完璧にはなれないからね。それに、野球の外でもいろいろあって、プレーに対する集中力が削がれることもあるかもしれない。そんな時に乱れずにいられれば、きっとシーズンを通して安定して投げられると僕は感じているんだ。投げ急いだり調子が悪かったりして些細なミスをすることはあるかもしれないけど、それさえちゃんとできていれば、マウンドに上がったときの安定感を保つことはできると思っているんだ」

その日に彼のスパイクシューズが踏みしめるマウンドが、アリゾナ州メサにあるカブスのスプリングトレーニングのキャンプでも、ピッツバーグのアレゲニー川沿いのＰＮＣパーク[1]でも、あるいはまた次のワールドシリーズのステージでも、マウンド上の彼にはその登板に挑む準備が十分にできているだろう。

彼は試合で起こり得るあらゆるできごとを想定し、その転機となる出来事を認識し、それが簡単にうまくいくときもあれば、そこにトラブルにつながりかねない罠が潜んでいることがあることも、十分に理解している。そしてそのトラブルが、自分のせいのときもあれば、そうでないときもあることも、理解している。

そして、その瞬間、彼はいつも一つの共通した方法で、そうした問題に対処する準備ができている。

気を落ち着かせて……少し間をおいて……そして……深く息をするのだ。肺がいっぱいになるまで鼻から長い息を吸い、一瞬、息を止めてから、口からそれを全部吐き出す。六秒間。それが深く息を吸い、一旦止めて、吐き出すまでにかける時間だ。

それは新生児でも生まれてすぐできるほど単純な概念を実行するための六秒だが、それはまた、死の床にいる老人にはできなくなるほど、やがて非常に困難な行為になってしまう六秒でもある。

その呼吸の狭間で選手のキャリアが作られ、一人の人間の人生が営まれる。深い呼吸を通じて、人間の心は、あなたがこれまでそんなことが可能になるとは思えなかった次元にまで研ぎ澄まされる。

息を吸い込み、吐き出し、そして目の前のことに集中すればいいのだ。

エピローグ

ヨギ・ベラは既に一九五〇年代に、野球においてメンタルがいかに重要であるかを知っていたかもしれないが、メジャーリーグ・ベースボール（ＭＬＢ）が本当の意味でその広範な意味を理解し始めるのには、それから六〇年の月日を要した。

現在、ＭＬＢ三〇チームのうち二二チームが専任のメンタルスキル・コーチを置いていて、そのうち一二～一三のチームには、メンタルスキル分野のスタッフが二人以上いる。

今日、若い選手がイメージトレーニングやセルフトークを取り入れたり、メンタルスキル・コーチと話したいと思った時、それを秘密にしなければならない必要性を感じなければならないようなことはなくなっている。野球の世界では長らく、メンタルな話をすることは、くだらないテレビ番組やジャンクフードのスナック菓子に夢中になることと同じくらい恥ずべきことと思われてきたからだ。

私たちは非常にゆっくりとではあるが、進歩を遂げてきた。私はこの流れは勢いを増し続けると思っており、そうなることを願ってもいる。そして、いったんそのような流れができると、もはや後戻りすることはできない。

メジャーリーグ三〇チームのロスターには全部合わせても七五〇人の選手しかいないが、それに加えてマイナーリーグには三〇〇〇人以上の選手がいる。彼らは束の間の成功から重大な危機に至るまで、メジャー昇格を目指す過程で様々な局面に遭遇する。

毎年六月にはＭＬＢのドラフト会議が開かれ、メジャーに上がろうとしていたり、メジャーに残ろうとしているこれらの選手たちの集団に、新たにメジャーを目指す一〇〇〇人の新人たちが加わる。

プロの契約を結んでいるほとんどの選手たちにとって、メジャーへの道のりは遠く長いものだ。マイク・トラウトやブライス・ハーパー、マディソン・バムガーナーのように早々にメジャー昇格を果たす選手がいる一方で、一三年間のマイナー暮らしで一〇九五試合に出場した後ようやくメジャーに昇格し、二〇一四年にテキサスでメジャー初安打を放ったギルダー・ロドリゲスのような選手もいる。

野球の世界は厳しく、ハートが弱い人には向かない。精神的に弱い人にも向かない。プロの野球選手になるための過程はすべてにおいて固有の道のりで、グレイトフル・デッドの伝説的な曲「トラッキン」の中の「なんて長く奇妙な旅だったんだ」という歌詞に通ずるところがある。

プロ契約を結ぶと、一部の若い選手たちはスプリングトレーニング後に延長して行われるエクステンデッド・スプリングトレーニングへの参加を言い渡され、フロリダやアリゾナのキャンプ地で見物人もまばらな午前中、主にスカウトと、たまに息子の勇姿を見るために寒い州から遠路はるばるやってきた親たちが見守る前で、試合をすることになる。

この延長キャンプは六月のアマチュアドラフトの直前に終了する。

その後、アリゾナ・リーグの夏シーズンやフロリダのガルフコースト・リーグでプレーし続ける選手もいれば、ニューヨーク・ペン・リーグやノースウエスト・リーグのような他の短期シーズンのリーグでプレーする選手もいる。

選手が昇格していくにつれて、ロークラスAからハイクラスAへと至るプロセスが続く。移動はバス、食事はピーナッツバターとゼリーのサンドイッチや冷めたピザ、そして前夜に洗濯して、まだちゃんと乾いていないユニフォームを湿ったまま着るというような日々が延々と続く。

彼らが受け取る日当では、三食分はおろか一食分の食事代さえ十分には賄えない。しかも選手たちは、あり得ないほど少ない給料からクラブハウス費（そこで提供される大したことのない食べ物や飲み物の食費）を差し引かれながら、今夜もまた薄暗い球場で「変圧器の観客」に包まれて試合をする。「変圧器の観客」というのは、誰もいない小さな球場で試合中に一番よく聞こえるのが、観客の声援ではなく、照明を付けるために使われている電気の変圧器の騒音であることから着けられた呼び名だ。
一、二年前にプロ契約したときは喜びに満ちあふれていたが、ほどなく自分はメジャーで活躍できるほどの器ではないという現実に直面させられる選手も多い。ほとんどの場合、彼らへの解雇通告はチームからの手紙で知らされるが、壁に張り出されるだけの場合もある。

数年前のシーズンとその次のシーズンに連続して、ハイＡレベルの投手二人が私に進路のアドバイスを求めてきたことがあった。私は二人に対し、彼らが今いるマイナーリーグのレベルを考えると、たとえこれからすべてうまくいったとしても（つまり、これから大きなケガをせずに、各レベルで好成績を残して昇格していったとしても）、メジャーリーグのロスター入りを狙えるレベルに到達するまでには、あと三、四年はかかるだろうと伝えた。そして、仮に１Ａ、２Ａ、３Ａと順調に昇格していったとしても、更にその先へと行ける保証はない。

そのうちの一人はオーストラリア出身の二二歳の選手で、二〇歳のときに契約したが、帰国して大学に入り、家業を継ぐことを考えていた。もう一人は大卒の二五歳で、法科大学院への進学に関心を持っていた。どちらの選手も、メジャーに昇格するために必要となる時間をかければ、自分が望む学位を取得することができる立場にいた。

結局、彼らは自分の運命を自分で選択した。彼らはシーズン途中で退団し、それぞれが学業に専念して卒業し、今では野球以外の仕事で成功している。

そう、誰もがプロ野球選手になれるわけではない。それは、特にそれまで順調な道のりを歩んできた若い選手にとっては大きなショックだが、衝撃の度合いは選手によって大幅に異なる。

メジャーリーグの球団は、選手の育成に全面的に投資し、メンタルスキル面のサポートを含めチームの資源をフルに提供することによって、さまざまな面で自らを競争上優位な立場に置くことが可能になる。そして、プロ野球界特有の浮き沈みに対処する方法やその戦略を体得できた選手は、より早くメジャーに昇格することが可能になる。また、そうした選手が自分には素質がないことを理解した場合も、より早い段階で他の人生を歩む決断を下すことが可能になる。

とりあえずハイＡから上に昇格できれば、メジャーリーガーになるための最大の障害を一つ乗り越えたことになる。スカウトの多くは、基本的には２Ａで好成績を残すことができる選手はメジャーでプレーする素質があると考えている。その２Ａは煙突のようなところで、その入り口付近では大リーグへの狭き門をくぐり抜けようとする大勢の選手たちがひしめき合っている。

３Ａは面白いところだ。移動手段がバスから飛行機に変わったことで少しは楽になったかと思ったら大間違い。その日の夜にシラキュースで行われる試合に行くためには、朝の七時にオマハ[1]を出発する便に乗らなくてはならないため、午前四時三〇分のモーニングコールで起こされるような日々が続くことになる。

ほとんどの３Ａのロスターは、メジャーに上がろうとしている選手と、引退へと向かっている選手の組み合わせで構成されている。３Ａは、ある選手にとっては「夢破れる場所」であり、またある選手にとっては「夢を実現する」ための最後の地固めの場所となっているのだ。

最近メジャーから降格された選手たちの多くは、自分が再びメジャーでプレーする機会を与えてもらえるかどうかはわからない。私には彼らの気持ちがよくわかる。私自身も、七回も降格されたことがあるからだ。そして今だから言えることだが、毎回毎回、降格を言い渡される時の状況は異なる。

　私は一九九〇年四月に、ある試合の終了後にカージナルスからオプションで３Ａに降格されることを言い渡された。ちょうど、その日はＮＨＬ（ナショナル・ホッケー・リーグ[2]）のセントルイス・ブルースのブレット・ハルなど数人のアイスホッケー選手たちが、ブッシュ・スタジアムに試合を見に来てくれていた日だった。

　ハルは試合後にクラブハウスにやってきた。当時はセキュリティがどうのこうというようなうるさいことを言う人がいない古き良き時代だったので、外部の人間がクラブハウスに入ることに対しても寛容だった。クラブハウスの真ん中には常にビールの樽と冷えたジョッキが置いてあった。

　私はチームと一緒にスタジアムから通りを隔てて向かい側にあるホテルに滞在していて、どこかに遊びに行く予定もなかったし、たった今、自分に起きたことがおもしろくなかったこともあったので、そこでビールを二杯ほど飲んだ。ハルも一緒に飲んだ。

　そのうち大方の人はクラブハウスから引き上げていき、程なくして私とハルとカージナルスのクラブハウス・アテンダントのリップ・ローナンだけが残った。すると、どうしたわけか三人はクラブハウス内でキャッチボールを始めたのだ。

　その時、私には三日間の猶予があった。というのも、その時点でカージナルスはもう私に対するオプションが残っていなかったので、ＭＬＢの規則でチームは私を降格する前に、ウェーバーにかけることが義務付けられていたからだ。この規定では七二時間以内に他のチームから私を獲得したいという申し入れがなければ、その時点で私はルイビルにあるカージナルスの３Ａチームに降格されることになる。

その時、ＮＨＬにはそんなシステムはなかったので、ブレットからＭＬＢが羨ましいと言われたことを覚えている。

そのうちハルはタバコを吸い始め、私はビールをもう一杯飲むことにした。それからほどなくして、私たちはどういうわけか、私がキャッチャーのプロテクターを着け、リップが審判役をやり、ハルが本番さながらの本格的なピッチングをし始めた。

ハルは何球かストライクも投げたが、ほとんどの球が暴投ぎみで、私が捕れなかった球は、背後のセメントの壁に当たって跳ね返ってきた。そのうちの一球が壁に掛かっていたバドワイザーのネオンサインに当たり、ネオンサインが壊れてしまった。

おっとっと！

結局、その後、午前二時頃までキャッチボールを楽しんだ後、私はよろめきながら道を渡ってホテルの自分の部屋に戻った。そして翌日、私はメジャーリーグ級の二日酔いと共に目を覚まし、三日後、ルイビルに合流した。

最近メジャーから降格された選手と話していると、私には今でもあの時の感情や思い出が蘇ってくる。しかし、私自身が彼らと同じような経験をしてきたからこそ、私は彼らに共感することができ、これから彼らがプロの道を歩んでいく上で、役に立つ言葉や考えを提供することができるのではないかと思っている。

皮肉なことに、一度メジャーに上がると、選手たちはいわゆる「サービスタイム」と呼ばれる、大リーグでの雇用日数を蓄積し始めることができるが、メジャーに昇格できなかったマイナーリーグ止まりの選手たちは、基本的にはこの「サービスタイム」を積み上げることができない。それが「皮肉」である理由は、マイナーの選手たちはサラリーに反映される雇用日数を獲得できないので、マイナーで費やした時間が文字通り「サービス」になってしまうからだ。

ドラフト同期生の中でもメジャーに昇格できるのは、失敗や成功、ケガ、昇格と降格、契約解除やトレードなど、次から次へと押し寄せてくるチャンスとピンチを乗り越え、マイナーリーグ時代を生き残ることができたほんの一握りの選手だけだ。彼らだけが、メジャーで長いキャリアを積むことが可能になる。そして、その後も日々、状況は変化する。

セントルイスのマイナーリーグ・チーム[3]のスプリングトレーニングに初めて参加した一九八九年、その約一年後に私のキャリアの転機となったブッシュ・スタジアムでの試合で私を先発に抜擢してくれた、ファームディレクターのテッド・シモンズが、ある雨の日にちょっと工夫を凝らしたイベントを開いてくれた。

できるだけ早く練習を切り上げてホテルの部屋でリラックスしながらゲームや映画に興じたいと選手たちが思うような日を不毛な一日にしないために、彼はバッティングケージがある室内練習場でピッチャーとキャッチャーを集め、バッテリーミーティングを呼びかけたのだ。

そのミーティングでシモンズとコーチたちは、マイナーリーグ選手の育成の一貫として、投手と捕手の関係性について話をし始めた。その中でシモンズが、ある若い投手に、彼が投げられる球種の数を尋ねる場面があった。

「四つです！」とその選手は張り切って答えた。

「そうか」とシモンズは彼独特のしわがれ声で応じると、「その四つの球種は何だ？」と追加で質問をした。

「速球、スライダー、カーブ、チェンジアップです」

「本当か？　よし、それじゃ、こうしよう。ウォーミングアップする時間をあげるから、準備ができたら、『本当に投げられる球』がいくつあるかを確認してみようじゃないか。打者も観客もいない、スコアもカウントもゼロ・ゼロという設定で自慢の速球を投げてみて、一〇球中七球がストライクだったら、君の速球が通用することを認めようじゃないか。それができたら今後それを『自分が投げられる球種』の一つに数えるといい」

ここでシモンズは、『その球を自分のものにする』というのが何を意味しているかをドラマチックに実演するために、自分自身のユニフォームのズボンのお尻のポケットにボールを一つ押し込んだ。

「それができたら、君が投げられると言う次の球に進み、カーブ、スライダー、チェンジアップをそれぞれ投げてみて、どれも一〇球中七球がストライクだったら、その球も通用する球種の一つに数えることを認めよう。そのパターンでどんどん投げてみてくれ」と彼は言った。

結局、その若い投手は、一〇球中七球の速球をストライクゾーンに投げ込むことができなかった。彼は単に四つの球種の投げ方を知っているに過ぎなかったのだ。

私は、あの時学んだ教訓を決して忘れない。

選手は自分の能力を正しく評価できなくてはならない。私も現役時代は自分と向き合おうと努めていたし、コーチとして選手たちを指導する今も、それを基本に据えている。

現実は厳しい。一日でもメジャーでプレーしたことのある選手の数は、マイナーよりも遙かに少ない一万九〇〇〇人強にすぎない。ニューヨーク市内の歯医者の数の方が、それよりも多いのだ。そしてその一万九〇〇〇人のうち、メジャーで一〇年以上プレーした選手は、二〇〇〇人あまりしかいない。

メジャーに到達したマイナーリーグの選手にとって、その報いは、単に生涯の夢を実現しただけでなく、経済的なリターンもとてつもなく大きい。現在のメジャーリーグの最低賃金は五〇万ドル（約五二五〇万円）を超えている。メジャーリーガーの二〇一七年の平均年収は四四七万ドル（約四億六九〇〇万円）で、メジャーに在籍した日数によってその選手の年金額も決まる。また、選手は四五歳から年金を受け取ることができる。そして、メジャーで運よく一〇年持てば、満額の年間二〇万ドル（約二一〇〇万円）の年金を六二歳から受け取ることができるようになる。フリーエージェントになって巨額の契約金で稼ぐことなどできない選手たちにとって、この年金は現役引退後の人生設計を支える上で、とても重要なものだ。

選手にとっても球団にとっても、それだけ巨額のおカネが絡んでいる以上、どの球団も他球団に対して少しでも競争上優位な立場を確保するために、あらゆる手を尽くして選手を発掘し、必要な投資を十分に行っておきたいと考えるのは当然のことだ。だからこそ今日、メンタルスキルがより重視されるようになっているのだが、その背景にある理由が何であったとしても、私に言わせれば、メンタルスキルの重要性が認識されるのは遅すぎたと思う。

さて、「サービスタイム」の話題に戻ろう。メジャーにおける一年とは一七二日のことだ。私自身がプロの階段を上った経験からわかったことだが、選手には野球でも私生活でも、人生のどのステージにいるかによって、それぞれ特有の苦労がある。

例えば、サービスタイムが三年以下のメジャーリーガーには多くの場合、球団がいつでもその選手をマイナーに降格させることができるオプションが残っていることが多いので、彼らは階段の下の方にいる。だから彼ら自身が、実際にはメジャーにいても、自分がメジャーリーガーになれたという実感を持てないことが多い。

選手側とオーナー側による長年の交渉の結果、球団は一人の選手に対して三回の「オプション」が使えることになっている。まず、初めてメジャーの四〇人のロスターに加えられた選手には、球団がその選手をいつでもマイナーに降格させる権利が行使できるというオプションが発生する。三回のオプションのうち、基本的には一年で行使できるオプションは一回きりだが、理論上は、一年目の選手は何度もマイナーに送り返される可能性があり、何往復したとしてもそれはオプション一回分としか数えられない。その後も球団にはまだオプションが二回残っているため、メジャーでの最初の三年はそんなフライングのような事が繰り返される。選手はコーナーを曲がったら何が待っているかさえわからないような不安定な立場に置かれていて、中には激しい浮き沈みを繰り返し経験する選手もいる。

まさにマインドゲームだ。

大リーグでのサービスタイムが四~六年になると、選手は通常、マイナーに降格されることへの不安から解放され、メジャーリーガーとしての地位が確立される。しかし、それでも、不安やプレッシャーから完全に逃れることはできない。

彼らの抱く不安やプレッシャーには、野球とは無関係のものもある。選手が家庭を持った場合、家族との関係にも新たな要素が生まれる。

まずは遠距離コミュニケーションだ。

また、私の妻が「パパが帰ってきた最初の日」と名付けた日々も始まる。これは、シーズン中は遠征などで家にいない父親が、シーズンが終わり家庭に戻った時、子供の昼寝や食事の時間など、父親の不在中に母親が決めていた子供の生活上のルーティンが崩れることを意味する。そして、父親がまたいなくなるまでの間、家庭内の混乱が続く。

その時選手たちは初めて、自分の人生の中心がもはや野球だけではないことに気づかされる。それどころか、家族を養い、将来の計画を立てなくてはならないが、そのすべてがフィールド上の自分のパフォーマンスに懸かっているのだ。

このレベルの選手たちはフリーエージェントになるために必要なサービスタイムがまだ足りない（その大台に乗るには丸六年かかる）ので、まだ宝くじに当たるほどの大金を手にすることはできていない。

しかし、既に年俸調停の権利は持っているので、球団側と契約内容で合意ができない場合は、冬に仲裁人同席の下で球団と交渉することはできる。もっともその交渉の場では、選手の代理人が選手の長所を持ち上げる一方で、球団側はことごとく選手の欠点を指摘して、なぜ彼の給料をもっと低くすべきかを主張する。ある意味でそれは「カッコーの巣の上で」[4]の一シーンのように、異常な光景だ。自分に対するネガティブな評価を徹底的に聞かされることになるこの経験は、まるで落伍者の烙印を押されたかのように、選手の脳裏に強烈に焼き付くことになる。

また、このグループに属する選手たちは、もはや将来が嘱望されている伸びしろのある新人ではないので、より高いパフォーマンスが求められる。

コニー・マックがダグアウトで采配を振っていた頃から、メジャーリーグのクラブハウス周辺では、「メジャーに上がるのは簡単だが、そこにとどまるのは難しい」と言われてきた。

しかし、それは真っ赤な嘘だと、私はここで断言したい。

なぜならば、メジャーにたどり着くのも決して容易なことではないからだ。もしそうでなければ、そこへと通ずる道中、道半ばで夢破れた何百万人もの夢の残骸が路上に散乱しているはずがないではないか。

しかし、その一方で、その後半部分に関しては、それが事実であることに疑いの余地はない。メジャーにとどまることもまた、決して容易ではない。

隙あらばメジャーリーガーの仕事を奪い取ってやろうとする若い選手たちの列は、トレドからフレズノ、そしてノースカロライナ州のダーラムをまわってまた戻ってくるほど、延々と続いている。かつてあの偉大なサチェル・ペイジが語ったように、「後ろを振り返るな、何かが近づいて来ているかもしれない」のだ。

メジャー在籍が六年を越えた選手は、少なくとも一度はフリーエージェント権を行使するだろう。そしてこのグループの中でも幸運な選手は大金を得て、財政的な不安から解放されることになる。

しかし、報酬に呼応するかのように、そうした選手には高いパフォーマンスが求められるようになる。その要求は日に日に強くなり、普通はそれに伴ってケガの問題も出てくる。その中には長引くケガもあるし、重いケガもある。

キャリアのこの段階まで来ると、家族と離れている時間がさらに長くなる可能性がある。ちょうど学齢期に差し掛かる子供たちがいる家庭では、それがあまり悪影響を及ぼさないことを願うばかりだが、遠征日程に振り回されることが、家族にとって深刻な問題となる場合があることもよく知られている。かけがえのない時間を家族と一緒に過ごせていないという思いが心を苛み、それが重くのし掛かってくるのだ。

それに加えて、さらに外部からの様々な要求が押し寄せてくるようになる。それに伴い、身体能力が衰え始めると、引退について自分の中で折り合いをつけ、それをいつ決心するべきかが、選手の頭の中を支配するようになる。

しかも、こうした一連のことは、すべてどれもこれも矢継ぎ早に起こる。おそらくあなた自身も、自分の人生が自分が望むより早いペースで進んでいると感じた経験があると思うが、そんな感じだ。

こういうときに必要になる人生の一時停止ボタンというのは、一体全体どこにあるんだろうね。

メジャーに上がりたての頃、不安定なスタートを切った私自身のデビュー戦を思い出す。私は一九八六年四月一一日、ミルウォーキー・ブルワーズを相手に三対二でリードしている場面で、一万七〇四二人の観客が見守る中、八回、先頭打者で後に殿堂入りするポール・モリターの場面で登板を言い渡され、モリターをショートゴロに打ち取った後、交代させられた。

モリターがニヤけながらその時のことを振り返る。

「交代となり、ヤンキース・ファンから拍手喝采を浴びた彼は、忙しなく帽子を取って声援に応えていたよ。『ルーキーらしいな』と思ったのを覚えている。だって、彼は何度も何度も帽子を取ってスタンドの方々に向かって頭を下げていたからね」

このことについては、私にも一言言わせてほしい。

実は私はその年のスプリングトレーニングで、二〇イニング連続無失点記録を更新している時、マウンドから降りる時に拍手喝采してくれた観客を無視するような態度をとったために、チームメイトの先輩たちから制裁として罰金を喰らっていた。新人だったので、あまり注目を集めないようにあえて早足でマウンドを降りたのだが、それがベテラン選手の間では不評で、罰金を科されるはめになったのだ。

そこで私は、ヤンキースタジアムでブルワーズと対戦したデビュー戦では、前回の過ちを改めようと、大げさなほど丁寧に声援に応えたに過ぎなかった。

にもかかわらず、先輩たちの反応は前回と同じだった。先輩たちは、今回も私に三件の罰金を科した。私が右側のファンと前方のファンと左側のファンの三方向にそれぞれ帽子を取って挨拶したので、一方向につき一件、合計三件の罰金だそうだ。

そう、この世界ではいたるところに地雷が埋まっていて、その中にはこんなユーモア溢れるものも多いが、あまり笑えないものもある。そのすべての領域において、メンタルスキル・コーチが貢献できる余地が幅広く存在する。

野球というものは、私の引退の時期が近づいていた頃の対タンパベイ（・デビルレイズ）戦の、あの傷ついたボールと似ている。どこへ飛んでいくかわからないが、とにかく必死でしがみついていくしかないのだ。

その日のタンパベイ戦では、今となっては名前も思い出せないが、打者をレフトフライに打ち取って、そのイニングがツーアウトになったときのことだ。内野を回って最終的に私のもとに戻ってきたボールに触れた途端、手に違和感を覚えた。

そのボールは、前の打者が使っていたカップバットに当たった時の衝撃で、表面の革が少し破れていた。その破れは絶妙な感じで、私は絶対にそのボールを交換したくなかった。

しかし、こういうボールは投げたらどこへ飛んでいくかをコントロールするのが難しい。理論的には、傷ついたボールを投げる時は、自分が望むボールの進行方向の反対側に傷がついた側がくるようにボールを握るのがいいとされていた。

そこで私は、当時バッテリーを組んでいた、親友でありミネソタの最高の捕手でもあるテリー・スタインバックをマウンドに呼んだ。当然のことながら、ツーアウト、ランナー無しでマウンドに呼びつけられたスタイニーは怪訝そうな顔をした。

「なんだよ?」

スタイニーはマウンドに来ると、半分ふざけながら怒鳴った。

「見ろよ、バカ。これを見せようと思って呼んだんだよ。次の球はどこへ行くかわからないからな」

私はそう答え、彼にボールを見せて事前に十分な警告を与えた。

「すげぇな。よし、いこう」と彼もこれに応じた。

次のバッターはポール・ソレントだった。

私はソレントの外角低めに投げようと、ボールの破れが手の平の内側にくるようにボールを握った。予想通りボールは外角低めにぐんと落ちていった。ソレントは妙なスイングで平凡なセカンドゴロに倒れたが、一塁へ向かってベースラインの上を走る間中、私を罵っていた。

時には誰かに罵られ、時には自分が誰かを罵る。それが野球だ。

私は、ある時はチームメイトとして、またある時は対戦相手として、二度、史上最強の盗塁王とプレーする機会があった（もちろん、一塁に牽制球を投げる心配をしなくてはならないときより、チームメイトだったときの方が、彼を罵ることは少なめで抑えられたが）。

そう言えば、ベースラインと言えば……。

野球の世界では希に、才能が洋服を着て歩いているとしか思えないようなすごい選手や、違う惑星から来たのではないかとしか思えないような天才が現れる。殿堂入りしたリッキー・ヘンダーソンもその一人だった。

彼にとっても私にとっても、記憶に残る年となった一九九六年。ヘンダーソンと私はサンディエゴ（・パドレス）の新戦力だった。パドレスがシーズン最終日の土壇場でロサンゼルスをドジャースタジアムで下してナショナルリーグ西地区を制覇した年だ。

当時、私は三五歳で、一二日間も先発していなかったが、日曜午後のあの試合で久しぶりに先発した。監督のブルース・ボウチーが、プレッシャーに強い私に期待しての起用だった。そして、私はその期待に応え、七回を無失点に抑える好投をした。

リッキーに関しては、そのシーズンの前半、次の遠征地に向かうために空港に向かうチーム専用バスに乗っていると、ほぼ満席のバスの中で、彼が空席を探しながらこちらの方に向かって歩いて来るのが見えた。

私のすぐ前の席には外野手のスティーブ・フィンリーが座っていた。その時点でフィンリーはまだメジャー六年目、リッキーは一六年目のベテランだった。フィンリーの記憶によると、そこで私は大きな声でヘンダーソンに向かって、「リッキーはメジャー在籍何年目だっけ？　ベテランなんだから好きなところに座ったらいいよ」と言った上で、フィンリーに対して彼に席を譲るよう、しつこく迫ったらしい。

ところが、私の質問に対してリッキーは「一〇年？」と悲鳴のような声を張り上げたかと思うと不快そうな顔をした。どうやら彼は在籍年数を意味する「テニュア」という言葉を、「テンイヤー（一〇年）」と聞き間違えたようだ。そして彼は「おれは一七年目だよ！」と叫んだ。

リッキーは実に面白い男だ。今のエピソードはちょっとした笑い話の類いだが、それをどう解釈するにせよ、「在籍年数」がメジャーにおける大きな要素になっていることだけはまちがいない。

私の現役時代、選手は誰が誰よりも長くプレーしているかといった在籍年数の他、サービスタイムやいつマイナーリーグ・オプションを行使されるかもしれないという不安、遠征で家族と離れ離れになることからくるストレス、メジャー・リーガーでいることのプレッシャーなどと、すべて自分一人で戦わなければならなかった。今、振り返ってみると、メジャーリーグの選手を支援する制度が、これだけ長期間、こうまで薄っぺらだったことは、信じ難いことでもある。

しかし、われわれの文化と同様に、球界も時間とともに変わり、いろいろな意味で、今では以前よりずっと健全になってきている。一世紀以上の時間をかけながら、実にノロノロしたペースではあったが、時代遅れの状態から今の状態にまで少しずつ変化してきたのだ。

現在、どの球団もバッティングのアシスタントコーチやブルペン・キャッチャーを雇うのが当たり前になっているし、公式戦にもビデオ判定が導入された今、ほとんどのチームがクラブハウス内でビデオをモニターする専門のスタッフを雇っている。

投手が投げる球のスピンレート（回転数）や内野のシフトや打球の初速などを分析するようになったことで、野球の見方も様々なレベルで変化してきた。

八〇年代初頭、各球団はストレングス（筋力増強）コーチを採用し始めた。今日、その部門は正式にはストレングス＆コンディショニング（Ｓ＆Ｃ）と呼ばれ、大半のメジャーリーグ球団には常勤のＳ＆Ｃコーチが最低でも二名はいる。近年、各球団はマイナーリーグの各レベルでも、指導陣にＳ＆Ｃコーチを加えている。

Ｓ＆Ｃの発展に伴い、チーム内の医療部門にも変化が見られるようになった。何年か前までは、球団は二五人の選手に対してトレーナーを二人しか雇っていなかったが、今日、チームには通常、常勤の公認アスレチックトレーナー（ＣＡＴ）二〜三名に加え、常勤のマッサージセラピストと理学療法士がいる。マイナーリーグの各チームにも、ＣＡＴが少なくとも一人はいる。

球団はまた、必要に応じて選手たちにカイロプラクティック治療も提供しているし、さらに、多くのチームは、ハンバーガーやフライドチキン、フィリーチーズステーキ[5]など、昔から野球選手の大好物だった高カロリー食よりも、より健康的な食事を試合の前後に摂れるよう、献立のアドバイスをしてくれる栄養士を置いている。高カロリー食は過去の遺物になり（でもあのチーズステーキはメチャクチャうまかったが）、今日、クラブハウスにはエナジーバー[6]やフルーツなどの健康に良いアイテムが並べられている。

こうした動きはやがて、他球団に対する競争優位をさらに追求するために、新たな分野の開拓につながっていく。そして、それこそが野球のメンタルな側面だ。

一九八〇年代半ばから徐々に進展してきたスポーツ心理学やメンタルスキル・コーチングの分野が、チーム全体の競争優位を確保し、選手のパフォーマンス向上を促す重要な要素として、ようやく野球の世界にも受け入れられるようになってきた。少なくとも私はそう信じている。

この分野が成長を続け、チームカルチャーや個々の選手のパフォーマンスの重要な一部分として受け入れられるようになるにつれ、今後数年のうちに、すべてのメジャーリーグのチームに、メンタルスキルのサービスを提供する人が少なくとも一人はいるようになると私は見ている。

この分野のサービスがどのレベルまで提供されるかは球団によって異なるだろうが、少なくとも三〇年前よりは良くなるだろうし、今後これはさらに良くなっていくだろう。

球界では昔から、「選手の評価なんて前の試合の成績次第だよ」、なんてことが言われてきた。野球が失敗の上に成り立っていることを考えると、よく言われるように、「最高の打者でも一〇打席中七打席は失敗する」スポーツであり、だからこそ野球では、強いメンタルの土台を築いておくことが、他のどのスポーツよりも重要になってくる。

思考は現実化する。何らかの問題について一人で苦しむことが、選手のパフォーマンスに悪影響を与える可能性がある。野球の試合でも、そして人生においても、リズムと結果は変えることができる。好成績をあげる選手とムラのある選手の違いは、集中力と焦点を合わせる技術にある。私たちは皆、ルートや道筋は違えど、それを手にするところまで行くことはできる。重要なのは、実際にそこに到達することだ。

クリーブランドのスポーツとパフォーマンスの心理学者で私の友人でもあるチャーリー・マーは、野球がこの分野において過去三〇年間でここまで進歩できたことが信じられないと語っている。私も同感だが、それだけでなく、次の三〇年間で更にどこまで行くのかが楽しみでもある。

インディアンズのリリーフエースのミラーはこう語る。

「僕が新人だった頃は、心理学者と極秘に会っていたり、外野で長く話し込んでいるところを見られると、その選手は精神的に不安定なのではないか思われたり、何か大きな心の問題を抱えているのではないかと思われそうな気がしていた。嬉しいことに、今はそういうことはなくなったと思う」

私はメジャーリーグ・ベースボールにおけるメンタルスキルの分野がここまで進歩したことと、今それがどこへ向かっているのかを、コールマン・グリフィスとハーベイ・ドルフマンの二人にはぜひ見て欲しかった。

メジャーリーグには現在、スポーツ科学部門を置いている球団もいくつかある。その目的は、各選手が最高のパフォーマンスを発揮できる状態を見つけるために、運動量と回復度をモニターすると同時に、適切な栄養とサプリメントを選手に与えて「燃料補給」を手助けすることだ。

今ではその選手にとって最適のトレーニング方法を見つけるためには、選手の遺伝子構造を解析することが有効と考えられることから、遺伝子プロファイリングに関する研究も進行中だ。

その一方で、ＧＰＳトラッキングの進歩によって、例えばマディソン・バムガーナーのような投手と実際に対戦する前に、擬似対戦がシミュレーションできるバーチャルリアリティの打撃用ゴーグルを提供する企業まで現れている。将来的には、このような技術が試合前の打撃練習に取って代わる日が来るかもしれない（どちらにしても、ピッチャーの大半は打撃練習の廃止を望んでいる！）。

こうした動きはどれも興味をそそるもので、向こう数年の間に、野球は未知の領域へ深々と入っていくことになるだろう。

しかし、こうした技術の進歩があったとしても、野球の九〇％の半分か、あるいは計算の仕方によっては九〇％のすべてがメンタルなものであり、それが選手のパフォーマンスに大きく影響を与えているという側面を無視することはできない。

変化は内側からもたらされる。

懐疑的な人一人につき、ジョン・レスターやアンドリュー・ミラーのような選手が一〇人存在し、彼らは試合前に静かにメンタルスキルを取り入れた準備をして試合で圧倒的なパフォーマンスを見せてきた。

そうしたイメージがより鮮明になり、セルフトークがますますポジティブになれば、あの気難しいリトルマンでさえ、立ちあがって拍手を送るようになるにちがいない。

謝辞

ボブ・テュークスベリー

私が夢を追うことを認めてくれた私の両親のシャーリーとケン、私の旅路を愛を持って支えてくれた私の兄弟のキース、ロクサーヌとショーンに感謝したい。

野球のシーズン中に私の家族を愛し支えてくれた私の義理の両親とその親戚のヴェラ、ボブとビリー、キティ、ロビー、グレナムにも感謝したい。

私の人生の大切な時期に父親代わりになってくれた高校野球部コーチのデーブ・アンダーソン氏とボブ・ノートン校長、そして体育教師の故Ｊ・Ｄ・デナム氏の三人にも深く感謝したい。

野球に対する愛情と情熱を共に育んだ高校時代の相棒のクレイグ・ウェヤント、大学時代にルームメートだったジョン・コザック、結婚式で介添人を務めてくれたデール・エマソン、トランプ仲間のダン・ルーカーは、人生を通じた友情とサポートを提供してくれた。

私をスカウトしてくれたヤンキースのスカウトのジャック・ギリスと、私が技巧派に転向する手助けをしてくれたマーク・コナー、サミー・エリス、ジョー・コールマン、ダン・ワーサン、ディック・ボスマン、ディック・サックのピッチングコーチ陣にも感謝したい。

カージナルスのマイク・ジョーゲンセン、テッド・シモンズとジョー・トーリは、私のことを最後まで信頼してくれた。

ツアー担当のＣ・Ｊ・シェアとクラブハウス・マネージャーのバディ・ベイツと彼のスタッフは、私がセントルイスでプレーしていた時、いつも私の心安らぐ環境を作るよう努めてくれた。

私の後見人でキャッチャーのテリー・スタインバック、トム・パクノージ、トッド・ジールらのキャッチャー陣は、ホームベースの後ろからリードしてくれた。

クローザーの「ビッグ」・リー・アーサー・スミスには、安心して後続を任せることができた。

さらにノーム・ケイ、レン・ザイコフスキー、エイミー・バルツェル、リチャード・ギンズバーグ、スティーヴ・デュラント、ラズ・グテーレス、ラリー・ローナン博士らの同僚と恩師。

野球におけるメンタルゲームの重要性を説き、先駆者として後継者に道を拓いたチャーリー・マー、ケン・ラビザとハービー・ドルフマン。規律の重要性を訴え続けるＰＢＰＰ（Professional Baseball Performance Psychology）グループの私の同僚たち。

私に第二のキャリアをスタートさせる機会を与えてくれたレッドソックスのフロントとスタッフ。ダン・デュケット、テオ・エプスタイン、ベン・チェリントン、ブライアン・オハロラン、ラクエル・フェレイラとマイク・ハザンにも、心から感謝したい。

そして、私の仕事を支えてくれたレッドソックス・コーチ陣とトレーナー全員にも大いなる感謝の言葉を贈りたい。

加えて、私のエージェントのジョー・ビックには、彼の素晴らしいプロ意識にたびたび助けられた。

二〇一七年三月に他界してしまったが、驚異の整形外科医アーサー・パッパス博士も忘れてはならない。博士が手術で私の肩を直してくれたおかげで、私は再び投げることができるようになった。

理学療法士のマーク・マレーは手術後のリハビリを昼夜を問わずサポートしてくれた。

シーズンオフに私が練習で校庭を使うことを許してくれたニューハンプシャー州コンコードにあるセントポール高校のジョン・シルバ、ヘザー・クラッチフィールド、エリザベス・ヒルシュフェルド、バーバラ・フェルミンの各氏。

私の現役時代、長年にわたり私に注目しサポートしてくれたニューハンプシャー州コンコードのファンの皆様。

一二月のある寒い日の夜に私に連絡をくれて、この本の出版を提案してくれたエージェントのロブ・カークパトリック。あなたのリーダーシップと助言のおかげで、この本は実現に漕ぎ着けることできた。

更に、編集担当のダン・アンブロジオは熱心に原稿に目を通してくれた。

共著者のスコット・ミラーは、完璧を追求するために、彼の驚くべき文章力と絶え間なき努力を本書に注いでくれた。心から感謝を伝えたい。

グレッグ・マダックス、モイゼズ・アルー、ライン・サンドバーグ、マーク・マグワイア、ティム・サーモン、ブライアン・サビーン、フレッド・マグリフ、ホセ・イグレシアス、デビッド・オルティーズ、ライアン・カリシュ、ジョー・バック、ピーター・ギャモンズとテッド・シモンズらには本書を書き上げる際に重要な貢献をしてもらった。

特にアンドリュー・ミラーとジョン・レスター、リッチ・ヒル、アンソニー・リゾは、彼らにとってメンタルゲームがいかに重要なもので、それが彼らの選手としての成功にどれだけ大きく寄与してきたかを余すことなく話してくれた。特に彼らには感謝したい。

スコット・ミラー

ある夜、一通の電子メールが私のメールボックスに届いたことをきっかけに、フロリダ州フォート・マイヤーズでの春季トレーニングの間、イタリアンフードの朝食を摂りながら何日もの間白熱した議論が続き、結果的に次の二年間の大部分を消費することになる本書の執筆が始まった。

この本は多くの人の協力なくして実現しなかっただろう。

まず最初に私は、元オールスター選手で現在はメンタルスキル・コーチであり、私の友人でもあるボブ・テュークスベリーに深く感謝したい。

件名の欄に「これを書いてみませんか」と記されていたそのメールを受け取った時、私の最初の反応は「ちょっと時間的に厳しいかな」というものだった。

しかし、私は一九九七年と一九九八年の二年間、ミネソタ州セントポールの新聞『パイオニア・プレス』でテュークスのメジャーリーグの最後の二シーズンを取材した経験があり、その経験を通じて彼がユーモアに満ちた好人物であることを知っていた。私は彼のような人物が好きだった。

彼は私の貴重な時間を費やす価値のある人物だと思ったし、実際に私はそうしたことを喜んでいる。本を執筆する過程で、テュークスと私はたくさんの楽しい時間を過ごし、多いに笑ったし、時には真剣に語り合った。本書の文面からもそれは伝わってくるのではないか。

原稿の完成間近になって、われわれには意外な共通点があることもわかった。私の妻の誕生日はハロウィンなのだが、実はテュークスの妻も娘さんのジェナも同じくハロウィン生まれだったのだ。

そんな偶然があり得るだろうか。

ところで皆さんは、テュークスベリーが野球界でどれほど尊敬されているかをご存じだろうか。今回私がインタビューを依頼したすべての選手が快くインタビューに応じてくれただけでなく、彼らは自ら進んで熱心に協力してくれた。

ジョン・レスターとアンソニー・リゾ、アンドリュー・ミラー、リッチ・ヒルは二〇一六年から二〇一七年にかけて何度も私のインタビューに応じてくれて、彼らがテュークスと進めてきたプロジェクトについても丁寧に説明してくれた。

また、ジョー・トーリ、グレッグ・マダックス、テッド・シモンズ、フレッド・マグリフ、マーク・マグワイア、デビッド・オルティーズ、ライン・サンドバーグ、ホゼ・イグレシアス、ポール・モリター、ライアン・カリシュ、ティム・サーモン、ブライアン・サビーン、ブルース・ボチーは、テュークスとの過去と現在の関係について教えてくれた。

伝説的なピーター・ギャモンズ、フォックスのジョー・バック、シカゴ・カブスのメディア・リレーション・ディレクターのピーター・チェイス、ＭＬＢの公式記録員を務めるエリアス・スポーツ・ビューローのランディ・ロブレスにも多いに感謝したい。

われわれのエージェントのロブ・カークパトリックは、まるでフクロウのような英知を持つ。検索エンジンのグーグルによると、フクロウは「最強のビジョン」を持つとされている。ロブ、これからも、もし私が提案する企画案にピンとこなければ、これまでと同じように突き返してくれ。君からＯＫをもらえるまで僕は何度でも書き直すよ。

ダカーポ・プレスの上席編集者のダン・アンブロジオは、さすがフィラデルフィア・フィリーズのファンというだけあって、ジョー・ラフィーバーが一九八〇年ではなく一九八三年のワールド・シリーズ優勝チームのメンバーだったことを指摘し、われわれを間違いから救ってくれた。大きなセーブポイントだった。

ロブとダンのおかげで、この本は素晴らしいできあがりになった。

クリスティーン・マーラは、ダイヤモンド・カッターのような切れ味鋭い精度で、われわれが書いた文章に磨きをかけてくれた。

私が在籍している『ブリーチャー・リポート』では、素晴らしい同僚と熟練したプロに囲まれていることを痛感した。そこでは私の上司たちが、この本の締め切りまで気にしながら、うまく仕事を割り振ってくれた。スティーブン・マイヤーとポール・フォレスター、マーク・ソモイヤー、エリオット・ポンルらに感謝したい。

また、ビル・エイヘンバーガーとティナ・スターデバントにも感謝したい。

さらに、長年にわたり、良いときも悪い時も私を支え、絶えず友情とプロフェッショナルなアドバイスを与えて続けてくれたボブ・ナイチンゲール、ジム・ケイプル、ダニー・ノブラー、ジェイソン・スターク、ジェリー・クラスニックら私のアドバイザー陣にも多いに感謝したい。

加えて、私にはティム・ホフマン、ダン・エビー博士、マット・「ウィルドマン」・ミラー、サム・ビレストリ、ジェリー・ウォルシュら、ミシガンの幼なじみ連中がいる。彼らは私の人生をとても豊なものにしてくれる。

私の両親のアランとローズマリーは、私が小さい頃にミシガン州モンローの自宅で新聞のスポーツ欄の読み方を教えてくれたのを手始めに、野球について書く仕事がしたいという私の夢を実現させるためにあらゆる努力を惜しまなかった。彼らがいなかったら、私は元ツインズ監督のトム・ケリーが言うところの「草むらの中で見失ったボール」になっていたことだろう。お父さん、お母さん、いろいろありがとう。

そして、私の兄弟のグレッグとその家族と、私の姉妹のジェニファーとその家族へも愛を送りたい。

最後に、生涯の愛をキムとグレチェンに。

私が本の執筆のために家に閉じこもっていた期間に、あなたたちが与えてくれた忍耐と愛には感謝しかない。

彼女たちは、野球記者と一緒に暮らすということは、家で一緒に食事をしていたり、家族でくつろいでいる最中であっても、突然電話が掛かってきたり、原稿の締め切りに追い立てられたり、ラジオのインタビューを受けなければならなかったりする生活を意味することを、遠の昔に受け入れてくれた。

二人にはデジタルラジオ局から聞こえてくる古いヒット曲の歌詞を送りたい。「私のあなたへの愛は最も深い海よりも深く、空よりも広く、頭上に輝く一番明るい星より明るい[1]」

原註

第5章

(1) 内面的リハーサル (internalized rehearsal)　Jim Taylor and Gregory Scott Wilson, eds., *Applying Sport Psychology: Four Perspectives* (Champaign, IL: Human Kinetics, 2005).

第8章

(1) 一万九〇〇〇人 (19,000 players)　Baseball-Reference.com.

(2) 約四八万三〇〇〇人 (roughly 483,000 boys)　Odds of a High School Athlete playing College Sports, http://scholarshipstats.com/varsityodds.html.

第9章

(1) グリフィスをバカにし (mocked the "headshrinkers")　Christopher D. Green, "America's First Sport Psychologist," http://www.apa.org/monitor/2012/04/sport.aspx apa.org.

(2) メジャーとマイナーリーグの選手を野球のメンタル面で支援するために設計 (designed to assist major and minor league players)　Chicago Cubs press release announcing their new mental skills program, February 24, 2015.

(3) 彼からは……重要さを教わりました (He kind of taught me the value)　Scott Miller, "The Mental ABCs of Postmodern Baseball: Searching for Every Possible Edge," Bleacher Report, May 11, 2015, http://bleacherreport.com/articles/2458725-the-

mental-abcs-of-postmodern-baseball-searching-for-every-possible-edge.

（4）フィールディングやスローイング……（We work our fielding, our throwing） Ibid.

（5）チーム同士はグラウンドで競っていますが……（Teams are competing on the field） Ibid.

（6）……練習で鍛えられるものではありません（It's a very hard thing to train） Ibid.

第10章

（1）熟考や理論に基づいた結果によるものではない（are not the result of deliberation...） Judith S. Beck, *Cognitive Therapy: Basics and Beyond*（Gilford Press: New York, 1995）, 14-15.

謝辞

（1）私のあなたへの愛は最も深い海よりも深く……（My love is deeper than the deepest ocean...） Tony Hatch, "My Love."

訳註

プロローグ

〔1〕**ジャンピング・チョーヤ・カクタス**　チョーヤ、ジャンピング・カクタスとも。アメリカ南西部からメキシコ北部に分布するサボテンの一種。少し触れたり、ちょっとした振動や風によって、巨大なひっつき虫ないしウニのような茎の一部が飛んできて、衣服や皮膚に刺さるので「ジャンピング」と呼ばれる。

第1章

〔1〕**ルイビル**　ルイビル・レッドバーズ（当時）。一九八二年、3Aのアメリカン・アソシエーション所属の球団としてケンタッキー州ルイビルを拠点に誕生。テュークスベリー在籍時も含め、長らくセントルイス・カーディナルス傘下だったが、一九九八年にミルウォーキー・ブルワーズの傘下となり、ルイビル・リバーバッツと改名、3Aのインターナショナル・リーグに所属、二〇〇〇年以降はシンシナティ・レッズ傘下となり、二〇〇二年にルイビル・バッツと改名している。

〔2〕**オプション**　メジャー契約の選手を球団が自由にマイナーに落として飼い殺しにするのを防ぐため、球団の自由なマイナー送りを三回に制限し（三回のマイナー・オプション）、それを超える場合は、その選手はアウト・オブ・オプションとなって、マイナーに落とす前に他球団に公示し、その選手を獲得したい球団があれば、ウェイバー方式によって、前シーズンの順位下位のチームから優先的に獲得できるようにしなくてはならない。オプションについては、エピローグ（三六三頁以下）にも説明がある。

第2章

〔1〕**〝ピー〟** 原文〝bleeping〟。テレビ番組などで放送禁止用語にかぶせられる「ピー」という音。元はおそらく「F××K」で、「くそったれ」の意と思われる。

〔2〕**プレーオフ** アメリカの高校野球は基本リーグ戦で、そのなかで成績のよい一部の高校だけがトーナメント制のプレーオフに出場できる。

〔3〕**ロルフパーク** ニューハンプシャー州コンコードにある公園。テュークスベリーの出身校であるメリマック・バレー高校のすぐ近くにあり、広さは約三八エーカー、野球場、ソフトボール場、サッカー場、バスケットボール・コート、プールなどのスポーツ施設をそなえている。

〔4〕**レッドシャツ** アメリカの大学野球で、チームには所属しているが選手登録されず、シーズン公式戦に出場できない選手。

〔5〕**キラーB** アフリカミツバチと西洋ミツバチの交雑種で、たいへん獰猛なアフリカナイズド・ミツバチの別名「キラービー」と、二軍を意味する「Bチーム」の「B」を掛けた言葉。

〔6〕**「苦難があなたを強くする」** ニーチェの『偶像の黄昏』のなかの言葉。一般には「経験があなたを強くする」として知られる。

〔7〕**「アニマルハウス」** 原題は〝*National Lampoon's Animal House*〟。一九七八年公開のアメリカのコメディ映画。主演はブルース・ブラザースのジョン・ベルーシ（役名ブルート）。ベトナム戦争中の一九六二年、架空の大学・フェーバー大学を舞台に、最低のフラタニティ「デルタ・ハウス」のメンバーたちのしっちゃかめっちゃかぶりを描く。結局、「デルタ・ハウス」のメンバーたちは学長に退学を言い渡され、さらに「退学したら徴兵だ。おまえらはみんな徴兵されて戦場行きだ」と嘲られて、打ちのめされてしまうが、そのときブルートが飛ばした檄が「ドイツに真珠湾を攻撃されても……」という科白。しかし意気消沈した仲間たちは沈黙したまま、くすり

とも笑いもしなかった。

〔8〕**フォートローダーデール、ナッシュビル、オルバニー、コロンバス**　フォートローダーデールは、当時ヤンキース傘下で1Aフロリダ・ステート・リーグ所属だったフォートローダーデール・ヤンキースのこと。ナッシュビルは、テネシー州ナッシュビルを拠点とするナッシュビル・サウンズのこと。現在はテキサス・レンジャース傘下の3Aのチームだが、一九八〇年から一九八四年まではヤンキース傘下の2Aのチームだった。オルバニーは、当時オルバニー郡コロニーを拠点としていた2Aイースタンリーグ所属のオルバニー‐コロニー・ヤンキースのこと。コロンバスは、オハイオ州コロンバスに拠点を置く3Aインターナショナルリーグ所属のコロンバス・クリッパーズのこと。現在はインディアンズ傘下だが、一九七九年から二〇〇六年まではヤンキース傘下だった。

〔9〕**「ここでやっていければ、どこでもやっていける」**　フランク・シナトラの「ニューヨーク、ニューヨーク」の歌詞の一部。

第3章

〔1〕**キャットフィッシュ**　ナマズのことで、ハンターのニックネーム。ハンターがナマズ釣りが好きなので、当時のアスレチックスのオーナー、チャーリー・フィンリーが名づけたといわれている。

〔2〕**テザーボール**　アメリカで考案された球技で、高さ二～三メートルのポールの先からロープでボールを吊るし、二人の人間がポールを中央にして向き合い、それぞれ時計まわり・反時計まわりと反対方向にボールを打ち合って、ポールにロープを完全に巻きつけたほうが勝ちとなる。

第4章

〔1〕**セブンス・イニング・ストレッチ**　MLBの試合で、七回の攻撃が始まる前に、観客がいっせいに伸びをしたりストレッチをしたりする慣習。「テーク・ミー・アウト・トゥ・ザ・ボール・ゲーム（私を野球に連れてって）」を歌

うことが定番になっている。

〔2〕**ランボルギーニとフォード・ピント**　ランボルギーニはフェラーリと並ぶイタリアのスポーツカー・メーカーで、カウンタック、ガヤルド、ディアブロなど、最高速が時速三〇〇キロを超え、値段が数千万円もする最高級車をつくりつづけている。フォード・ピントは、アメリカの自動車メーカー・フォードが、七十年代に、フォルクスワーゲンや日本車に対抗するために開発した低価格のコンパクトカー。

第5章

〔1〕**ロスター**　メジャーリーグの選手登録枠。公式戦への出場資格のある二六人の選手枠（二〇二〇年以降。テュークスベリーの現役時代は二五人）と、メジャー球団が直接支配下に置く、メジャー契約をした四〇人の選手枠（拡大ロスター）がある。ここでは後者。ちなみに、シーズン公式戦の出場選手枠は二六人（当時は二五人）だが、九月一日以降の試合は二八人（当時は最大四〇人。二〇二〇年から二八人に縮小された）に拡大される。これをセプテンバー・コールアップという。

〔2〕**ケープコッド調の家**　単純な長方形の建物に三角の切妻屋根、屋根の中央に煙突があるというシンプルな平屋の建築様式。アメリカの植民地時代の初期、現在のマサチューセッツ州東部のケープコッド半島に多く建てられたことからこの名がある。

〔3〕**ルイビル・レッドバーズ**　第1章の訳註〔1〕を参照。

〔4〕**カリフォルニア・エンゼルス**　現在のチーム名はロサンゼルス・エンゼルスであり、チーム発足当時の名称もロサンゼルス・エンゼルスだが、一九六六年から一九九六年まではカリフォルニア・エンゼルスだった。その後アナハイム・エンゼルスを経て、またロサンゼルス・エンゼルスとなった。

第6章

〔1〕**フロントドア**　スライダー、ツーシーム、カットボールなど高速の変化球を、内角（バッターの体近く）のボールゾーンからストライクゾーンに入れる使い方をフロントドアという。反対に外角の（バッターから遠い）ボールゾーンからストライクに入れる使い方をバックドアという。

第8章

〔1〕**テネシー州エリザベストン**　ミネソタ・ツインズ傘下、ルーキーリーグのひとつアパラチアン・リーグ所属のエリザベストン・ツインズの本拠地。

〔2〕**モンタナ州ビリングス**　シンシナティ・レッズ傘下、ルーキーリーグのひとつパイオニア・リーグ所属のビリングス・マスタングスの本拠地。

〔3〕**ポータケット**　ロードアイランド州プロビデンス郡の都市。3Aポータケット・レッドソックスの拠点。ニューハンプシャーから約一八〇キロ、車で一時間五〇分くらい、ニューヨークからは三〇〇キロ近く離れ、車で三時間三〇分くらい。

〔4〕**ティーボール**　一チーム一〇人から一五人で行う野球に似たゲームで、ルールもほとんど同じだが、投手が球を投げるのではなく、ホームベース上に立つティー（スタンド）の上の止まった球をバットで打つ。守備は投手を欠くが、一―二塁間にも遊撃手がいて、センターも左右二人いるため、計一〇人。そのほかのメンバーがいる場合は打撃専門となる。ティーを打った場合は空振りとカウントされる。また打撃が終了するまでは本塁手はバッターズサークルのなかには入れない。

〔5〕**ピントがある決断を迫られるシーン**　映画「アニマルハウス」のなかで、男子学生のピントはパーティから女の子を連れだして、ベッドインすることに成功するが、事に及ぶ前に、酒のせいか女の子はベッドで寝てしまい、このまま事に及ぶべきか、やめるべきか迷うシーン。

第9章

〔1〕**ジェイク・ギレンホール**　一九八〇年生まれのアメリカの俳優。多彩な役をこなし、カメレオン俳優とも呼ばれる演技派で、愛・青春・サスペンスなど複雑な感情が入り乱れる作品で実力を発揮。「ブロークバック・マウンテン」（二〇〇五年）ではイギリス・アカデミー助演男優賞を受賞。

〔2〕**イップス**　スポーツにおいて突然思うような動作ができなくなる症状。主に精神的な原因によると考えられている。ゴルフで使われはじめた言葉だが、現在では野球やテニスそのほかのスポーツ、さらにはスポーツ外でも使われている。

〔3〕**チック症**　本人の意志とは関係なく、筋肉が突発的・不規則にくりかえし動く症状。顔をしかめたり肩をびくっとさせたりする運動性チックと、突然声をあげたり鼻を鳴らしたりする音声性チックがある。

第10章

〔1〕**ポーソックス**　ボストン・レッドソックス傘下の3Aチーム、ポータケット・レッドソックスの略称。第8章訳註〔3〕を参照。

第11章

〔1〕**スティーヴ・マーティン**　一九四五年生まれ、アメリカ・テキサス州出身のコメディアン・俳優・脚本家。NBCの人気コメディ・バラエティ「サタデー・ナイト・ライブ」にたびたびゲスト出演して一躍人気を博した。

〔2〕**ルイ・C・K**　一九六七年生まれ、メキシコ系アメリカ人のコメディアン。スタンダップ・コメディ出身。俳優・脚本家・映画監督・映画編集もこなし、脚本家としてはエミー賞を受賞したこともある。

〔3〕**セイラムの1A**　ヴァージニア州セイラムを拠点とする1Aカロライナ・リーグ所属のセイラム・レッドソック

スのこと。

〔4〕**デフコン1**　ディフェンス・レディネス・コンディション1（Defense Readiness Condition 1）のこと。アメリカ国防総省が規定する五段階の戦争への準備態勢のレベルのうち最高レベル。核戦争の危機が切迫あるいは勃発している状態での即応体制。ただし歴史上デフコン1が宣言されたことは一度もない。

〔5〕**『俺たちニュースキャスター』**　原題は“*Anchorman: The Legend of Ron Burgundy*”。二〇〇四年公開のアメリカ映画。監督＝アダム・マッケイ、主演＝ウィル・ファレル（ロン・バーガンディ役）。テレビ局の人気ニュースキャスター、ロン・バーガンディが仲間やライバル局の面々と巻き起こす大騒動を描いたコメディ映画。

アンソニー・リゾが引用したのは「心が破裂しそうだよ（I'm in a glass case of emation）」という科白。バーガンディが車を運転中、窓の外に投げ捨てた食べかけのブリトーがバイク乗りに当たり、バイクが派手に転倒。車を降りてきたバーガンディとバイク乗りは激しい口論になり、バイク乗りはバーガンディの愛犬バクスターをとりあげて、アメフトのパントキックよろしく、橋の下の川へと蹴り落としてしまう。それにショックを受けたバーガンディは、ガラス張りの電話ボックスから電話をかけ、号泣しながら叫んだ言葉が“I'm in a glass case of emotion”である。

第12章

〔1〕**PNCパーク**　ピッツバーグ・パイレーツの本拠地の球場。

エピローグ

〔1〕**シラキュース……オマハ**　シラキュースはニューヨーク州中央部の都市で、オマハはネブラスカ州東部の都市。両者の距離は約一一三〇マイル（約一八二〇キロ）。

〔2〕**ナショナル・ホッケー・リーグ**　一九一七年に設立された北米のプロのアイスホッケー・リーグ。現在アメリカ二四

とカナダ一七の全三一チームが所属（さらにアメリカが一チーム増える予定）。全体がイースタンとウェスタンの二つのカンファレンスに分かれ、さらにイースタンはアトランティックとメトロポリタン、ウェスタンはパシフィックとセントラルの、それぞれ二つのディヴィジョンに分かれる。各カンファレンスは上位八チームでプレーオフを行い、それぞれのカンファレンスの優勝チームが最後にスタンレー・カップをめぐって対決する。

〔3〕**セントルイスのマイナーリーグ・チーム**　一九八九年当時、セントルイス・カーディナルス傘下の3Aチームだったルイビル・レッドバーズのこと。第1章の訳註〔1〕を参照。

〔4〕**「カッコーの巣の上で」**　原題は“*One Flew Over the Cuckoo's Nest*”。一九七二年公開のアメリカ映画。監督＝ミロス・フォアマン、主演＝ジャック・ニコルソン（ランドル・パトリック・マクマーフィ役）。刑務所の労役を逃れるため精神障害を装って精神病院に入院した男が、他の患者も煽動し、人間性まで否定するような病院の管理に反抗を試みるが……という物語。

〔5〕**フィリーチーズステーキ**　アメリカ流サンドイッチの一種で、フィラデルフィア名物。薄切りの牛肉とタマネギを炒めたものに溶けたチーズをからめて、ホーギーロールと呼ばれるフランスパンを柔らかくしたようなパンのあいだにはさんだもの。

〔6〕**エナジーバー**　手軽に栄養を補給できるように考案された食品。長方形の棒形でクッキーかスコーンのような食感のものが多い。パワーバーとも。

訳者あとがき

『野球の90%はメンタル』のタイトルは、一九四〇年代後半から六〇年代前半にミッキー・マントルやジョー・ディマジオらを擁し、第二期黄金時代を謳歌したニューヨーク・ヤンキースで長年正捕手として活躍し、その後ヤンキースの監督まで務めた野球界の名物男ヨギ・ベラの名言にちなんだものだ。ただその内容は名言というより迷言の類いで、「野球は九〇%はメンタル、残りの半分はフィジカルだ」というものだった。日本語ではやや面白さが伝わり難いところがあるが、要するにこれは、両方を足すと一四〇%になってしまうというところにミソがある。

日頃は主に国内外の政治や社会問題を題材にジャーナリスト活動を行っている僕が、ぜひともこの本を日本語にして出したいと考えたのは、僕自身が自他共に認める無類のＭＬＢファンだということもあるが、それ以上にこの本には単なる野球書の範疇を超えた大きな魅力があると確信したからだった。

本書はオールスターにも選ばれたことのある著名な元メジャーリーグ投手で、アメリカの野球界におけるメンタルスキル・コーチングのパイオニア的な存在となったボブ・テュークスベリーと、ベテランのスポーツコラムニストで、『ブリーチャー・リポート』や『ＭＬＢネットワークラジオ』『フォックス・スポーツ』などでコラムニストやコメンテーターを務めるスコット・ミラーによる共著だ。共著という形をとってはいるが、基本的にはテュークスベリーの選手時代とメンタルスキル・コーチとしての経験談をベースに、彼のメンタルトレーニングに対する考え方を、彼が指導してきたジョン・レスターやアンディ・ミラー、アンソニー・リゾといった大選手たちの実例を示しながら詳しく解説したものだ。

ボブ・テュークスベリーは、僕とほぼ同年代の一九六〇年ニューハンプシャー州コンコード生まれ。一九八一年にドラフト一九巡目（全体の四九三位）でニューヨーク・ヤンキースから指名され二一歳でプロ入りしたが、大学時代もさほど実績があったわけではなかった彼は、プロ入り後も最初の五年間はファーム暮らしが続いた。五年目の八六年にミルウォーキー・ブルワーズ戦でようやくメジャーデビューし、その年は九勝をあげるが、その後、相次ぐ肩の故障や手術などに悩まされ、八九年のオフにセントルイス・カージナルスに移籍するまでは、メジャーと３Ａの間を行き来するような典型的な「Service Time」選手だった。日本でいうところの一軍半という感じだろうか。

ところが、そんな選手が三〇歳を境に突如として覚醒する。手術の後、元々遅かったまっすぐは更にその「遅さ」に磨きがかかり、一〇〇マイル（時速一六〇キロ）超えの豪速球を投げる投手がゴロゴロいるメジャーリーグにあって、元々一四〇キロ台前半しか出ていなかった彼の球速は一三〇キロ台まで落ちていたが、球の速さと反比例するかのように、彼の投球術と打者の心理を読む駆け引きの巧みさは年を追うごとに練熟の度合いを増し、この頃にはもはや名人芸の域に達していた。

　カージナルス移籍後二年目の九一年には完全に先発ローテーションに定着し一〇勝をあげると、それから五年連続で二桁勝利をあげる。特に一九九二年は一六勝五敗、防御率二・一六、九三年は自身のキャリアハイとなる一七勝一〇敗の好成績を残した。九二年にはオールスターにも選出されている。残念ながら散々な結果に終わったオールスター戦の投球内容は、その時の彼の心理状態を含め、本書の第7章に詳しく紹介されている。

　しかし、投手としてのテュークスを語る時、何と言っても忘れられないのは、彼の文字通り「針の穴を通す」ような抜群のコントロールと、彼の代名詞ともなっているイーファス（山なりの超スローボール）だ。彼が大活躍した九二年と九三年は、勝ち星や防御率の陰に隠れてあまり目立たないが、その二年間、彼は二〇〇イニング以上を投げながら二年連続して四球を二〇ずつしか与えていない（九二年は二三三イニングで与四球二〇、九三年は二一三イニングで与四球二〇）。与四球率（一試合（九イニング）あたりの平均与四球数）はどちらのシーズンも驚きの〇・八（九二年が〇・七七三、九三年が〇・八四二）だ。キャリアを通じても一三年間で一八〇七イニングを投げ、与四球は僅か二九二。与四球率は驚きの一・五（一・四五四）だった。

　ややトリビアな話題で恐縮だが、九三年のシーズンなど、彼のシーズンの勝ち星が与四球数を上回りそうになり、もしこれが実現するとメジャー史上四人目の大記録になるということで、既にペナントの行方は決まっていたにもかかわらず、そのためだけに彼の最後の先発試合がテレビ中継されるほどだった。残念ながら最後の二試合で彼は二つずつ四球を与えてしまい、歴史的な記録達成はならなかったが、それでもそのシーズン、彼は最終的な勝ち星が一七、与四球は二〇だった。先発した試合はだいたいどの試合も与四球はゼロか、せいぜい一つ。一試合に二つ四球を与えると、彼にとっては出来の悪い試合だったということになるところが、彼の驚異的なコントロールを物語っていると言えるだろう。

　本書の中に、ルーキーイヤーのスプリングトレーニングで、ヤンキースのOBで二〇〇勝二〇〇〇奪三振の殿堂入り投手キャットフィッシュ・ハンターとの短いやりとりが紹介されている。伝説の名投手に勇気を振り絞って、いい投手になるための秘訣を尋ねたルーキーのテュークスにキャットフィッシュは一言だけ、「ストライクを投げればいいんだよ、坊や。ストライクを投げな」と吐き捨てるように言い放ったという。そして、テュークスはその後、約二〇年間、愚直にその言いつけを守り、ひらすらストライクを投げ続けた。その結果が、生涯与四球率メジャー歴代二三位の一・四五四というとんでもない大記録につながったのだ。

　まっすぐは最速でも一四〇キロに届くかどうか。かといって決め球といえるほど特別にキレのいい変化球があるわけでもない。そんな投手が残すことのできる記録としては、これ以上のすごい記録はないだろう。

しかし、そのテュークスの抜群のコントロールの裏に、実は彼の極貧の少年時代があったことは、メジャーリーグ通を自任する僕もこの本を読むまでまったく知らなかった。本書の中で彼は、小学校の裏庭の壁に自らチョークでストライクゾーンを描き、その壁に向かって来る日も来る日も暗くなるまでひたすら投球練習を繰り返していたという少年時代の思い出話を、さりげなく紹介しているが、それは彼の家がトレーラーハウスで住まいを転々とするほど貧しく、しかも両親がいつも不仲だったので、家に帰らない口実になるからという性格も持っていたようだ。現役時代の彼のプレーぶりを知る一人としては、少々ジーンとこみ上げるものを感じるエピソードだ。ああ、右腕が斜め上方向に伸びていく彼の独特のテークバックも、その時の彼の我流の投球練習によってついた癖だったんだな、と妙に納得したのは僕だけだろうか。

しかもテュークスはその練習の際、一球ごとに何回の何アウトでランナーがどこにいてバッターは誰々という具合に、場面場面を想定して投球をしていたという。頭を使った実にクレバーな練習方法だと感心する一方で、テュークス少年はきっと一人で寂しかったんだろうな、との思いも禁じ得なかった。

さて、本書は元メジャーリーグ投手のテュークスというよりも、彼が第二のキャリアに選んだメンタルスキル・コーチとして彼が最初に書いた、いわば処女作だ。しかし、彼のメンタルスキルの理論を読めば読むほど、彼の現役時代の、まさに理に適ったプレーがあればこそいきついた理論であることをつくづく痛感する。メジャー随一の頭脳派投手として知られた彼が、引退後メンタルスキル・コーチングの道に進んだことは、決して偶然ではなかったように思う。

そして、最初に書いたように、この本は野球ファンは無論のこと、それほど野球に詳しくない方々にも是非読んで欲しい本だ。実は僕自身も呼吸法の実践者で、仕事のストレスを溜めないためにも、毎日、時間の許す限り五分でも一〇分でも呼吸法は実践するようにしているし、仕事で疲れが溜まってきたりすると、根を詰めてヨガをやったりしているので、テュークスやジョン・レスターの話はごくごく当たり前の話として読むことができた。

レスターのような野球殿堂入りが約束されている大投手ですら、投げ急ぎの癖を常に戒めている事をこの本の中で白状しているが、彼の言葉を待つまでもなく、人は忙しくなってきたりストレスが溜まってきたりすると、すべての動きが速く、そして忙しなくなってくる。実は、そういう時は無意識のうちに呼吸も速く、浅くなっていることが多い。だから、お腹までいっぱいに空気を入れ、ゆっくり深い呼吸をするのと同時に、一つひとつの動きを意識してゆっくりにすると、自然と呼吸もスローダウンして、気がつくとリラックスできるようになる。

この仕組みは医学的には、自律神経を形成する交感神経と副交感神経という二つの神経のうち、緊張した時に活性化する交感神経が優位の状態が長く続き、両者のバランスが崩れると心身に不調をきたすので、意識的に深い呼吸をすることによって副交感神経が優位な状態を作り出すことで、心身ともにリラックスした状態を作り出し、自律神経のバランスを取り戻すことが可能になると説明されている。だけど、この本に紹介されているテュークスのメンタル・トレーニングの素晴らしいところは、彼自身は大学院の心理学の修士課程で自律神経についても深く学んできたはずなのに、一切そうした小難しい言葉を使わずに、自然に選手をリラックスさせる方法や選手の気持ちを前向きにさせる方法を熟知しているところにある。

結局、メンタルスキル・トレーニングでも呼吸法でも、それをあまりにも理屈っぽく考えてしまうと、それ自体がストレスの要因になるなんていう本末転倒が起こりかねない。だから、テュークスは好みの音楽なんかをかけながら雑談混じりに、「とりあえずこれを試してみたらどうだい」みたいな軽いノリで選手にメンタル・トレーニングを紹介しているのだろう。これはスポーツに限ったことではないが、世の中、頭でわかっていても、その通りにできないことがほとんどだ。必ずしも素質に恵まれず、しかも大きな怪我や肩の手術などいくつもの修羅場をくぐってきたテュークスならではの知恵がそこに活かされているように思う。

最後に、本書が日の目を見た経緯について一言。

実は僕はアメリカのメジャーリーグ関係で話題になった本はほとんど原書を読んでいて、これまでも面白くて日本で売れそうな本を見つけると、馴染みの出版社に「翻訳本を出そうよ」と、年がら年中提案してきた。しかし、日本におけるＭＬＢ（メジャーリーグ・ベースボール）関連の出版市場は必ずしもそんなに大きなものではない。しかも、そもそも提案している僕はラグビー経験者ではあるが、野球は小学校時代にちょっとかじった程度で、早い話が一ファンに過ぎない。国際政治や社会問題についての本なら、僕が提案すれば多少は説得力を持つこともあるかもしれないが、僕が野球のことを書いたところで特に何の付加価値も付かないと出版社の担当者が考えてもそれは当然のことだろう。

ところが今回はその後、予想外の展開があった。この本『野球の90%はメンタル』も僕は二〇一八年の発売直後にアマゾンで購入してすぐさま読破し、複数の出版社に「これ面白いよ。ビジネス書としてもいけるよ」などと売り込んでいたが、当初ほとんど反応らしい反応はなかった。アメリカでメンタルスキル・トレーニングがさまざまなスポーツを根底から変えようとしていることは、まだ日本ではあまり知られていないようだったし、ボブ・テュークスベリーの存在を知る人が日本の出版社にいないのも無理からぬことだった。

ところが、しばらくして最終的に本書の出版に名乗りを上げることになった春秋社の担当者から私のところに意外な連絡が入った。それは「以前に神保さんから提案してもらった野球の本について、版権を管理するエージェントの元に、シカゴ・カブスのダルビッシュ有投手が『日本語版が出る予定はないのか』を知りたがっている、という連絡があったそうです」というものだった。言うまでもなく本書の著者のボブ・テュークスベリー氏は当時、ダルビッシュ投手が所属するカブスの現役のメンタルスキル・コーチだった。

その話を聞いて、出版社の方でもこの本の価値を再認識してくれることになり、ついに本書の日本語版が日の目を見ることになったのだった。ただ、僕がもう少し早く翻訳作業を終わらせることができればよかったのだが、グズグズしているうちにダルビッシュ投手は二〇二〇年、コロナ禍で揺れるシーズンに、最多勝とサイ・ヤング賞（両リーグの最優秀投手に贈られる賞）の投票でナショナルリーグの二位に入るという大変な栄誉を引っさげて、二〇二一年のシーズンからサンディエゴ・パドレスに移籍することが決まってしまった。この本が日本で出るきっかけを作ってくれたダルビッシュ投手が、いざ本が出た時にテュークスと同じチームにいないのは少し残念だが、技術的にもメンタル面でももはや完全にメジャーに適応できている彼なら、どこへ行っても活躍は間違いないだろう。それにこの本を読む限り、テュークスは元の教え子が他のチームに移籍した後も、それが直接競合関係にあるチームでなければ、アドバイスはしてくれるようだし。

最後になったが、本書を翻訳するにあたり、遠藤理愛、神保久美の両氏には多いに助けていただいた。また、本書の日本語版の出版に際して、春秋社の小林公二氏には多大なご尽力をいただいた。この場を借りて謝意を伝えたい。

ぜひこの本が、日本の野球をより良い方向に進歩させていくことの一助となることを願ってやまない。無論、その対象が野球に限ったことではないことは言うまでもない。

ジャーナリスト・『野球の90%はメンタル』翻訳者　**神保哲生**

著者

ボブ・テュークスベリー　*Bob Tewksbury*

1960年、アメリカ合衆国ニューハンプシャー州コンコード生まれ。1981年にドラフトでニューヨーク・ヤンキースに指名されプロ入り。5年間のマイナー生活を経て1986年にミルウォーキー・ブルワーズ戦に先発してメジャーデビュー。この年は9勝するも翌年から低迷し、1987年にトレードでシカゴ・カブスに移籍。さらに1989年にセントルイス・カーディナルスに移籍。以降、心理的駆け引きを駆使した頭脳的ピッチングで活躍し、5年連続の二桁勝利を挙げた。1992年にはオールスターにも出場。その後テキサス・レンジャーズ、サンディエゴ・パドレスを経て、ミネソタ・ツインズに在籍中の1998年に引退。通算成績は、302試合(先発277試合)に登板して、110勝102敗、防御率3.92、奪三振812、与四死球292。引退後はボストン・レッドソックスの育成部門や地元テレビ局の解説者などを務めつつ、ボストン大学大学院で心理学を学び、心理学の修士号を取得。2004年からボストン・レッドソックスの、2017年からサンフランシスコ・ジャイアイツのメンタルスキル・コーチ、2019年から現在までシカゴ・カブスのメンタルスキル・コーディネーターを務め、ダルビッシュ有投手とも一緒に仕事をした。

スコット・ミラー　*Scott Miller*

スポーツ・ジャーナリスト。『ブリーチャー・リポート』のMLB担当コラムニスト。シリウスXMのMLBネットワーク・ラジオの解説者。FOXスポーツ・サンディエゴ・テレビにも寄稿。AP通信のスポーツ部門によって、解説記者の全米トップ2のひとりに選ばれたこともある。

訳者

神保哲生　*Tetsuo Jimbo*

ビデオジャーナリスト。1961年、東京都生まれ。ICU卒。コロンビア大学ジャーナリズム大学院修士課程修了。AP通信など米国報道機関の記者を経てフリーに。現在ニュース専門インターネット放送局「ビデオニュース・ドットコム」代表。著書は『地雷リポート』(築地書館)、『ツバル――地球温暖化に沈む国』(春秋社)、『PC遠隔操作事件』(光文社)など多数。訳書はポール・ロバーツ『食の終焉』(ダイヤモンド社)、マット・タイービ『暴君誕生――私たちの民主主義が壊れるまでに起こったことのすべて』(ダイヤモンド社)、ベス・メイシー『DOPESICK　アメリカを蝕むオピオイド危機』(光文社)など多数。他に社会学者・宮台真司氏とパーソナリティを務めるネット番組「マル激トーク・オン・ディマンド」を書籍化したマル激シリーズがある。

NINETY PERCENT MENTAL
by Bob Tewksbury, Scott Miller

野球の90％はメンタル

2021年6月10日　第1刷発行

著者――――――ボブ・テュークスベリー
　　　　　　　スコット・ミラー
訳者――――――神保哲生
発行者―――――神田　明
発行所―――――株式会社 春秋社
〒101-0021 東京都千代田区外神田2-18-6
電話 03-3255-9611
振替 00180-6-24861
https://www.shunjusha.co.jp/
印刷・製本―――萩原印刷 株式会社
装丁――――――芦澤泰偉

ISBN978-4-393-33375-4
定価はカバー等に表示してあります